孟子与政治

夏海 著

图书在版编目（CIP）数据

孟子与政治/夏海著. —北京：中华书局，2019.9（2020.1重印）
ISBN 978-7-101-14046-0

Ⅰ.孟…　Ⅱ.夏…　Ⅲ.孟轲（约前372~前289）-哲学思想-
研究　Ⅳ.B222.55

中国版本图书馆 CIP 数据核字（2019）第 163456 号

书　　名　孟子与政治
著　　者　夏　海
责任编辑　林玉萍
出版发行　中华书局
　　　　　（北京市丰台区太平桥西里38号　100073）
　　　　　http://www.zhbc.com.cn
　　　　　E-mail:zhbc@zhbc.com.cn
印　　刷　北京市白帆印务有限公司
版　　次　2019 年 9 月北京第 1 版
　　　　　2020 年 1 月北京第 2 次印刷
规　　格　开本/920×1250 毫米　1/32
　　　　　印张 11¾　插页 2　字数 260 千字
印　　数　6001-12000 册
国际书号　ISBN 978-7-101-14046-0
定　　价　58.00 元

目　录

自　序

　　研读国学经典，是我的夙愿和爱好；目的是为了传承中华文明，呵护精神家园。2007 年北京大学出版社出版《论语与人生》之时，曾作出规划，继续研究《老子》《孟子》，构成品读国学经典的系列作品。光阴荏苒，一晃就是十年过去了，2016 年生活·读书·新知三联书店出版了《老子与哲学》，而今完成了《孟子与政治》的研读写作。多年的理想变成了现实，往日青灯孤守、黄卷在握的辛劳都转化为精神的喜悦和劳作的欢欣。

　　精神的喜悦源于国学的博大精深。国学是中华民族的精神家园，是中国人的文化识别符号。无论我们承认与否，任何一个中国人的脸庞都显现着传统文化的表情，任何一个中国人的肌体都保存着传统文化的基因，任何一个中国人的内心深处都积淀着传统文化的智慧。国学是中国传统学术和文化的集合体，蕴含着丰富的哲学思想、人文精神、伦理观念和道德规范，闪烁着照耀千秋的理性、情感和诗意的光芒，是中华民族生生不息、源远流长的不竭动力和源泉。翱翔在国学的天空，沐浴着中华文明的阳光雨露，这种心灵的感悟和精神的喜悦，是没有任何东西可以替代的。

　　劳作的欢欣在于研读国学方法的突破。在研读写作国学经典过程中，我逐渐探索形成了自己的研究方法，先是熟读经典，开展分析解构；后是依据自己的学术结构和思维方式，进行综合建构。在建构过程中，坚持以经注经，绝不自由发挥，绝不随意附会；在考据、义理和辞章的选择上，坚持义理为主，重在把握和诠释经典的义理；在论著语言的表达方面，坚持雅俗共赏，既希望专家学者能够品出感觉，又希望普通读者能够读出味道。任何学习都是方法的学习，任何创新都是方法的创新。由于方法的突破创新，我研读写作国学经典，经常是如鱼得水，乐在其中。这真是"知之者不如好之者，好之者不如乐之者"（《论语·雍也》）。

国学知识浩如烟海，国学书籍汗牛充栋。首先选择老子、孔子、孟子进行研究品读，原因在于《老子》《论语》《孟子》是文化经典。所谓经典，按照阿根廷作家博尔赫斯的理解，"是一个民族或几个民族长期以来决定阅读的书籍，是世世代代的人出于不同的理由，以先期的热情和神秘的忠诚阅读的书"①。换言之，《老子》《论语》《孟子》是中华文明最好、最有价值的书籍，是中华民族最诚心、最喜欢阅读的书籍。原因在于影响中国人与中华文化最大的思想流派是儒家和道家，而儒家的渊源是《论语》《孟子》，道家的元典是《老子》。老子、孔子、孟子的思想塑造了中华民族的集体人格，建构了中国人灵魂的精神故乡。原因在于孔子是圣人，孟子是亚圣；老子是智者，孔子是仁者，《论语》是中华民族的"圣经"，《老子》是除《圣经》之外，在世界上被译成外文最多的文化经典。正是这些原因，使我在繁忙的公务之余，坚持畅游在传统文化的海洋，潜心于研读国学经典，在老子、孔子、孟子构筑的思想大厦中徘徊徜徉、流连忘返。天道酬勤，我感到幸运的是收获了《老子与哲学》《论语与人生》，现在又在收获《孟子与政治》。今后，我将继续研读先秦诸子，力争不断有新的研究成果和作品问世，为传承弘扬中华优秀文化贡献绵薄之力。

---

① ［阿根廷］博尔赫斯著，王永年等译：《探讨别集》，上海译文出版社2015年版，第273页。

《老子》玄妙深远，是一部哲学书籍，讲的是为天之道；《论语》温和亲切，是一部伦理书籍，讲的是为人之道。《孟子》棱角分明，是一部政治书籍，讲的是为君之道。"人皆有不忍人之心。先王有不忍人之心，斯有不忍人之政矣。以不忍人之心，行不忍人之政，治天下可运之掌上。"（《孟子·公孙丑上》）《孟子与政治》按照性善、仁政和人格建构了孟子的思想体系。在性善部分，着重阐述了孟子的尽心知性、存心养性和知天事天的思想；在仁政部分，着重阐述了孟子的保民而王、民贵君轻和以德服人的思想；在人格部分，着重阐述了孟子的大丈夫精神、浩然之气和育天下英才的思想。

冯友兰指出："孔子在中国历史中之地位，如苏格拉底之在西洋历史；孟子在中国历史中之地位，如柏拉图之在西洋历史。"[①]孔子是儒家思想的原点，孟子是第二个支点。一般而言，思想流派的形成很大程度取决于第二支点的确立，只有原点与第二个支点连成一线，才可能形成文化传统。从这个意义上说，儒家文化传统与其说是以孔子为基础建构的思想大厦，倒不如说是以孔孟为基础建构的思想大厦。孟子对于儒家思想的贡献居功至伟，诚如北宋二程所言："孟子有功于圣门，不可胜言。"（朱熹：《四书章句集注》）由于儒家思想历史地占据了传统文化的主导地位，孟子对中华文明的贡献也是居功至伟。学习儒家思想，不能不读《孟子》；传承中华文明，不能不读《孟子》；养成独立平等尊严的人格，不能不读《孟子》，这就是"富贵不能淫，贫贱不能移，威武不能屈，此之谓大丈夫"（《孟子·滕文公下》）。

作者谨记于戊戌年冬月

---

① 冯友兰：《中国哲学史》，商务印书馆 2011 年版，第 60 页。

孟子其人

- 思想家
- 政治学家
- 教育家
- 文学家

一、司马迁的叹息

　　孟子是中国古代伟大的思想家，他以继承孔子衣钵为己任，终身致力于维护和发展孔子学说，作出了重要贡献，从而使儒家思想被称为"孔孟之道"。《孟子》一书属语录体散文集，全面系统地展示了孟子的思想尤其是政治思想，是儒家的经典著作。自宋朝以来，《孟子》是家传户诵的文化典籍，对于中华文明和中华民族发展有着不可估量的重要影响。孟子一生渴望为官从政，以阻止春秋战国时的乱局，救民于水火之中。"士之仕也，犹农夫之耕也。"（《孟子·滕文公下》。以后凡引用《孟子》一书，只注篇名和卷数）从政无望，他又想做帝王师，向齐宣王、梁惠王宣介传播自己的仁政王道思想，却被认为"迂远而阔于事情"，郁郁不得志。司马迁为孟子作传时因此而叹息不已。

（一）人物事迹

　　孟子其人，史书没有争议；有所争议的是孟子的生卒年月，一种意见认为，孟子生于公元前 385 年，卒于公元前 304 年；另一种意见认为，孟子生于公元前 372 年，卒于公元前 289 年，享年 84 岁。两种意见分歧并不大，孟子生活于战国中期，距孔子之后百年左右。

　　孟子一生大致可分为少年求学，中青年先教书讲学、后周游齐、梁诸国，晚年潜心治学授徒著书三个阶段。司马迁将其与荀子放在一起作了《孟子荀卿列传》，全文 1000 余字，其中直接记载孟子的只有 200 多字，兹录如下：

> 孟轲，邹人也。受业子思之门人。道既通，游事齐宣王，宣王不能用。适梁，梁惠王不果所言，则见以为迂远而阔于事情。当是之时，秦用商君，富国强兵；楚、魏用吴起，战胜弱敌；齐威王、宣王用孙子、田忌之徒，而诸侯东面朝齐。天下方务于合纵连横，以攻伐为贤，而孟轲乃述唐、虞、三代之德，是以所如者不合。退而与万章之徒序《诗》《书》，述仲尼之意，作《孟子》七篇。

"孟轲，邹人也。受业子思之门人。"孟子是山东邹城人。子思是孔子的孙子，战国初期著名的思想家。孟子师承子思的学生，学习践行孔子思想。他说："予未得为孔子徒也，予私淑诸人也。"（《离娄下》）

孟子学道之后，周游列国不得志。"迂远而阔于事情"，是当时诸侯对孟子的评价。在诸侯看来，孟子的政治主张属书生之见，不符合实际，不能够操作。孟子碰壁的原因，司马迁分析是诸侯只喜霸道不喜王道："秦用商君，富国强兵；楚、魏用吴起，战胜弱敌；齐威王、宣王用孙子、田忌之徒，而诸侯东面朝齐。天下方务于合纵连横，以攻伐为贤，而孟轲乃述唐、虞、三代之德，是以所如者不合。"

孟子晚年讲学著书立说，发扬光大孔子思想。约在 60 岁时，孟子结束了近 20 年的游说生涯，回到家乡邹地，从事讲学和著述，主要是整理儒家典籍和创立自己的学说，"与万章之徒序《诗》《书》，述仲尼之意，作《孟子》七篇"。

司马迁十分同情孟子的遭遇，竟在千余字的传记中四次叹息。一叹孟子生不逢时。"余读《孟子》书，至梁惠王问'何以利吾国',未尝不废书而叹也。曰:嗟乎,利诚乱之始也!"二叹诸侯误解孟子。梁惠王不用孟子所言,且评价孟子的政治主张是"迂远而阔于事情"。三叹王道不如霸道。诸侯对言霸道之人礼遇有加,而倡导王道的孔子、孟子则经常受到困扰。邹忌、邹衍等策士辩才"游诸侯见尊礼如此,岂与仲尼菜色陈、蔡,孟轲困于齐、梁同乎哉"!四叹孟子正直不容于世。"持方枘欲内圜凿,其能入乎?"意思是,像木工拿着一个方形榫的木头,能插入凿成圆形卯的木头里吗?

《孟子》一书也没有争议,成书年代约在公元前 296 年至前 230 年之间;有所争议的是作者和篇数。关于作者,历来有三种不同看法,一种认为《孟子》是孟子自己所撰,东汉赵岐认为"此书,孟子之所作也,故总谓之《孟子》"[①];另一种认为是孟子弟子万章、公孙丑等人根据他生前的言论编定,韩愈认为"孟轲之书,非轲自著"[②];还有一种认为是由孟子和他的弟子共同编定,司马迁持这种观点。学界比较一致的认识是,《孟子》一书由孟子及其弟子共同编定,主要作者是孟子。关于篇数,有两个版本,《史记》记载有七篇,而《汉书·艺文志》记载为十一篇,除通行的七篇外,还有《性善》《文说》《孝经》《为政》四篇。赵岐作《孟子章句》时把《孟子》十一篇分为《内书》七篇和《外书》四篇,并认为《外书》属伪作,不予注解。赵岐又将《内书》七篇各分为上、下卷,变成十四卷,计 261 章。朱熹作注时,将《孟子·尽心上》的两章合为一章,计 260 章。流传至今的《孟子》一书,是以赵岐作注为主,由朱熹改定的版本。《孟子》文字流畅、犀利精炼,气势磅礴、感情充沛,宽厚宏博、驰

---

① 方勇、高正伟:《孟子鉴赏辞典》,上海辞书出版社 2012 年版,第 262 页。

② [唐] 韩愈著,钱仲联、马茂元校点:《韩愈全集》,上海古籍出版社 1997 年版,第 162 页。

骋自如，结构合理、论说透彻，既滔滔不绝又从容不迫，用形象化的语言和故事说明深奥的道理；最大特点是言必称尧舜二王，论必冠子曰诗云。孟子不愧为孔子的衣钵传人。

孟子在历史上的地位是演进的。由于孟子思想是一个复杂的系统结构，对后世的影响就不是单一的，也不是线性发展的，而是通过各种方式逐渐深入到社会政治、经济、思想、文化各个方面，产生了治国安邦、化民成俗、协调家庭、安定社会、道德修养、人伦日常等各种功能和作用。这使得孟子的历史地位有一个发展过程，大致以宋朝为界，分为前后两个阶段。

在宋以前，孟子的历史地位并不高，司马迁为孟子作传，篇幅很短，且未单独列传；《汉书》只将《孟子》列入子部，作为儒家经书的辅翼。《孟子》的研究也很少，只有东汉末年赵岐作《孟子章句》，这是最早的《孟子》注释。三国和魏晋南北朝时期少有研究孟子的著述。唐朝是孟子及其思想引起重视的时期，韩愈在《原道》中提出"道统"说，认为孟子是尧、舜、禹、汤、文、武、周公和孔子的直接继承人，是先秦儒家中唯一继承"道统"的人物，"故求观圣人之道者，必自孟子始"，由此展开了提升孟子历史地位的进程。唐代有过提高《孟子》一书地位的要求，却未能实现。

孟子及其思想的历史地位是在宋朝确定的。在宋人看来，"孟子有大功四：道性善，一也；明浩然之气，二也；辟杨、墨，三也；黜五霸而尊三王，四也。是四者，发孔氏之所未谈，述六经之所不载，遏邪说于横流，启人心于方惑，则余之所谓卓然建明者，此其尤盛者乎"（施德操：《孟子发题》）。宋神宗时期，《孟子》被正式列为经书；朱熹把《孟子》和《论语》《大学》《中庸》一起合为"四书"。元朝加封孟子为"亚圣公"，地位仅次于孔子。宋元明清将《孟子》列为科举考试科目，正式奠定了其官府之学和主流意识形态的地位。

综观孟子的历史地位，可以说是集思想家、政治学家、文学家和教育家于一身，而孟子真正的历史地位是儒家代表人物。韩非子指出："自孔子之死也，有子张之儒，有子思之儒，有颜氏之儒，有孟氏之儒，……故孔、墨之后，儒分为八。"（《韩非子·显学》）对于后世儒家学说产生重大影响的，只有孟、荀两大学派，比较而言，还是孟子更接近于孔子思想，影响也更大。孟子本人极为尊崇孔子，认为自人类社会出现以来，没有一个人能够与孔子相比，"自生民以来，未有盛于孔子也"（《公孙丑上》）。孔子是圣人品德的集大成者。"伯夷，圣之清者也；伊尹，圣之任者也；柳下惠，圣之和者也；孔子，圣之时者也。孔子之谓集大成。集大成也者，金声而玉振之也。"（《万章下》）意思是，伯夷是圣人中清高的人，伊尹是圣人中负责任的人，柳下惠是圣人中随和的人，孔子是圣人中识时务的人。孔子可说是集大成的人。集大成，就像奏乐时先以击打钟锣开场，再以敲击玉磬收尾一样，完完整整。孟子一生都以孔子的传人自居，"乃所愿，则学孔子也"（《公孙丑上》），他发展完善了儒家思想，以致后世儒家把孟子与孔子并立，统治者则让孟子配享文庙。

（二）历史定位

孟子是思想家，继承和发展了孔子的哲学、政治、道德和教育思想，最大贡献是继承和发展了仁的思想。孔子和孟子都谈仁义，相对而言，孔子重仁，"志士仁人，无求生以害仁，有杀身以成仁"（《论语·卫灵公》）；孟子重义，"生，亦我所欲也；义，亦我所欲也。二者不可得兼，舍生而取义者也"。如果说孔子思想的核心是仁，孟子思想的核心则是仁义。"仁，人心也；义，人路也。舍其路而弗由，放其心而不知求，哀哉!"(《告子上》) 意思是，仁是人心的本质，义是人的必由之路。放弃那正道不走，丧失了善良的本性而不知道去寻找，可悲啊! 仁是人的内心修养，义是人的外在行为，孟子把仁的思想发展为仁义并举的学说，表明他更重视道德实践，更注重对人外在行为的评价，使仁的思想具有可操作性和可外化的日常言行。后世学者对孟子评价甚高，民国时期蔡元培甚至用现代社会政治理念解读孔孟思想，"自由者，'富贵不能淫，贫贱不能移，威武不能屈'是也；古者盖谓之义。平等者，'己所不欲，勿施于人'是也；古者盖谓之恕。友爱者，'己欲立而立人，己欲达而达人'是也；古者盖谓之仁"[1]。更重要的是，孟子为仁义学说提供了哲学基础，这就是性善论。

孟子是儒家学派第一个系统论述人性理论的思想家，把人性善具体化为恻隐、羞恶、恭敬、是非"四心"，"四心"关键是仁义，是区分人与禽兽的基本界线。"人之所以异于禽兽者几希，庶民去之，君子存之。舜明于庶物，察于人伦，由仁义行，非行仁义也。"(《离娄下》) 意思是，人与禽兽的区别就那么一点点，一般人舍弃了它，君子保存了它。舜明白万物的规律，了解人事的道理，自然遵循仁义的道路行走，而不是勉强地推行仁义。

孟子是政治学家，从性善论出发，把仁的理念发展为一套比较完整的政治学说，"君子之于物也，爱之而弗仁；于民也，仁之而弗亲。亲亲而仁民，仁民而爱物"(《尽心上》)。孟子的政治学说由民本、仁政和王道思想构成，具有系统性和内在的逻辑统一性。

---

① 《蔡元培选集》，中华书局 1959 年版，第 332 页。

民本是孟子政治思想的神来之笔和最辉煌的部分，"民为贵，社稷次之，君为轻。是故得乎丘民而为天子"（《尽心下》）。二千多年前，中国社会正处于分封制向郡县制急剧变革的时代，生产力非常低下，社会矛盾十分尖锐，孟子就提出了"民贵君轻"的伟大思想，强调对平民百姓的尊重和人与人之间的平等，不能不使人感到震撼。在孟子看来，天下之得失归根到底在于民心的得失，"得天下有道：得其民，斯得天下矣。得其民有道：得其心，斯得民矣。得其心有道：所欲与之聚之，所恶勿施尔也"（《离娄上》）。

仁政是孟子政治思想的主要内容。孟子把政治思想奠基于性善论之上，要求统治者以"仁爱之心"来施政，"先王有不忍人之心，斯有不忍人之政矣"（《公孙丑上》）。在孟子看来，仁政关乎天下得失和国家兴亡，如果不施行仁政，就会国家不保，失去天下，"三代之得天下也以仁，其失天下也以不仁，国之所以废兴存亡者亦然。天子不仁，不保四海；诸侯不仁，不保社稷；卿大夫不仁，不保宗庙；士庶人不仁，不保四体"（《离娄上》）。如果施行仁政，则是百姓归来、天下归服，"今王发政施仁，使天下仕者皆欲立于王之朝，耕者皆欲耕于王之野，商贾皆欲藏于王之市，行旅皆欲出于王之途，天下之欲疾其君者，皆欲赴愬于王。其若是，孰能御之"（《梁惠王上》）。意思是，君王如果施行仁政，使天下做官的都想在君王的朝廷里做官，耕田的人都想在君王的田地上耕种，做生意的人都想在君王的集市上贸易，出行的人都想从君王的道路上经过，天下痛恨本国统治者的人都想到君王这里来控诉。如果像这样，谁能阻挡？

王道是孟子政治思想的理想目标。孟子把王道政治的榜样锁定在尧舜禹汤文武周公，认为他们既有仁心又有仁政，才能使天下太平，"离娄之明，公输子之巧，不以规矩，不能成方圆；师旷之聪，不以六律，不能正五音；尧舜之道，不以仁政，不能平治天下"（《离娄上》）。在孟子看来，王道是与霸道相对立的概念，王道是推行仁政，以德服人；霸道是凭借武力，四处征战，以力服人。"以力假仁者霸，霸必有大国。以德行仁者王，王不待大。汤以七十里，文王以百里。以力服人者，非心服也，力不赡也。以德服人者，中心悦而诚服也，如七十子之服孔子也。《诗》云：'自西自东，自南自北，无思不服。'此之谓也。"（《公孙丑上》）由此可见，王道与仁政是一块硬币的两面，对统治者而言是王道，对老百姓而言是仁政，实质都是要求对老百姓施行不忍人之政。

孟子是教育家，乐在其中，"父母俱存，兄弟无故，一乐也。仰不愧于天，俯不怍于人，二乐也。得天下英才而教育之，三乐也"（《尽心上》）。孟子有着丰富的教育实践，即使在游说诸侯、宣传仁政的过程中，也大量招收学生，往往会"后车数十乘，从者数百人"（《滕文公下》），晚年则是和学生一起整理儒家经典，编著《孟子》一书。通过开坛布道、教书讲学，孟子形成了比较完整的教育思想。在孟子看来，教育在国家管理和社会政治经济生活中具有重要意义，甚至比良好的政治还重要，能够赢得民心，"善政不如善教之得民也。善政，民畏之；善教，民爱之。善政得民财，善教得民心"（《尽心上》）。孟子要求统治者在解决老百姓温饱以后，就要加强教育，改进社会风气，"谨庠序之教，申之以孝悌之义，颁白者不负戴于道路矣"（《梁惠王上》）。意思是，认认真真地办学校，反复用孝悌的道理来教导学生，须发斑白的老人就不会背着或顶着重物在路上行走了。

在孟子看来，教育具有内外两方面功能，对外担负着教化和政治功能，强调教育的目的是"明人伦"。所谓明人伦，就是学习掌握和遵循传统社会的伦理道德准则，"教以人伦：父子有亲，君臣有义，夫妇有别，长幼有叙，朋友有信"（《滕文公上》）。孟子还以夏商周三代为例，认为明人伦是自古已然的事情，有利于巩固政治统治和安定社会秩序，也有利于后世效仿和借鉴，"夏曰校，殷曰序，周曰庠，学则三代共之，皆所以明人伦也。人伦明于上，小民亲于下。有王者起，必来取法，是为王者师也"（《滕文公上》）。对内则要找回和发挥人的善性，"学问之道无他，求其放心而已矣"（《告子上》）。之所以要"求其放心"，是因为人会受环境影响和利益诱惑，丢失人的本性和良心。孟子以牛山之喻加以说明，认为牛山本是一座树木茂美的山，由于人们砍伐和放牧牛羊，所以变得光秃秃了，这不是牛山本来的面目，人性也一样。

在孟子看来，教育方法很重要，明确了教育目的，还要有好的教学方法与之配套，才能取得好的教育效果。孟子倡导的教学方法包括教与学两个方面。对于教师而言，要以身作则，否则就教不好学生，"身不行道，不行于妻子。使人不以道，不能行于妻子"（《尽心下》）。要因材施教，区别不同学生分类进行教学，"君子之所以教者五：有如时雨化之者，有成德者，有达财者，有答问者，有私淑艾者"（《尽心上》）。要言近指远、守约施博，"言近而指远者，善言也。守约而施博者，善道也。君子之言也，不下带而道存焉。君子之守，修其身而天下平"（《尽心下》）。意思是，言语浅显而意义深远的，是善言；所掌握的东西很简约而成效却很广大的，是善道。君子的言谈，讲的都是眼前的事，道理却蕴含其中；君子的操守，从修养自身开始，进而使天下太平。对于学生而言，则是要"自求自得"，反对"自暴自弃"；要专心致志，反对三心二意；要循序渐进，反对揠苗助长。孟子的教育思想犹如一座富矿，值得深入挖掘开采，其中的真知灼见，至今仍有学习借鉴的价值。

孟子是文学家，主要在散文创作方面有着辉煌的实践，其结晶就是《孟子》一书，足以成为后世文章的典范。散文这一概念虽然出现于北宋年间，作为一种文体却是古已有之。春秋战国时期是古典散文发展的黄金时期，既有论说散文，又有历史散文，诸子百家个个都是论说散文大家，孟子是其中的佼佼者，对后世影响也最大。清代文学评论家刘熙载认为：韩愈、苏轼、王安石等唐宋古文大家与孟子有着深刻的渊源关系，"韩文出于《孟子》"；"东坡文，亦《孟子》，亦贾长沙"；"王介甫文取法孟、韩"（《艺概·文概》）。《孟子》一书多由问答体组成，谈话的对象主要是各国君臣、家门弟子和诸派学人。

孟子善于根据不同的对象，采用不同的谈话方式，或直言其事，或委婉曲折；或寓深义于譬喻之中，或抒豪情于哲理之外；或如促膝谈心循循善诱，或似万弩齐发锋锐难当，其文章气魄宏大，雄辩滔滔，善于取譬设喻运用形象化的语言说理叙事，善于运用修辞手段和表达技巧以加强表现力。在气魄宏大方面，试看孟子与弟子充虞的一段对话。孟子离开齐国，充虞路上问道：先生似乎不太高兴，从前我听先生说过，君子不埋怨天，也不责怪人。孟子回答："彼一时，此一时也。五百年必有王者兴，其间必有名世者。由周而来，七百有余岁矣，以其数则过矣，以其时考之则可矣。夫天未欲平治天下也。如欲平治天下，当今之世，舍我其谁也？吾何为不豫哉！"（《公孙丑下》）"舍我其谁"，是何等的气魄，既表明孟子对自己的事业充满信心，又表明孟子乐观进取的精神，还表明孟子实现人生理想的坚定意志和顽强毅力。在滔滔雄辩方面，且看孟子怎样斥责杨朱和墨子："杨氏为我，是无君也。墨氏兼爱，是无父也。无父无君，是禽兽也。"（《滕文公下》）这一斥责有些粗暴尖刻，却反映了孟子文风的刚劲犀利。

　　当然，孟子对后世文章的影响，不仅在于他的创作实践，更在于他的一些有关文学文艺的思想观念，为后世人物鉴赏、文艺品评和文学批评奠定了重要基础。其中影响最大的是知人论世说："以友天下之善士为未足，又尚论古之人。颂其诗，读其书，不知其人，可乎？是以论其世也，是尚友也。"（《万章下》）意思是，和天下的优秀人物交朋友还不满足，便又追论古人。吟诵他们的诗歌，研读他们的著作，而不了解他们的为人，可以吗？所以要研究他们所处的时代，上溯历史，这才是真正与古人交朋友。孟子在这段话中提出一个重要的文学批评与鉴赏原则，既要知人又要论世。所谓知人，就是要了解作者的生平与思想；所谓论世，就是要了解作者所处的时代环境和社会风尚。任何文学作品都是作者与所处时代互动的结果，知人论世揭示了这一规律，深刻影响了后世的文论家和文学批评理论，鲁迅就说："我总以为倘要论文，最好是顾及全篇，并且顾及作者的全人，以及他所处的社会状态，这才较为确凿，要不然是很容易近乎说梦的。"①

（三）论点辨析

　　古人对孟子评价甚高，西汉扬雄自比孟子，在《法言·吾子》中说："古者杨、墨塞路，孟子辞而辟之，廓如也。后之塞路者有矣，窃自比于孟子。"唐宋以后学者大多赞同韩愈的道统论，北宋程颐认为："周公没，圣人之道不行；孟轲死，圣人之学不传。道不行，百世无善治；学不传，千载无真儒。"（程颐：《明道先生墓表》）不仅学者赞扬孟子，统治者也给予高度评价，康熙御制《孟子赞》言："哲人既萎，杨墨昌炽。子舆辟之，曰仁

---

① 《鲁迅全集》（第六卷），人民文学出版社 1991 年版，第 344 页。

曰义。性善独阐，知言养气。道称尧舜，学屏功利。煌煌七篇，并垂六艺。孔学攸传，禹功作配。"不仅古人赞扬孟子，今人也给予高度评价，孙中山用孟子"王霸之辩"来解释国家和民族的起源："中国人说王道顺乎自然，换句话说，自然力便是王道；用王道造成的团体，便是民族。武力就是霸道；用霸道造成的团体，便是国家。"① 毛泽东青年时代经常引用《孟子》"天将降大任于斯人也"一章勉励鞭策自己，锻炼体魄，砥砺品行，增强斗志。

当然，有赞誉就有批评批判。最早是荀子，他批评孟子不懂孔子，不知儒学之要领，"略法先王而不知其统，犹然而材剧志大，闻见杂博"（《荀子·非十二子》）。东汉王充著有《刺孟》篇，抓住孟子言行不一、前后矛盾、答非所问、无理狡辩的地方，逐一进行揭露和驳斥，认为孟子不是贤人，而是俗儒。最有意思的是明朝朱元璋对待孟子的态度，一方面，辑有《孟子节文》，删去"残贼之人谓之一夫，闻诛一夫纣矣，未闻弑君也"等词句；诏告天下说孟子不少言论"非臣子所宜言"；还下令将孟子逐出文庙。另一方面，由于大臣谏阻，且当时天有异象，又下一道谕旨："孟子辩异端，辟邪说，发明孔子之道，配享如故。"

现代社会对孟子及其思想存在不同看法，主要集中于思想性质和部分观点，在思想性质方面，重点辩论孟子是否属于唯心论者，是进步还是保守；在部分观点方面，主要是讨论劳心与劳力的命题。钱穆在《国史大纲》扉页上写道："（学习和研究中国历史）尤必附随一种对本国已往历史之温情与敬意。"我们应抱着"温情与敬意"辨析孟子及其思想。

关于是否属于唯心论者。学术界一般认为，孟子思想的性质

---

① 《孙中山全集》（第九卷），中华书局 1986 年版，第 186 页。

属于主观唯心主义范畴，"孟子把他的世界观、人性论、仁政学说紧紧地组织在一起，形成先秦唯心主义哲学的一个重要派别"①。具体表现在世界的本质和终极根源上，孟子归之于天与天命，"莫之为而为者，天也。莫之致而至者，命也"（《万章上》）。在认识论上，孟子是先验主义者，"人之所不学而能者，其良能也。所不虑而知者，其良知也。孩提之童，无不知爱其亲者；及其长也，无不知敬其兄也"。在天人关系上，孟子把心、性、天看成一体，"尽其心者，知其性也。知其性，则知天矣。存其心，养其性，所以事天也。夭寿不贰，修身以俟之，所以立命也"（《尽心上》）。按照唯物与唯心的分类，把孟子思想划归唯心主义范围，是没有疑义的。

然而，孟子思想是复杂的，很难作简单的归类。从思想倾向分析，孟子强调精神作用和主观努力，或许可认定为唯心论者，而孟子的政治思想，主张"以不忍人之心，行不忍人之政，治天下可运之掌上"（《公孙丑上》），则对于反对统治者暴政，减轻老百姓苦难，有着积极意义。比较合适的分析框架是浪漫主义与现实主义，梁惠王等认为孟子的政治思想"迂远而阔于事情"，大概是归之于浪漫主义范畴。总体而言，孟子的仁政、王道学说的理想色彩过浓，应为浪漫主义。孟子的民生思想，要求制民之产，不违农时，则是非常现实的，具有唯物性质。

关于进步与保守。过去一般从孟子思想的阶级属性来区分进步与保守。有的认为，孟子是保守的，主张恢复井田制，维护西周分封制，代表没落的奴隶主贵族，"夫仁政，必自经界始。经界不正，井地不均，谷禄不平，是故暴君污吏必慢其经界。经界既正，分田制禄可坐而定也"（《滕文公上》）。有人认为，孟子是

① 任继愈主编：《中国哲学史简编》（修订本），人民出版社1978年版，第80页。

进步的，适应社会发展趋势，强调得民心者得天下，代表新兴地主阶级，"桀纣之失天下也，失其民也。失其民者，失其心也。得天下有道：得其民，斯得天下矣。得其民者有道：得其心，斯得民矣"（《离娄上》）。有人认为，孟子不仅有进步的思想，而且有保守的主张，反映了由氏族奴隶主转化过来的封建地主的立场，"在孟子的思想体系中充满着既要保存旧的，又要容纳一些新思想的矛盾。他的封建地主阶级的思想占主导地位"①。有人还认为，孟子的仁义论和仁政学说有利于老百姓安居乐业，代表了当时广大劳动人民群众的利益。

实际上，孟子的身份，很难将他归属于某一阶级，而孟子思想的丰富性，更难简单地以进步与保守来加以分类。就身份而言，孟子不是奴隶主贵族，不是当时新兴统治阶级的人物，也不是一个体力劳动者。如果一定要明确孟子的身份，那他就是一个读书人，属于士的范围。孟子和孔子一样，其最大的历史作用在于唤醒了士的生命自觉，激发了士的创造力量。他们使士能够以自己的知识和思想赢得与统治者平起平坐的地位，孟子引用曾子的话说："晋楚之富，不可及也。彼以其富，我以吾仁；彼以其爵，我以吾义，吾何慊乎哉？"（《公孙丑下》）意思是，晋王和楚王的财富，我是比不上的。但他倚仗他的财富，我倚仗我的仁；他倚仗他的爵位，我倚仗我的义，我何必自以为比他少点什么呢？就思想而言，孟子的民本、仁政和王道思想，不仅有利于统治者，而且有利于被统治者，不仅有利于士的阶层，而且有利于人民群众，无论在先秦时期，还是对中国传统社会的影响和作用，都是进步的。

关于劳心与劳力。"劳心者治人，劳力者治于人；治于人者食

---

① 任继愈主编：《中国哲学史简编》（修订本），人民出版社1978年版，第68页。

人，治人者食于人，天下之通义也。"（《滕文公上》）这是对孟子诟病最多的命题。有人认为，孟子把剥削者与被剥削者之间的阶级对立，同社会分工混为一谈，以证明剥削制度的合理性；有人认为，孟子把统治者与被统治者的关系歪曲为社会分工关系；有人认为，孟子区分劳心与劳力，为统治者歌功颂德，对于后世产生了很坏的影响，统治者以此用来为自己的残暴和贪婪行为辩护。要而言之，区分劳心与劳力，不是一个好的命题。如何评价劳心与劳力的命题，关键看孟子论证和阐述的角度是社会分工还是维护统治阶级的剥削压迫。分析《孟子》全书，孟子主要是从社会分工的角度区别劳心与劳力的关系。社会分工对于人类社会发展具有重大意义，没有社会分工，就谈不上人类历史的进步，诚如恩格斯所言："当人的劳动的生产率还非常低，除了必需的生活资料，只能提供微少的剩余的时候，生产力的提高、交换的扩大、国家和法律的发展、艺术和科学的创立，都只有通过更大的分工才有可能。"① 传统社会为了人类进步和发展，腾出少数人专门从事管理和科学文化的创造，却付出了广大劳动人民血汗的代价，这不能不令人心痛和遗憾，却是无法避免的历史真实。

研读孟子，不能不思考传统知识分子的命运。在中国传统社会，知识分子与政治有着割不断的联系。《左传》曰："太上有立德，其次有立功，其次有立言，虽久不废，此之谓不朽。"立德立功立言，尤其立功，是传统知识分子梦寐以求的人生目标，孟子也不例外。所谓立功，在传统社会就是为官从政，直接参与政治实践，而孟子只做到了立德立言，却没有立功，这不能不说是孟子的遗憾。司马迁在其传记中多次用"退而"二字加以描述，给

———————————

① 《马克思恩格斯选集》（第二卷），人民出版社 1995 年版，第 221 页。

予同情，"退而著述，称吾道穷"。对于传统知识分子而言，退而立言，相比立功，实在是无奈的选择，道出了孟子的无穷悲情辛酸，也道尽了读书人的悲情辛酸。传统知识分子书读多了，便立志参与政治、建功立业，度人度世、救国救民。实际上，这是古今中外许多知识分子最大的愿望和人生观的核心，他们并不愿意沉寂于笔墨之间而愿意参加政治实践，平治天下。《君主论》作者马基雅维利认为，他是在没有效力于国家的机会、没有条件实现他的理想志向的前提下，才去著书立说的。

然而，社会有分工，官职有限制，为官从政的只能是少数人，大部分知识分子与之无缘，这是人们能够承认和接受的社会现实。难以理解的是，像孟子这样的贤哲达人，当时有机会为官从政，或因与统治者理念不同，或因统治者昏庸无能，或因统治者刚愎自用，而被剥夺了政治生命，壮志难酬。对于传统知识分子而言，这是多么痛苦和悲哀、苍凉与悲壮。清代学人朱彝尊《解佩令》一词道尽了孟子和传统知识分子的悲情人生：

> 十年磨剑，五陵结客，把平生、涕泪都飘尽。老去填词，一半是、空中传恨。几曾围、燕钗蝉鬓？　　不师秦七，不师黄九，倚新声、玉田差近。落拓江湖，且分付、歌筵红粉。料封侯、白头无分！

二、读书人的志业

立德、立功、立言，是传统社会读书人的人生志业。立德居于首要位置，与人相伴终生，这是没有任何异议的。比较立功与立言，读书人更喜欢立功。在传统社会，立功意味着为官从政，可以用自己的知识和才能报效社会，建立功勋，光宗耀祖。立言一般是在立功无望的情况下，退而求其次的选择，随之而来的是青灯黄卷，寂寞冷清。孟子是在被诸侯君王们弃置的窘境中走上了立言之路，汇集为《孟子》一书。正是立言，使孟子成为思想家，名扬千古，激励后人，对于传统社会和中华民族产生了超迈于立功的深刻影响。立言成就了孟子，思想家比政治家更有历史的穿透力。

孟子不仅继承了孔子的思想，而且创造性地发展了孔子的思想，提出了许多新观点、新理念，形成个性鲜明的精神风貌，补充完善了儒家学说，指点和引领后世儒学的进步发展。如果说孔子思想是儒家文化的原点，那么，孟子思想则是儒家文化的第二个支点，继承发展孔子，原点支点连成一线，进而形成了儒家文化传统，建构了中华民族的文化主动脉。

（一）人性本善

先秦思想家为了推行自己的政治主张，都从理论上探讨了人性问题。这些探讨的显著特点，就是以善恶来规定人性的本质，或曰性善，或曰性恶，或曰性有善有恶，或曰性无善无恶。孟子重在心性修养，主张人性本善。人性本善是孟子思想的核心内容，也是孟子思想的形而上根据。人是从自然界进化而来的高级动物，不可避免地具有社会与自然的双重属性。孟子似乎把人的社会本质同人的自然本质等同起来，认为人性善是先天具备的本质。人性善的内容是："恻隐之心，仁也；羞恶之心，义也；恭敬之心，礼也；是非之心，智也。仁义礼智，非由外铄我也，我固有之也，弗思耳矣。"意思是，同情心属于仁，羞耻心属于义，恭敬心属于礼，是非心属于智。这仁义礼智，不是由外人给予我的，是我本来就具有的，不过不曾探究它罢了。孟子认为，人性本善不是特殊情况，而是普遍现象，不是有的人具有善心，有的人没有善心，而是所有人都有善心，正如人的嘴巴、耳朵、眼睛有同样的嗜好。既然人有同样的物欲和爱好，"至于心，独无所同然乎？心之所同然者何也？谓理也，义也。圣人先得我心之所同然耳。故理义之悦我心，犹刍豢之悦我口"（《告子上》）。意思是，难道人心就没有相同的吗？人心所相同的东西是什么呢？是理，是义。圣人先于普通人得知我们心中共同的东西。因而理和义使我心愉悦，就像牛羊猪狗肉合我的口味一样。

孟子虽然认为人的社会本质与自然本质都是先天具备的，却区分了人的社会本质与自然本质的差异性，强调人的社会本质的重要性，认为这是人之为人的基本规定。"人之有道也，饱食暖衣，逸居而无教，则近于禽兽。"（《滕文公上》）意思是，人是有善良天性的，但吃饱了穿暖了，住安逸了却不加以教育，就和禽兽差不多。孟子为此把人的本性区分为"大体"与"小体"，"大体"指人的社会性，即仁义礼智，"小体"指人的自然性，即耳目口腹之欲；追求性善的是大人，只知享受物欲的是小人。"体有贵贱，有小大。无以小害大，无以贱害贵。养其小者为小人，养其大者为大人。"大人即君子，是一个序列的概念。孟子进一步指出，大人是那些会用心思考，而不会被耳、目所蒙蔽的人："耳目之官不思，而蔽于物。物交物，则引之而已矣。心之官则思，思则得之，不思则不得也。此天之所与我者。先立乎其大者，则其小者不能夺也。此为大人而已矣。"（《告子上》）意思是，耳朵、眼睛这类器官不会思考，所以被外物所蒙蔽。耳朵、眼睛也不过是物。物与物接触，便会受到诱惑罢了。心的功能在于思考，思考了就会有所得，不思考就一无所获。这是上天赐予我们人类的。所以，心是重要器官。先把心这个重要器官的地位树立起来，那么，那些次要的器官就不可能夺走人心中的善性。这就成为君子了。

孟子虽然认为人性本善，却没有否定后天的作用和修身的重要。在孟子看来，人皆有之的善性，最初只是一种道德的萌芽，即仁义礼智"四端"，必须经过自我修养，扩而充之，才能发展成现实的道德行为。"有是四端而自谓不能者，自贼者也；谓其君不能者，贼其君者也。凡有四端于我者，知皆扩而充之矣，若火之始然，泉之始达。苟能充之，足以保四海；苟不充之，不足以事父母。"（《公孙丑上》）意思是，有仁义礼智四种萌芽而自称不能行善之人，是自暴自弃的人；说他的君王不能行善的人，是残害君王的人。凡是具备仁义礼智的人，就该懂得把它们都扩充起来，就像火开始燃烧，泉水开始流出。如果能够扩充它们，就足以安定天下；如果不能扩充它们，就连父母也侍奉不了。在修养扩充善性的过程中，孟子认为，要像舜那样，有着从善如流、一心向善的强烈愿望和积极行为。"舜之居深山之中，与木石居，与鹿豕游，其所以异于深山之野人者几希！及其闻一善言，见一善行，若决江河，沛然莫之能御也。"（《尽心上》）孟子认为，修身养性要遵循规律、坚持不懈，不要揠苗助长。"必有事焉而勿正，心勿忘，勿助长也。无若宋人然。"意思是，修身养性，一定要有所作为而不中止，心里不要忘记，但也不要有意地帮助它，不要学那个宋人。"宋人"是指"揠苗助长"的故事："宋人有闵其苗之不长而揠之者，芒芒然归，谓其人曰：'今日病矣，予助苗长矣！'其子趋而往视之，苗则槁矣。"（《公孙丑上》）

（二）发政施仁

孟子一生向往为官从政，实现自己的政治抱负，治国平天下，给百姓带来福祉。他把士大夫为官从政比作农夫耕田，认为是很自然的事情，"士之仕也，犹农夫之耕也。农夫岂为出疆舍其耒耜哉"；把士大夫不能为官从政，或失去官职，看得很严重，"士之失位也，犹诸侯之失国家也"（《滕文公下》）。意思是，士人失去官位，就好比诸侯失掉了国家。孟子最重视的是孔子的政治思想，对儒家学说发展贡献最大的是政治学说；《孟子》一书的基本色调是政治。孟子的政治思想由民本、仁政和王道构成，民本最重要，涉及统治者与民众的关系，是实现政治理想的基础。

统治者与民众的关系，始终是政治理论的基本问题。早在殷商之前，先民们已经有了"民惟邦本，本固邦宁"的思想，先秦思想家们都对民本思想有所论述。而在先秦思想家和早期的儒家代表人物中，没有哪一位比孟子更重视民众的社会作用和历史地位。孟子的贡献在于深刻而系统地阐述了民本思想，并把它发展成为仁政的理论基础，运用到施政纲领之中。孟子认为："诸侯之宝三：土地、人民、政事。宝珠玉者，殃必及身。"（《尽心下》）赵岐注云："诸侯正其封疆，不侵邻国，邻国不犯，宝土地也。使民以时，居不离散，宝人民也。修其德教，布其惠政，宝政事也。"（《孟子注疏》）在孟子看来，土地、人民、政事是国家的

三个基本要素，土地为立国之基业，人民为守国之根本，政事为
经国之纲要。诸侯只有以此三者为宝，才能实现治国平天下，否
则以珍珠美玉为宝，就会招致祸患。

　　在此基础上，孟子石破天惊地提出"民贵君轻"的思想："民
为贵，社稷次之，君为轻。是故得乎丘民而为天子。"这段话肯定
了民众在国家中的主体地位。民众在国家政治中的地位比君王重要
得多，因而得到民众和赢得民心，才能得到天下和成为天子。"民
贵君轻"思想一经提出，便使传统社会受到极大震动，绵绵不绝
影响了两千多年，成为批判君王专制的锐利武器。更为可贵的是，
孟子还提出了可以变更君王的主张："诸侯危社稷，则变置。牺牲
既成，粢盛既洁，祭祀以时，然而旱干水溢，则变置社稷。"
（《尽心下》）意思是，如果诸侯危害国家，那么就改立诸侯。祭
祀用的牲畜已经很肥壮，祭器中的谷物已经很洁净，祭祀也按时
进行，然而依旧发生旱灾水灾，那么就要改立土神、谷神。

　　统治者如何管理民众，是政治理论的重要内容。孟子继承了
孔子"为政以德"的思想，创造性提出仁政学说。面对战乱频
繁、苛捐杂税，徭役繁重、民不聊生的社会现实，孟子痛心不已，
呼吁统治者应该发政施仁，救民众于水深火热之中。孟子告诫统
治者，如果不施行仁政，就会失去天下："三代之得天下也以仁，
其失天下也以不仁。国之所以废兴存亡者亦然。天子不仁，不保
四海；诸侯不仁，不保社稷；卿大夫不仁，不保宗庙；士庶人不
仁，不保四体。"（《离娄上》）

　　在孟子看来，仁政是与民生连在一起的，没有民生，就没有
仁政。仁政是要"制民之产"，使老百姓有衣穿有饭吃，"是故明
君制民之产，必使仰足以事父母，俯足以畜妻子，乐岁终身饱，
凶年免于死亡"。进而使老百姓有恒心，能够安居乐业。"若民，
则无恒产，因无恒心。苟无恒心，放辟邪侈，无不为已。及陷于

罪，然后从而刑之，是罔民也。"(《梁惠王上》) 意思是，至于老百姓，如果没有固定的产业，就不会有坚定的心志。假如没有坚定的心志，就会为非作歹，无所不为。等他们犯了罪，然后处罚他们，这叫陷害百姓。仁政是要救济"穷民"，穷民即社会上孤苦无援者。孟子以周文王为例，认为发政施仁必须先帮助和救济穷民，"老而无妻曰鳏，老而无夫曰寡，老而无子曰独，幼而无父曰孤。此四者，天下之穷民而无告者。文王发政施仁，必先斯四者"(《梁惠王下》)。仁政是要轻徭薄赋。历史证明，有政府就会有税赋。孟子认为征税要有个限度："有布缕之征，粟米之征，力役之征。君子用其一，缓其二。用其二而民有殍，用其三而父子离。"(《尽心下》) 孟子还以文王为例，强调省刑罚薄税收。"昔者文王之治岐也，耕者九一，仕者世禄，关市讥而不征，泽梁无禁，罪人不孥。"(《梁惠王下》) 意思是，从前周文王治理岐地，农夫的税率是九分之一，做官的世代享有俸禄，关卡和市场只维持秩序而不抽税，到湖泊池塘里捕鱼而不受禁止，处罚犯罪的人而不连累他的妻儿。仁政是要加强教化。孟子把教化看成是人与禽兽的本质区别，"无教，则近于禽兽"(《滕文公上》)。在富民的同时，"谨庠序之教，申之以孝悌之义，颁白者不负戴于道路矣"。在孟子看来，只要富民教民，就能治国安邦、称王天下，"七十者衣帛食肉，黎民不饥不寒，然而不王者，未之有也"(《梁惠王上》)。

统治者如何行使权力，是政治理论的又一重要内容。孟子提出了王道思想，即以理想的政治之道建立理想的人间秩序。从现有文献可知，王道思想在儒家产生之前就已出现。《尚书》指出："无偏无陂，遵王之义；无有作好，遵王之道；无有作恶，遵王之路。无偏无党，王道荡荡；无党无偏，王道平平；无反无侧，王道正直。会其有极，归其有极。"(《尚书·周书·洪范》) 意思是，不要不平，不要不正，要遵守王令；不要作私好，要遵守王道；不要作威恶，要遵行正路。不要行伪，不要结党，王道坦荡；不要结党，不要行伪，王道平平；不要违反，不要倾侧，王道正直。团结那些守法之臣，归附那些执法之君。从这段话可知，王道一词蕴含着社会公平正义思想。

在孟子看来，王道是与霸道相对立的一个概念，王、霸之间的根本差别在于是以仁义行使权力，还是以力量行使权力。"以力假仁者霸，霸必有大国；以德行仁者王，王不待大。汤以七十里，文王以百里。以力服人者，非心服也，力不赡也；以德服人者，中心悦而诚服也，如七十子之服孔子也。《诗》云：'自西自东，自南自北，无思不服。'此之谓也。"（《公孙丑上》）在孟子看来，王道的榜样是尧舜禹汤文王武王周公，他们的做法是造福百姓、选贤任能和奖罚分明。"天子适诸侯曰巡狩，诸侯朝于天子曰述职。春省耕而补不足，秋省敛而助不给。入其疆，土地辟，田野治，养老尊贤，俊杰在位，则有庆，庆以地。入其疆，土地荒芜，遗老失贤，掊克在位，则有让。一不朝，则贬其爵；再不朝，则削其地；三不朝，则六师移之。是故天子讨而不伐，诸侯伐而不讨。"（《告子下》）在孟子看来，霸道的典型是春秋五霸，即齐桓公、宋襄公、晋文公、秦穆公和楚庄王。"五霸者，搂诸侯以伐诸侯者也。故曰五霸者，三王之罪人也。"（《告子下》）孟子反对五霸征战不已，反对侵略他国危害百姓的不义之战。"春秋无义战。彼善于此，则有之矣。征者，上伐下也，敌国不相征也。"（《尽心下》）意思是，春秋时期没有正义的战争。彼国君王好于此国君王的情况是有的。征是天子讨伐有罪诸侯以正其国家，同等级的诸侯之间不能互相征讨。

为了推行王道，孟子主张法先王。所谓法先王，就是取法尧舜，实行仁政，以尧舜的道德观念和社会政治为最高标准，来规范现实社会的道德观念，建构理想化的社会制度。"规矩，方圆之至也；圣人，人伦之至也。欲为君，尽君道；欲为臣，尽臣道。二者皆法尧舜而已矣。不以舜之所以事尧事君，不敬其君者也；不以尧之所以治民治民，贼其民者也。孔子曰：'道二，仁与不仁而已矣。'"（《离娄上》）

（三）勇猛精进

任何文化的终极目标都是为塑造集体人格，儒家思想具有厚重的伦理道德底蕴，就不能不重视人格的塑造和修养。孔子提出了圣人和君子人格，认为圣人是人格的完美化身和最高境界，君子是现实的理想人格。孟子继承了孔子的人格思想，既肯定了圣人又肯定了君子，在肯定君子人格的基础上添加了大丈夫精神。"居天下之广居，立天下之正位，行天下之大道。得志，与民由之；不得志，独行其道。富贵不能淫，贫贱不能移，威武不能屈，此之谓大丈夫。"（《滕文公下》）与温文尔雅的君子人格相比，大丈夫多了些豪迈激荡、生机勃发的浩然之气，朱熹誉之为"勇猛精进"。这是孟子对孔子的超越，从而加强了士大夫的独立人格，提升了读书人的精神境界，激励着一代又一代传统知识分子为国家和民族慷慨前行、义无反顾。

勇猛精进是善养浩然之气。弟子公孙丑问孟子有什么优点，孟子回答："我知言，我善养吾浩然之气。"所谓浩然之气，内容是义和道，善养的方法是从内心生发而逐步累积，须臾不可离开和放弃，"其为气也，至大至刚，以直养而无害，则塞于天地之间。其为气也，配义与道。无是，馁也。是集义所生者，非义袭而取之也。行有不慊于心，则馁矣。我故曰：告子未尝知义，以其外之也"。在孟子看来，浩然之气不仅要配义和道，而且要知言。"诐辞知其所蔽，淫辞知其所陷，邪辞知其所离，遁辞知其所穷。生于其心，害于其政；发于其政，害于其事。圣人复起，必从吾言矣。"（《公孙丑上》）意思是，偏颇的言辞，知道它在哪一方面被遮蔽而不明事理；过分的言辞，知道它耽溺于什么而不能自拔；邪僻的言辞，知道它违背了什么道理而乖张不正；搪塞的言辞，知道它在哪里理屈而终于辞穷。言辞的过失产生于思想认识，危害于政治；把它用于政令措施，就会危害具体工作。如果圣人复生，一定会赞同我的观点。从这段话可知，浩然之气既要有勇敢，更要有理性，才能升华为一种人格文化，融汇于血脉里，成长于心灵间，贯穿于人伦中，实践于为官入仕之途。

勇猛精进是敢于正视权力。权力的载体是君王和官员，如何对待高官厚禄者，是测定一个人人格高下的重要标志。孟子对待权力是有傲骨而没有傲气，充分体现了大丈夫精神，这就是平等对待位高者，没有奴颜婢膝。孟子更看不起那些贪图享受、无所作为、违反古制的官员。孟子还敢于批评君王，他当着梁惠王的面，批评那些不顾老百姓死活的君王是"率兽食人"，认为这样的人没有资格做老百姓的父母官。"庖有肥肉，厩有肥马，民有饥色，野有饿莩，此率兽而食人也。兽相食，且人恶之；为民父母，行政不免于率兽而食人，恶在其为民父母也?"（《梁惠王上》）他能正确认识君臣关系，认为两者是互相平等、互尽义务的关系，而不是盲从愚忠的关系。孟子对齐宣王说："君之视臣如手足，则臣视君如腹心；君之视臣如犬马，则臣视君如国人；君之视臣如土芥，则臣视君如寇仇。"（《离娄下》）意思是，如果君王看待臣子像手足一样亲切，臣子就会把君王当做心腹一样爱护；如果君王看待臣子像犬马一样轻视，臣子就会把君王当做路人一样疏远；如果君王看待臣子像泥土一样卑贱，臣子对待君王就会像仇人一样痛恨。

勇猛精进是充满战斗精神。孔子的君子人格是"文质彬彬"，孟子则注入了敢于斗争的大丈夫精神。这种人格在外人看来是"好辩"，孟子却认为是"欲正人心，息邪说，距诐行，放淫辞，以承三圣者，岂好辩哉？予不得已也"（《滕文公下》）。所谓三圣，就是尧舜文武周公和孔子，他们都具有战斗精神。一圣为尧舜，平息洪灾，"当尧之时，水逆行，泛滥于中国。蛇龙居之，民无所定"。尧舜"使禹治之"，"然后人得平土而居之"。二圣是文武周公，驱逐暴君，"尧舜既没，圣人之道衰，暴君代作"；"周公相武王诛纣，伐奄三年讨其君"，从而使"天下大悦"。《尚书》赞曰："丕显哉，文王谟！丕承哉，武王烈！佑启我后人，咸以正无缺。"意思是，伟大而显赫啊，文王的谋略！伟大的继承者啊，武王的功绩！庇佑我们，启发我们，直到后代，使大家都正确而没有错误。三圣是孔子，乱臣贼子惧。"世道衰微，邪说暴行有作，臣弑其君者有之，子弑其父者有之。孔子惧，作《春秋》。《春秋》，天子之事也。是故孔子曰：'知我者，其惟《春秋》乎！罪我者，其惟《春秋》乎！'"孟子认为，他所处时代的主要问题是孔子思想得不到发扬光大，而杨朱、墨翟的歪理邪说横行，"天下之言不归杨，则归墨"。如果听任这些理论蛊惑人心，就会阻塞仁义之道，危害极大，"杨墨之道不息，孔子之道不著，是邪说诬民，充塞仁义也。仁义充塞，则率兽食人，人将相食"。孟子对此深为忧虑，发誓要以三圣为榜样，拨乱反正，与不同于儒家的各种思潮学说展开激烈争辩，表现出捍卫仁义真理而百折不挠的战斗精神。"吾为此惧，闲先圣之道，距杨墨，放淫辞，邪说者不得作。"（《滕文公下》）意思是，我为此忧虑，因而要捍卫古代圣人的学说，抵制杨、墨，驳斥荒诞言论，使发布谬论的人起不来。

（四）庠序之教

孟子同孔子一样，不愧为我国古代一位著名的教育家。他把教育看成是一件快乐的事情，认为君子有三乐，其中一乐是"得天下英才而教育之"（《尽心上》）。比较而言，孟子在更广阔的范围看待教育。他认为教育属于仁政范畴，服务于仁政，是比政治还有效的手段，有利于赢得民心、维护统治。"以善服人者，未有能服人者也。以善养人，然后能服天下。天下不心服而王者，未之有也。"（《离娄下》）他认为教育与经济有着密切关系，先要有恒产，然后才有恒心；先要有经济基础，让老百姓吃饱穿暖，衣食无虞，然后才对老百姓进行教育教化，提高道德素养，培育良好品质。教育的社会目的是明人伦，夏、商、周三代学校名称不同，都是为了教化百姓，让仁义道德成为人际关系和社会生活的准则。教育的个人目的是要学古之道，服务于政治，更好地为官从政。当弟子乐正子到齐国王子敖手下做事，乐正子不宣传推行仁政，只图追求俸禄，满足口腹之欲。孟子批评道："子之从于子敖来，徒铺啜也。我不意子学古之道而以铺啜也。"（《离娄上》）意思是，你跟随子敖来，只是为了饮食，我没想到你学习古人之道是为了饮食。

孟子有一句名言："人皆可以为尧舜。"（《告子下》）道出了孟子教育的核心内容，就是要把教育对象培养成像尧舜一样做人做事。在孟子看来，人性本善。"君子所性，仁义礼智根于心，其生色也睟然，见于面，盎于背，施于四体，四体不言而喻。"（《尽心上》）人之性善类似于萌芽，潜在于人心之中，是一种可能性，而不是现实性；是应然的人生，而不是现实的人生。萌芽需要浇水呵护，才能开花结果；人之性善，需要教育培养，才能成为现实的人性。

在孟子看来，培育发展人的善性，既要个人自身努力，又要注意环境的作用。按照辩证思维，自身努力是内因，环境作用是外因，外因通过内因起作用，内因比外因更重要。如果个人自身不努力，天天做违反良心的事情，结果不仅不会促进善的萌芽，而且还会扼杀善的萌芽，就会像斧子对于树木一样，天天去砍树木，怎么可能繁茂葱茏呢？当然，环境的作用也不可忽视，好的环境可以使人的善性健康发育成长，不好的环境却会阻碍人的善性发展。孟子用了一个例子，说明环境对人的性格影响很大，"富岁，子弟多赖；凶岁，子弟多暴。非天之降才尔殊也，其所以陷溺其心者然也"。

在孟子看来，发展人的善性，关键在教育培养："苟得其养，无物不长；苟失其养，无物不消。孔子曰：'操则存，舍则亡；出入无时，莫知其乡。'惟心之谓与？"意思是，假如得到好的滋养，没有东西不能生长；假如丧失了好的滋养，没有东西不会消亡。孔子说，把握住就会存在，抛弃了就会失去；出来进去没有确定的时间，没有人知道它的去向。说的就是人心吧？在教育培养善性的过程中，不仅要有恒心，而且要专心。恒心是坚持不懈，长期努力，不能一曝十寒，以致善性丧失。"虽有天下易生之物也，一日暴之，十日寒之，未有能生者也。吾见亦罕矣，吾退而寒之者至矣，吾如有萌焉何哉？"专心是一心一意，不能三心二意。孟子举了学围棋的例子加以说明："今夫弈之为数，小数也；不专心致志，则不得也。"弈秋是全国的下棋高手，如果让他教两个人学棋，"其一人专心致志，惟弈秋之为听。一人虽听之，一心以为有鸿鹄将至，思援弓缴而射之，虽与之俱学，弗若之矣。为是其智弗若与？曰：非然也"（《告子上》）。意思是，其中一个人一心一意地学，专心听弈秋的讲解。另一个人虽然也听着，却一心以为也许会有大雁飞来，想着拿弓箭去射它，虽然和前一个人一起学下棋，但不如那个人学得好。是因为他的聪明程度赶不上人家吗？当然不是这样。

在孟子看来，培育发展人的善性，不仅是为了完善个人，塑造良好人格，更重要的是为了扩而充之，有利于家庭、社会和国家。"凡有四端于我者，知皆扩而充之矣，若火之始然，泉之始达。苟能充之，足以保四海；苟不充之，不足以事父母。"（《公孙丑上》）

教育既要重视内容，又要重视方法。教学方法合适，则事半功倍，首先与教师有关。在孟子看来，对教师最基本的要求是正身，言传身教、为人师表，"教者必以正"（《离娄上》）。这好像射箭，必须先端正自己的姿势才能射中，而教育学生以仁义，教师也必先正己，"仁者如射：射者正己而后发"（《公孙丑上》）。对教师的另一个要求是必须学懂弄通所教的知识和道理，自己不懂就不能教学生，不能"以其昏昏，使人昭昭"（《尽心下》）。还有一个要求是应有确定的教学标准，使学生有明确的学习目标。"羿之教人射，必志于彀。学者亦必志于彀。大匠诲人，必以规矩，学者亦必以规矩。"（《告子上》）意思是，羿教人射箭，一定要把弓拉满；学习的人也一定要努力把弓拉满。技术高超的木工教导人，一定要遵循规矩，学习的人也一定要遵循规矩。确定教学标准，与因材施教并不矛盾，确定教学标准强调统一性，因材施教注重差异性，两者密切联系，互相配合，共同提高教学水平。无论统一性还是差异性，教师都只能给学生一般的知识和道理，却不能保证每个学生都达到同样的水平和能力，正如木工、车匠能够把运用圆规和曲尺的方法传授给别人，却不能使别人像自己一样灵巧自如，"梓匠轮舆能与人规矩，不能使人巧"（《尽心下》）。

教学方法还与学生有关。学生只有掌握正确的方法，才能完成学业，做一个合格的学生。在孟子看来，学生不仅要学知识，而且要学做人，既要掌握正确的学习方法，也要掌握正确的修养方法。在学习方面，主要是获得知识和道理，要掌握学思结合的方法。"耳目之官不思，而蔽于物。物交物，则引之而已矣。心之官则思，思则得之，不思则不得也。"（《告子上》）在学与思的关系上，孟子似乎更注重思的作用，明显倾向于主体性作用的发挥。一要掌握盈科而进的方法。盈科而进是以流水为比喻，水尽管往下流动，却必须把坑坑洼洼填满后，才能继续向前流去，以此强调学习的循序渐进。"流水之为物也，不盈科不行；君子之志于道也，不成章不达。"（《尽心上》）二要掌握深造自得的方法。学生在学习过程中要发挥主观能动性，增强深造上进的自觉性，更加透彻地理解和把握所学到的知识，以便在运用时左右逢源，取之不尽。"君子深造之以道，欲其自得之也。自得之，则居之安；居之安，则资之深；资之深，则取之左右逢其原，故君子欲其自得之也。"（《离娄下》）在修养方面，重点在塑造良好人格。一要掌握存心养性的方法。存养好仁义礼智本心，不能受外界名利诱惑而丢失，如果丢失本心，要尽快寻找回来。"学问之道无他，求其放心而已矣。"（《告子上》）二要掌握持志养气的方法。持志就是崇尚仁义。齐王子垫问："何谓尚志？"孟子回答："仁义而已矣。"（《尽心上》）气则是指浩然之气。持志养气是把志与气结合起来，构建崇高的精神世界。"夫志，气之帅也；气，体之充也。夫志至焉，气次焉，故曰：'持其志，无暴其气。'"（《公孙丑上》）意思是，思想志向是感情意气的统帅，感情意气是充满体内的力量。思想志向到哪里，感情意气就跟到哪里。所以说，要坚定自己的思想志向，也不要滥用感情意气。三要掌握动心忍性的方法。苦难和困境是造就人才的重要途径，要在逆境中学会成长，在忧患中修养道德，在艰苦环境中磨炼意志。"天将降大任于是人也，必先苦其心志，劳其筋骨，饿其体肤，空乏其身，行拂乱其所为，所以动心忍性，曾益其所不能。"（《告子下》）无论掌握学习方法，还是掌握修养方法，都是为了促进学生成为有理想、有道德、有知识、有勇气的人，这是教育的真正目的和全部内容。

孟子丰富而深刻的思想，使我不时想到鲁迅的名言："我们从古以来，就有埋头苦干的人，有拼命硬干的人，有为民请命的人，有舍身求法的人……这就是中国的脊梁。"①而中国脊梁背后的精神支撑就是古代士人即传统知识分子的品格。士作为传统社会中特有的一个群体，承担着文化承续和传播的使命，是社会主流价值观的保护者和实践者，具有强烈的历史责任感和政治使命感。某种意义上说，孟子是古代士人品格的奠基者和践行者，孟子思想是古代士人精神的重要源头，许多士人的气节标准实际是孟子确立的，这些标准如日月之光，时时激励、观照着志士仁人奋力前进。"穷不失义，达不离道"（《尽心上》），这种崇义尚道的理念，激励了漫漫历史长河中无数的慷慨悲歌之士；"生于忧患而死于安乐"（《告子下》），这种忧国忧民的意识，已经成为每一位家国情怀者的血脉认可，鼓励他们为国家和民族的命运奋斗不已；"生，亦我所欲也；义，亦我所欲也；二者不可得兼，舍生而取义者也"（《告子上》），这种不怕牺牲的精神，几乎超越了任何贤言慧语，对在逆境中和困难时期拼搏的人们有着特别的激励作用。从司马迁的"人固有一死，或重于泰山，或轻于鸿毛"，到文天祥的"人生自古谁无死，留取丹心照汗青"；从诸葛亮的"鞠躬尽瘁，死而后已"，到范仲淹的"先天下之忧而忧，后天下之乐而乐"；从东林书院的"风声雨声读书声，声声入耳；家事国事天下事，事事关心"，到顾炎武的"天下兴亡，匹夫有责"，我们都可以感受到中国脊梁的震撼，这就是孟子留给我们的精神遗产：舍生取义，仁者无敌！

---

① 《鲁迅全集（编年版）》（第八卷），人民文学出版社2014年版，第252页。

三、不得已的好辩

　　光阴悠悠，两千多年过去了，今天我们研读《孟子》，仍能清晰地看到孟子鲜活的形象跃然纸上，感受到孟子所思所想和所忧所乐，具有鲜明的个性特点和无穷的人格魅力。"公都子曰：'外人皆称夫子好辩，敢问何也？'孟子曰：'予岂好辩哉？予不得已也。'"（《滕文公下》）对于好辩，孟子似乎有点无奈地加以认同。好辩却是其最大特点和人格魅力。好辩不仅体现在言辞，更体现在内容；不仅体现在形象，更体现在精神。他的好辩通过思想得以展现，孟子以孔子学说的继承者和捍卫者而闻名，他坚决地与先秦各种非儒家思想流派进行论战，其理性思辨和批判精神在儒学史上独树一帜；他的好辩通过文章得以展现，《孟子》一书极富感染力，充满战斗性，善于论辩，议论风发，文辞华美，有散文特色，在文学史上有重要地位；他的好辩通过人格得以展现，孟子不淫、不移、不屈的大丈夫精神，为士大夫和传统知识分子树立了光辉典范。

（一）思想特点

　　孟子之思想丰富多彩，涵盖哲学、政治、伦理、教育、文学和人生各个领域。在哲学上，孟子是儒家学派第一个系统提出人性论的思想家；在政治上，孟子把孔子的德治理念发展为民本、仁政和王道三位一体的学说；在伦理上，孟子主张明人伦和仁义并举，以此来指导自我修身和进行教育实践；在教育上，孟子乐以"得天下英才而教育之"，教学成就斐然；在文学上，孟子不仅为后世树立了散文范本，还对作家修养提出了"知言养气"的要求，对文学批评与鉴赏提出了"以意逆志"和"知人论世"的方法；在人生观上，孟子要求"居仁由义"，舍生取义，入世为官，造福于民。归纳提炼孟子之思想，贯穿其中的是形上、理性和批判思维，这是孟子对儒学思想的贡献，更是孟子区别于先秦儒家学者的重要特征。

形上思维，也就是形而上学，为哲学的分支学科，是指对存在之本源、现象之本质的研究思考。形而上学不是西方思想的专利，中国传统文化也重视形上思辨，《易经·系辞》曰："形而上者谓之道，形而下者谓之器。"然而，儒家的形而上学与西方的形而上学有着很大差异，儒家关注的是人的生存问题，而不是万物的存在问题，西方关注的重点始终是宇宙万物的起源和本质问题。从这个意义上说，儒家属于道德形而上学，西方无论对自然的研究还是对人的研究，都属于存在形而上学。作为形而上学，不仅要研究本体问题，而且要研究终极根源问题。孔子是"六合之外，存而不论"，没有阐述和论证道德的本体与终极根源，孟子则进行了深入研究，形成了相当完整的道德形上思想。所谓本体，是指事物内在的根本规定以及现象背后的本质和规律，中国哲学简称为体，并与用构成一对范畴，体是事物的本质内容，用是事物的外在形式。孔子提出了仁的概念，却没有指明仁的形上本质，孟子纳仁于心，认为仁的本质就是人心，就是人性本善，"仁，人心也；义，人路也"（《告子上》）。在孟子看来，作为本体的人心是良心，而不是害人和利欲之心；是纯洁善良的人心，而不能有任何杂质，如果把良心扩展开来，仁义就会用之不竭。"人能充无欲害人之心，而仁不可胜用也；人能充无穿窬之心，而义不可胜用也；人能充无受尔汝之实，无所往而不为义也。"（《尽心下》）在孟子看来，既然良心是人的本质规定，那么，人人都有良心，良心的内容是仁义礼智。同时，孟子继承了殷周以来的天命思想，认为仁的终极原因、性善的形上根据源于天和命。"尽其心者，知其性也。知其性，则知天矣。存其心，养其性，所以事天也。夭寿不贰，修身以俟之，所以立命也。"（《尽心上》）

理性思维是孟子思想的重要特点。理性是指人们运用概念、判断和推理进行的思维活动，孟子的全部思想都闪烁着理性光芒。在天人关系方面，孟子虽然认为天是自然界和人世间的主宰，却没有否认人的作用和主观能动性。"舜发于畎亩之中，傅说举于版筑之间，胶鬲举于鱼盐之中，管夷吾举于士，孙叔敖举于海，百里奚举于市。故天将降大任于是人也，必先苦其心志，劳其筋骨，饿其体肤，空乏其身，行拂乱其所为，所以动心忍性，曾益其所不能。"（《告子下》）在孟子看来，舜、傅说、胶鬲、管仲、孙叔敖、百里奚等人，原本都生活在社会基层，从事耕田、筑墙、贩卖鱼盐、捕鱼等工作，后来都成就了一番事业，这与他们本人的努力是分不开的，尤其是能够经受住艰苦环境的磨炼。在人与环境方面，孟子虽然肯定环境的影响和作用，却强调起决定作用的是人的因素。一方面，环境有着重要作用。另一方面，人的主观努力更重要。只要想做尧舜，则可为之；反之，想做桀，亦可为之，贤与不贤全在于人的自身努力。"尧舜之道，孝弟而已矣。子服尧之服，诵尧之言，行尧之行，是尧而已矣。子服桀之服，诵桀之言，行桀之行，是桀而已矣。"（《告子下》）在认识论方面，孟子虽然有唯心的成分，却对感性认识与理性认识的关系有着正确的看法。孟子认为，耳目等感性认识是不可靠的，必须经过心的思考，上升为理性认识，才能把握客观事物和外在世界。"耳目之官不思，而蔽于物。物交物，则引之而已矣。心之官则思，思则得之，不思则不得也。"（《告子上》）现代科学证明，认知属于大脑的功能，而不是心的功能。尽管如此，孟子把感性认识与理性认识区分开来，认为理性认识重于感性认识，这在认识论上有着积极意义。

批判思维是孟子思想的又一特点，也是好辩的主要标志。批判思维与理性思维密切相关，批判是理性思维题中应有之义，又是理性发展和思想进步的重要条件。孟子的许多观点都是在批判过程中加以显现；阐述自己的观点与批判别人的观点紧密结合在一起，是《孟子》一书许多章节的共同特点。

孟子批判的重点是统治者，在《梁惠王上》中，梁惠王表白自己是如何尽心地治国，荒年积极救济百姓，而效果却不如邻国，询问其原因："寡人之于国也，尽心焉耳矣。河内凶，则移其民于河东，移其粟于河内。河东凶亦然。察邻国之政，无如寡人之用心者。邻国之民不加少，寡人之民不加多，何也？"孟子的回答先是批评梁惠王不是好君王，与邻国国君是"五十步笑百步"的关系："王好战，请以战喻。填然鼓之，兵刃既接，弃甲曳兵而走。或百步而后止，或五十步而后止。以五十步笑百步，则何如？"后是严厉地抨击统治者无能和不负责任，视百姓如草芥，不管百姓死活："狗彘食人食而不知检，途有饿莩而不知发；人死，则曰：'非我也，岁也。'是何异于刺人而杀之，曰：'非我也，兵也。'王无罪岁，斯天下之民至焉。"意思是，狗与猪吃着人的粮食，却不懂得去制止，路上有人饿死，却不懂得发放仓库里的粮食。人死了，便说不是我的罪过，是年成不好。这和刺死了人，却说不是我杀的，是兵器杀的，有什么区别？王不要归罪于年成不好，这样天下的老百姓就会来到王的国家。同时，孟子坚决批判不符合儒家思想的其他学派，既批判杨朱的为我，又批判墨子的兼爱，还批判子莫不知变通的执中："杨子取为我，拔一毛而利天下，不为也。墨子兼爱，摩顶放踵利天下，为之。子莫执中。执中为近之。执中无权，犹执一也。所恶执一者，为其贼道也，举一而废百也。"（《尽心上》）尤其猛烈地批判杨朱与墨子，骂他们是禽兽。

（二）人格特点

人格源于古希腊语，属心理学范畴。所谓人格，系指一个人的整体精神面貌，是具有一定倾向性和比较稳定的心理特征总和；人格特点，是指人所具有的与他人相区别的独特而稳定的思维方式和行为风格。《孟子》一书塑造的孟子形象是理想、道德、才华和战斗精神的集合体，而其支撑则是可贵的人格特点。

孟子的人格特点之一是安贫乐道。安贫乐道，也称孔颜之乐，是儒家的价值取向，赵岐注释："当乱世安陋巷者，不同于世，穷而乐道也。惟乐道，故能好学。夫子疏水曲肱，乐在其中，亦谓乐道也。"（《孟子章句》）孟子极力称赞孔颜之乐："颜子当乱世，居于陋巷，一箪食，一瓢饮；人不堪其忧，颜子不改其乐，孔子贤之。"（《离娄下》）孟子的理想是为官从政，但为官从政不是追求名利地位和物质享受。孟子表示，如果能够为官从政，绝不追求奢华侈靡的生活。孟子的志向是以殷商名相伊尹为榜样，要辅助君王成为尧舜一样的明君，管理百姓像尧舜时期的百姓一样，从而实现治国平天下的理想。当弟子万章问伊尹是不是通过当厨师来向商汤求取职务的，孟子否定了这一说法，认为是商汤多次聘请之后，伊尹才改变态度，愿意出山，辅助商汤治理好国家。"汤三使往聘之，既而幡然改曰：'与我处畎亩之中，由是以乐尧舜之道，吾岂若使是君为尧舜之君哉？吾岂若使是民为尧舜之民哉？吾岂若于吾身亲见之哉？天之生此民也，使先知觉后知，使先觉觉后觉也。予，天民之先觉者也；予将以斯道觉斯民也。非予觉之而谁也？'"（《万章上》）

孟子的人格特点之二是浩然之气。浩然之气是孟子的天才发明，是孟子人格理想中最为光彩夺目的部分；浩然之气根源于人性本善，是一种崇高的精神力量。所谓浩然之气，其表现形式是至大至刚，充塞于天地之间；实质内容却是义和道，与人紧密联系在一起，"言能养道气而行义理，常以充满五脏。若其无此，则腹肠饥虚，若人之馁饿也"（《孟子注疏》）。浩然之气表面上看是无形无声，实际上却是人自身固有的，因而孟子批评"告子未尝知义，以其外之也"。朱熹也是如此解释。有人问朱熹，如何理解浩然之气是"集义所生者，非义袭而取之也"，朱熹回答："此是反复说，正如所谓'仁义礼智，非由外烁我也，我固有之也'，是积集众义所生，非是行一事偶然合义，便可掩袭于外而得之。浩然之气，我所固有者也。"（《朱子语类》）浩然之气要长期修炼，不断积蓄，而不可能一步登天、一蹴而就。孟子用宋人的故事告诫人们，培养浩然之气是自觉自愿、自然而然的行为，不能带有任何功利目的，也不能揠苗助长。然而，孟子仍然担忧："天下之不助苗长者寡矣。以为无益而舍之者，不耘苗者也；助之长者，揠苗者也，非徒无益，而又害之。"（《公孙丑上》）意思是，天底下不揠苗助长的人少见啊。说到浩然之气，以为培养无益而放弃的，是不为禾苗除草的人；有意帮助它生长的，是揠苗的人，不仅无益，而且有害。朱熹则反复强调："凡事有义，有不义，便于义行之。今日行一义，明日行一义，积累既久，行之事事合义，然后浩然之气自然而生。"（《朱子语类》）

　　孟子的人格特点之三是大丈夫精神。儒家重视人格的塑造，认为完善的人格是实现其道德理想的生命载体。孔子首先提出了君子人格论："质胜文则野，文胜质则史。文质彬彬，然后君子。"（《论语·雍也》）孟子在继承君子人格的基础上，注入了阳刚之气，这就是大丈夫精神。大丈夫是孟子人格的重要特征。

　　在孟子看来，大丈夫具有仁、礼、义的道德品质，即"居天下之广居，立天下之正位，行天下之大道"。广居和大道比较好理解，意指仁与义。对于正位，古代礼制规定，男子以正为正，女子以顺为正，因而是礼的意思。朱熹解释："广居，仁也；正位，礼也；大道，义也。"（《四书章句集注》）仁、礼、义是儒家最基本的道德规范，也是大丈夫的精神内涵。在孟子看来，大丈夫的人生会有得志与不得志两种情况，无论哪一种情况，都要坚守道义。得志是指在朝为官，不得志是指退而隐居，做平民百姓。孟子要求："得志，与民由之；不得志，独行其道。"（《滕文公下》）意思是，得志的时候，要与老百姓一道前进，为老百姓做事谋福利；不得志的时候，要坚持为人之道，独善其身。道是古代读书人做人做事的准则，也是履行社会责任的内在基础。先秦儒家都重视对道的坚守，孟子强调读书人的独立人格，希望读书人坚守道义，任何时候任何情况下都不能背离道义，"士穷不失义，达不离道。穷不失义，故士得己焉；达不离道，故民不失望焉"（《尽心上》）。在孟子看来，大丈夫可能遇到富贵、贫贱和威武等不同处境，这对人生是严峻考验。于一般人而言，处富贵时容易淫荡其心，处贫贱时容易改变志向，处威武时容易屈服投降，而孟子则高声呐喊："富贵不能淫，贫贱不能移，威武不能屈。"（《滕文公下》）北宋孙奭对此疏曰："虽使富贵，亦不足以淫其心；虽贫贱，亦不足以移易其行；虽威武而加之，亦不足屈挫其志。夫是乃得谓之大丈夫也。"（《孟子注疏》）孟子的大丈夫精神及其生命实践，是中国传统文化的精华，一直影响着中国人的人格建树和自我塑造，培育了无数令人敬仰的志士仁人。

（三）文章特点

文如其人。一定意义上说，孟子的思想和人格特点，是通过文章呈现出来的。文章是思想和人格的载体，思想和人格是文章的内容，研究孟子的思想和人格，不能不研究孟子的文章。先秦时期，是我国散文发展成型时期，而诸子散文占有重要地位。诸子散文有一个演进过程，即由他人记述诸子简单的言行发展为私人专著，由语录体发展为正式的论说散文体裁。《孟子》是我国较早出现的一部私家专著，虽然一些章节还保留着简单的对话和语录，其中大部分却是观点鲜明的文章。这些文章各自独立，或论点鲜明、论据充分，或形象生动、耐人寻味。孟子的文章对后世影响甚大，不输于其他诸子。

翻阅《孟子》，我们会被文章的特点所吸引，会被文章的气势所裹挟，会被文章的内容所震撼。《孟子》一书全面系统地体现了孟子好辩的特点；好辩是理解孟子文章特点的钥匙。据统计，在《孟子》一书中，与孟子有过思想言论交锋或被孟子批驳的人有六十多位，其中有孟子所游说的诸侯王，有孟子周游列国时所遇到的政客和大臣，有与孟子及其弟子进行争鸣的其他学派的代言人或代表人物。孟子的好辩是由当时的文化氛围所决定的。先秦时期，诸子百家争鸣，纷纷对社会政治和学术问题发表自己的观点；士人一生的主要活动就是游说诸侯，宣传推广自己的政治主张，因而不得不进行辩论，以批评其他学派，阐明自己的观点，维护自己的立场。好辩、善辩成为风尚，也是先秦诸子的基本功和共同特征，而孟子的好辩是出名的，所向披靡，无往不胜。

长于论辩是孟子文章最大的特点。孟子与时人论辩的范围广、内容多，涉及哲学、政治、经济、伦理道德等诸多领域。无论哪一种论辩，孟子都是以维护圣道为目的，显得理直气壮、咄咄逼人，有一种居高临下、高屋建瓴的态势。孟子的论辩以"知言"为前提，知己知彼，经常能抓住对方观点的破绽和理论的薄弱环节，猛击一掌，锐不可当。所谓知言，就是"诐辞知其所蔽，淫辞知其所陷，邪辞知其所离，遁辞知其所穷"（《公孙丑上》）。孟子的论辩往往是欲擒故纵、欲扬先抑；反复诘难、引人入彀，灵活巧妙地运用逻辑推理。在《孟子·梁惠王下》第六章中，"孟子谓齐宣王曰：'王之臣有托其妻子于其友而之楚游者，比其反也，则冻馁其妻子，则如之何？'王曰：'弃之。'曰：'士师不能治士，则如之何？'王曰：'已之。'曰：'四境之内不治，则如之何？'王顾左右而言他。"孟子先设问题，即有人不好好照顾朋友托付的妻儿，使其挨饿受冻，以及狱官不能管好自己的下级，怎么办？从而让齐宣王顺着自己的思路，得出"弃之"和"已之"两个不言而喻的结论；而后类推下去，问对于不能治理好自己国家的君王怎么办，使齐宣王陷入自我否定的结论中无言以对。

在《孟子·滕文公上》第四章中，虽然以说理辩论为主，却详细交待辩论的背景，有着较生动的情节。整个论辩过程以归谬反驳为主要方法，强调农家学说不合适和不能平治天下。该章开始介绍许行一伙人所属的农家学派，他们由楚到滕，滕文公收留了他们；接着叙述儒家陈良的学生陈相、陈辛由宋到滕，抛弃自己原来所学的东西，跟着许行学习农家学说，"陈良之徒陈相与其弟辛负末耜而自宋之滕，曰：'闻君行圣人之政，是亦圣人也，愿为圣人氓。'陈相见许行而大悦，尽弃其学而学焉"。而后叙述陈相见到孟子，引述许行观点批评滕文公："滕君则诚贤君也。虽然，未闻道也。贤者与民并耕而食，饔飧而治。今也滕有仓廪府库，则是厉民而以自养也，恶得贤？"意思是，滕文公确实是个贤明的君王。尽管如此，他却不真懂得道理。贤人和老百姓一同耕作，才吃饭。自己做饭，又治理国家。现在滕国有粮仓，有库房，这是残害人民来养活自己，怎能称得上贤明呢？孟子为驳倒对方，详细询问许行的生活情况，问许行生产、生活资料的来源，进而阐明自己的观点，说明社会分工的必要。"然则治天下独可耕且为与？有大人之事，有小人之事。且一人之身，而百工之所为备，如必自为而后用之，是率天下而路也。故曰，或劳心，或劳力；劳心者治人，劳力者治于人；治于人者食人，治人者食于人，天下之通义也。"最后，斥责陈相兄弟背叛师门而学许行的学说，是弃明投暗，走上了歧路。"今也南蛮𫘜舌之人，非先王之道，子倍子之师而学之，亦异于曾子矣。吾闻出于幽谷迁于乔木者，未闻下乔木而入于幽谷者。"意思是，如今南方蛮族里讲鸟语的人，也来非难我们祖先圣王的学说，你竟背叛你的老师而向他学习，和曾子真不一样啊。我听说过飞出幽暗山谷而迁到高大树木的，没听说过飞下高大树木而进入幽暗山谷里去的。

善于比喻是孟子文章的重要特点。《孟子》一书约用了 159 个比喻，郑振铎认为孟子"喜以比喻宣达自己的意见"①。孟子根据谈论的不同对象、不同内容而设比喻，看似随手拈来，实则颇具匠心，所用的比喻一般都能对应所比之事、所说之理，起到或发挥或烘托的效应。有些比喻从逻辑上说未免牵强，却使论辩富于

---

① 郑振铎：《中国文学史》，朴社 1932 年版，第 74 页。

形象性，增强艺术感染力。

在孟子的比喻中，有的短小精悍，却非常贴切，寓意也很深远。譬如，用水往低处流、野兽往旷野跑的自然现象，比喻老百姓对于仁政的归服，不仅形象，而且是人性善的必然推论。"民之归仁也，犹如水之就下、兽之走圹也。"又如，把暴君夏桀和商纣王比喻为水獭和猛禽，水獭伤害鱼类，猛禽伤害鸟雀，桀纣则伤害百姓。"故为渊驱鱼者，獭也；为丛驱爵者，鹯也；为汤武驱民者，桀与纣也。"（《离娄上》）再如，缘木求鱼的比喻。"（孟子）曰：'然则王之所大欲可知已，欲辟土地，朝秦楚，莅中国而抚四夷也。以若所为求若所欲，犹缘木而求鱼也。'王曰：'若是其甚与？'曰：'殆有甚焉。缘木求鱼，虽不得鱼，无后灾。以若所为求若所欲，尽心力而为之，后必有灾。'"（《梁惠王上》）意思是，孟子说，王的大欲望可以晓得了，是想要开拓疆土，使秦国、楚国来上都称臣，统治中国而安抚外族。可是按照你的做法来寻求欲望的满足，就像爬到树上去捕鱼一样。梁惠王问，有这么严重吗？孟子回答，恐怕还要严重呢。爬到树上去捕鱼，尽管得不到，还没有什么祸害。而按照你的做法去寻求欲望的满足，尽心尽力去做，接着就一定有祸害。有的比喻是完整的故事，情节生动，形象鲜活，具有较强的文学性。其中"揠苗助长"的故事，值得玩味。"宋人有闵其苗之不长而揠之者，芒芒然归，谓其人曰：'今日病矣！予助苗长矣！'其子趋而往视，苗则槁矣。"（《公孙丑上》）这则故事只有 41 个字，寥寥数笔，就把一个因揠苗助长而累得疲惫不堪、憨态可掬的宋人形象活灵活现地勾画出来。更重要的是，故事的含义深刻，以寓言的方式比喻不顾事物的发展规律，急于求成、急功近利，反而把事情弄坏搞砸。有的比喻离奇古怪、荒诞不经，却能强化论点，吸引谈话对象的注意。孟子用"挟太山以超北海"这一只有神话中才有的事情为比喻，说明不能与不为的差异，批评齐宣王不作为，不施恩安抚百姓。"（齐宣王）曰：'不为者与不能者之形何以异？'曰：'挟太山以超北海，语人曰：我不能。是诚不能也。为长者折枝，语人曰：我不能。是不为也，非不能也。故王之不王，非挟太山以超北海之类也；王之不王，是折枝之类也。'"（《梁惠王上》）

敢于骂人是孟子文章的突出特点。把骂人看作孟子文章的特点，似有不敬意味，实则骂人是一门学问，既是一种道德标准的选择，又是一种情感的发泄；既可以增强逻辑的力量和气势，又可以展示作者的率真性情。梁实秋在《骂人的艺术》一文中说："古今中外没有一个不骂人的人。"推论开来，古今中外也没有一个不骂人的文人学者。

孟子爱憎分明，对于自己喜欢的人就大肆鼓吹，用尽了美好词句。孟子高度评价伯夷、柳下惠，认为他们可以作百代后人的老师。伯夷是殷商后代，不肯继承王位，周灭殷后，不食周粟以致饿死；柳下惠是春秋时期政治家，有"坐怀不乱"的典故，被尊为传统道德的模范。"圣人，百世之师也，伯夷、柳下惠是也。故闻伯夷之风者，顽夫廉，懦夫有立志；闻柳下惠之风者，薄夫敦，鄙夫宽。奋乎百世之上，百世之下闻者莫不兴起也。非圣人而能若是乎？而况于亲炙之者乎？"（《尽心下》）对于自己不喜欢的人，孟子则使用犀利尖刻的言辞和讽刺、嘲笑甚至谩骂的语气，尤其是对于论敌，孟子则极尽嘲讽挖苦之能事，必欲置之死地而后快，最为典型的是对杨朱和墨子的攻击，"杨氏为我，是无君也；墨氏兼爱，是无父也。无君无父，是禽兽也"（《滕文公下》）。孟子也骂统治者，他骂商纣王是独夫民贼，骂"五霸"是罪人。五霸名为会诸侯、朝天子，实为挟天子以令诸侯，破坏周王朝的礼仪秩序，"五霸者，三王之罪人也"。当时五霸会同诸侯立了五条盟约，而诸侯皆不遵守，孟子又骂诸侯为罪人，"今之诸侯皆犯此五禁，故曰，今之诸侯，五霸之罪人也"。孟子还骂当时的官员为罪人："长君之恶其罪小，逢君之恶其罪大。今之大夫皆逢君之恶，故曰，今之大夫，今之诸侯之罪人也。"（《告子下》）意思是，助长君主的恶行，是小罪；逢迎君主的恶行，罪过就大了。如今的大夫都逢迎君主的恶行，因此说如今的大夫，是诸侯的罪人。孟子骂一心想称霸的梁惠王为率兽食人："庖有肥肉，厩有肥马，民有饥色，野有饿莩，此率兽而食人也。兽相食，且人恶之；为民父母，行政，不免于率兽而食人，恶在其为民父母也？"孟子骂梁惠王的儿子梁襄王不像个君王的样子："孟子见梁襄王，出，语人曰：'望之不似人君，就之而不见所畏焉。'"（《梁惠王上》）

对于孟子之思想、人格和文章特点，感慨良多，最大的感慨是人不能没有个性。个性是一个人区别于他人，在不同环境中显现出来的相对稳定的心理倾向和特征。个性贯穿人的一生，影响人的一生。明末清初文学家张岱在《陶庵梦忆》中写道："人无癖，不可与交，以其无深情也；人无疵，不可与交，以其无真气也。"具有个性的人，大多是有癖好和瑕疵之人。他们不做作，不圆滑，不欺心，甚至有点不合群，却有着一颗赤子之心，有着一种飘逸气质，有着玉石般的润泽。他们如果张扬，就如风中的旗帜，迎着霞光，习习飘扬；如果内敛，恰似冬日的梅花，"疏影横斜水清浅，暗香浮动月黄昏"。无论张扬还是内敛，都是深情的流露和真气的显现。而没有个性，多半是平庸之人。平庸之人，只能淹没于茫茫人海，随波逐流，人云亦云，虚度一生。没有个性，就有可能成为乡愿。乡愿之人，媚俗趋时，言行不一，貌似忠廉，实际没有一点道德原则。无怪乎，孔子大声斥责："乡愿，德之贼也。"(《论语·阳货》）没有个性，就会缺少朋友。无友之人，只能自怨自艾，他人不喜欢，自我也不满意，过着无趣的人生。孟子的个性是鲜明的，与一般人相比，孟子的智慧闪耀着理性光芒；与同代的诸子百家相比，孟子好辩，充满着战斗精神；与历代儒学大家相比，孟子是大丈夫，洋溢着阳刚之气。理性光芒、战斗精神与阳刚之气相辅相成，不仅把孟子与其他人区别开来，让他扬名于历史长河；更重要的是帮助孟子完善了思想，塑造了人格，成就了文章大家。

四、圣人与亚圣

　　苏东坡诗云："仕道固应惭孔孟，扶颠未可责由求。"诗中将孔孟并称，确有道理。孟子与孔子一样，都以天命担当自居。孔子曰："天生德于予，桓魋其如予何？"（《论语·述而》）孟子则说："如欲平治天下，当今之世，舍我其谁也？"（《公孙丑下》）在儒家谱系上，孔子是圣人，孟子是亚圣。圣人概念形成于春秋战国时期，是传统社会崇拜的人格。按照《说文解字》和繁体字形分析，"聖者，通也"，上左有耳，表示闻道，通达天地之正理；上右有口，表示宣讲道理，教化大众；下边有王，表示统帅万物，遍施德行。先秦百家争鸣，每一家弟子都把自家学派的创始人尊为圣人，儒家尊孔子为圣人，道家尊老子为圣人，墨家尊墨子为圣人。然而，历史上真正称得上圣人的只有孔子，自北魏太和十六年（492）开始，孔子不断被历朝统治者封为文圣、先圣、玄圣、至圣、大成至圣的称号，而孟子则在元朝至顺元年（1330）开始被封为亚圣，从此奠定了孟子在中国文化史和儒家学派中仅次于孔子的地位。

　　孟子的亚圣地位当之无愧，不仅在于他忠实地继承了孔子的思想，更在于他创造性地发展了孔子的思想。北宋二程评价："孟子有功于圣门，不可胜言。仲尼只说一个'仁'字，孟子开口便说'仁义'。仲尼只说一个'志'字，孟子便说许多'养气'出来。只此二字，其功甚多。"（《四书章句集注》）

孟子本人极为尊崇孔子，认为自人类社会出现以来，没有一个人能够与孔子相比，"出于其类，拔乎其萃。自生民以来，未有盛于孔子也"（《公孙丑上》）。据不完全统计，在《孟子》一书中，叙述孔子事迹与引用孔子言论有 81 处，一部分是赞扬推崇孔子，另一部分则为孟子自己的思想寻找根据。孟子认为，每隔五百年都应有王者出现，这些王者既是以往文明的继承者，又是未来文明的开启者，功莫大焉。首先是尧舜，后面是商汤，其后是文武周公，再后是孔子："由尧舜至于汤，五百有余岁，若禹、皋陶，则见而知之；若汤，则闻而知之。由汤至于文王，五百有余岁，若伊尹、莱朱，则见而知之；若文王，则闻而知之。由文王至于孔子，五百有余岁，若太公望、散宜生，则见而知之；若孔子，则闻而知之。"（《尽心下》）孟子指出，孔子是圣人品德的集大成者："伯夷，圣之清者也；伊尹，圣之任者也；柳下惠，圣之和者也；孔子，圣之时者也。孔子之谓集大成，集大成也者，金声而玉振之也。"（《万章下》）

在孟子看来，他应当承担起继承孔子思想品德的重任。尽管孟子有时为自己未能成为孔子的亲炙弟子而感到遗憾，"予未得为孔子徒也，予私淑诸人也"（《离娄下》），而孟子终身为继承孔子的思想而奋斗，终身与反对孔子的思想作斗争，终身以孔子的传人自居，"乃所愿，则学孔子也"（《公孙丑上》）。恩格斯指出："历史方面的意识形态家（历史在这里应当是政治、法律、哲学、神学，总之，一切属于社会而不是单纯属于自然界的领域的简单概括）在每一科学领域中都有一定的材料，这些材料是从以前的各代人的思维中独立形成的，并且在这些世代相继的人们的头脑中经过了自己的独立的发展道路。"① 孟子对孔子思想的传

---

① 《马克思恩格斯选集》（第四卷），人民出版社 2012 年版，第 642—643 页。

承是"经过了自己的独立的发展道路",既有继承更有创新和发展。如果没有创新和发展,孟子就不可能成为儒家的第二号人物,而孟子的创新和发展是全方位、多领域的。孟子与孔子可谓同中有异,异中有同,同一是主要方面,差异属于次要方面。

(一) 个性风格

比较孟子与孔子,有着多个维度,既要重视思想观念的维度,也不可忽视个性风格的维度。认识孟子与孔子不同的个性风格,有利于更好地理解孟子对孔子思想的继承和发展。

孟子与孔子的基本观点和人生立场是相同的,都向往唐虞三代之治。孔子说:"周监于二代。郁郁乎文哉!吾从周。"(《论语·八佾》)孟子则把周朝之治具体化:"文王视民如伤,望道而未之见。武王不泄迩,不忘远。周公思兼三王,以施四事,其有不合者,仰而思之,夜以继日;幸而得之,坐以待旦。"(《离娄下》)意思是,文王对待老百姓就像对待受伤的人,寻求道义就像从未见过一样。武王不轻侮近臣,也不遗忘远方的贤人。周公想要兼学夏、商、周三代之王,来实践禹、汤、文王、武王所行的功业,自己的言行有与他们不符合的,就仰头思考,白天想不好,晚上接着想;侥幸想出了结果,就坐着等待天亮去付诸实施。他们都热衷于政治,为官从政是共同诉求。孔子认为:"学也,禄在其中矣。君子忧道不忧贫。"(《论语·卫灵公》)孟子直白地说:"士之仕也,犹农夫之耕也。"(《滕文公下》)他们都周游列国,推介自己的政治主张,并以失败而告终,孔子"累累若丧家之狗";孟子被认为是"迂远而阔于事情"。他们的晚年都回到家乡从事教学和著述工作,《史记》记载:孔子序书传、述礼乐、作春秋、成六艺,"以诗书礼乐教,弟子盖三千焉,身通六

艺者七十有二人"（《史记·孔子世家》）；孟子"退而与万章之
徒序《诗》《书》，述仲尼之意，作《孟子》七篇"（《史记·孟
子荀卿列传》）。

孟子与孔子的差别则表现在不同的个性、风格和文体。在个
性方面，孔子内敛，温和谦虚，从不承认自己是圣人和仁者，"若
圣与仁，则吾岂敢！抑为之不厌，诲人不倦，则可谓云尔已矣"
（《论语·述而》）。孔子喜欢的君子形象是文质彬彬。当有人问
孔子的弟子，为什么孔子每到一个地方都能知道这个地方的政事。
弟子回答，老师依靠的是温和、善良、恭敬、俭朴、谦让美德：
"夫子温良恭俭让以得之。夫子之求之也，其诸异乎人之求之
与？"（《论语·学而》）在《论语·乡党》中详细记载了孔子在
不同场合的言行举止，其中描写孔子在朝堂上的容貌，详细而生
动："入公门，鞠躬如也，如不容。立不中门，行不履阈。过位，
色勃如也，足躩如也，其言似不足者。摄齐升堂，鞠躬如也，屏
气似不息者。出，降一等，逞颜色，怡怡如也。没阶，趋进，翼
如也。复其位，踧踖如也。"意思是，孔子进公门时，小心谨慎，
好像没有容身之地。站立时，不在门之中间；过门时，不踩门槛。
走过鲁公的位子时，脸色一下子变得庄重起来，脚步加快，说话
好像中气不足。登堂时提起下摆，小心谨慎，屏住气好像不呼吸
的样子。从堂里出来，走下了一个台阶，神情放松，怡然舒畅。
下完台阶，快步向前，好像鸟儿舒展翅膀。回到自己原来的位置，
一副踧踖不安的样子。

孟子的个性则异于孔子，张扬自负，常以圣人自许，"我非
尧、舜之道，不敢陈于王前，故齐人莫如我敬王也"（《公孙丑
下》）。孟子自视甚高，借伊尹之口，认为自己是先知先觉者：
"天之生此民也，使先知觉后知，使先觉觉后觉也。予，天民之先
觉者也；予将以斯道觉斯民也。非予觉之而谁也？"（《万章上》）

孟子能够藐视统治者，淋漓尽致地展露笑傲王侯的气势。有一次，孟子代表齐国出使滕国，齐王派宠臣王驩同行数日，孟子瞧不起王驩，连话都不和他说，"孟子为卿于齐，出吊于滕，王使盖大夫王驩为辅行。王驩朝暮见。反齐滕之路，未尝与之言行事也"（《公孙丑下》）。孟子在君王面前始终保持着富贵不能淫、贫贱不能移、威武不能屈的品格。孟子初到齐国，打算去朝见齐宣王，而齐宣王却说自己病了，孟子感到不受尊重，同样以生病的理由拒绝朝见。

在风格方面，北宋程颐评价："孔子言语句句是自然，孟子言语句句是事实。"（《二程遗书》）恰如其分地道出了孟子与孔子风格的差异。孔子亲切随和，行事中道，喜欢悠闲的生活。孔子有一次询问弟子的志向，子路要强兵，冉有要富民，公西华要使民知礼，孔子都不置可否。当曾皙谈到向往春天的生活，不泯童心，与天地合一，孔子大加赞叹。"（曾皙）曰：'暮春者，春服既成，冠者五六人，童子六七人，浴乎沂，风乎舞雩，咏而归。'夫子喟然叹曰：'吾与点也。'"（《论语·先进》）孔子对人对事，看法通透，不走极端。孔子谈到逸民时，认为不同的逸民有着不同的隐逸境界，伯夷叔齐是"不降其志，不辱其身"；柳下惠虽然降低了志向辱没了身份，而说话做事符合伦理要求，"言中伦，行中虑"；虞中、夷逸"隐居放言，身中清，废中权"，即隐居而不谈论世事，保持身份合乎修身高洁的要求，放弃身份合乎权变的要求。孔子说自己与这些逸民都不同，没有可以这样做或不可以这样做的问题，"我则异于是，无可无不可"（《论语·微子》）。孔子待人随和，适可而止。在如何对待朋友问题上，孔子认为可以忠告劝诫引导，却不可纠缠和过于较真。"子贡问友。子曰：'忠告而善道之，不可则止，毋自辱焉。'"（《论语·颜渊》）

孟子行事风格迥异于孔子，最大的特点是好辩，既与统治者论辩，又与不同思想流派论辩。孟子自己也承认好辩。在辩论过程中，孟子性情激烈，口无遮拦，甚至到处骂人，骂夏桀商纣是独夫民贼，骂春秋五霸、今之诸侯及大夫是罪人，最为痛快的是骂杨朱和墨子是禽兽。孟子爱憎分明，率性而为，狂热地宣传自己的主张，狂热地吹捧自己喜欢的人。反之，则是嬉笑怒骂，讽刺挖苦，锋芒毕露。

对于入仕为官，孔子主张国家政治清明，就出来做官；政治黑暗，就隐居退避，"邦有道，则仕；邦无道，则可卷而怀之"（《论语·卫灵公》）。孟子则不然："天下有道，以道殉身；天下无道，以身殉道；未闻以道殉乎人者也。"（《尽心上》）意思是，天下政治清明，就终身行道；天下统治黑暗，就为道献身；还没有听说过牺牲道来迎合人的。

在文体方面，比较《孟子》与《论语》，可以约略看出孟子对孔子的继承和发展。《孟子》一书学习借鉴《论语》的做法，都是"拟圣而作"，《论语》主要记载孔子的言行，《孟子》主要记载孟子的言语行事。然而，《论语》文体属早期语录体，记录比较简单，大多是片言只语式的思想结晶，谈不上阐述、论证和逻辑；《孟子》中的若干篇章，则是从立论、论证到结论，显示出结构完整、层次清晰、说理透彻、论证周密和具有总体构思的特征，这是在《论语》语录体基础上由章到篇的重大发展。《论语》较详细记载了孔子的容貌动作以及弟子转达孔子思想的言行，这虽然增强了《论语》的形象生动，却减弱了逻辑力量；《孟子》较少记载孟子的容貌形态，没有弟子转达的言行，从而增加了思想内容以及源自孟子思想的可靠性。弟子可以转述先生的言论和思想，有时也很正确传神，却属于次生态，与原生态相比有着差距，毕竟不如先生直接言说的正确无误。《论语》较少记载孔子周游列国之说辞，不容易展示孔子治国安邦的完整思想；《孟子》

较详细记载了孟子的游历过程以及与诸侯的谈话内容，比较完整地表达了孟子一系列政治、经济、道德、教育等主张。最后，《论语》只有一万五千余言，《孟子》约有三万五千言，能够更多地承载孟子的思想和表达孟子的言论。

（二）仁与仁义

孟子对孔子思想品德的继承和发展，主要不是在个性风格方面，而是在思想内容方面，最大贡献是继承和发展仁的思想。在孔子仁的思想中，除仁的概念之外，还包括孝、悌、恭、敬、忠、信、义、刚、毅、勇、宽、惠、敏等概念。这些概念在《孟子》一书中也可以见到，说明孟子是实实在在地继承了孔子的思想。而孟子对这些概念的使用情况，与孔子却有着明显差异。据杨伯峻统计，《论语》中使用次数较多的概念有 7 个，即仁（109），信（38），义（24），敬（21），孝（19），忠（18），勇（16），而《孟子》使用次数较多的概念为 4 个，即仁（157），义（98），敬（39），孝（28），其中仁、义概念的使用次数远远高于其他两个使用较多的概念，还超过了《论语》使用的次数，这从一个侧面表明孟子不是简单地继承了仁的思想，而是创造性地发展了仁的思想。在《论语》一书中，仁字一般是单独使用；《孟子》则较多地出现了以"仁"字领头的复合概念，这就是仁义、仁政、仁人、仁术、仁心、仁言、仁闻、仁声等，尤其是"仁义"与"仁政"，可以看作是孟子思想的关键词和核心概念，具体诠释了孟子在基本范畴和政治领域发展了孔子的思想。

仁是孔子思想最基本的范畴，也是《论语》中出现次数最多的概念。孔子以仁为逻辑前提，构筑起儒家的思想大厦；仁是孔子思想的标志，《吕氏春秋·不二》认为："老聃贵柔，孔子贵仁，墨翟贵兼。"学术界甚至把孔子的思想简称为仁学。《说文解字》释仁字为"亲也。从人二"。从字的构成看，仁的概念反映了古代社会对人具有社会属性的朴素认识。

孔子沿袭古代的认识，给仁充实和增加了更多的人文和伦理道德元素，而对仁的回答，在不同场合有着不同内容。有时是礼："颜渊问仁。子曰：'克己复礼为仁。'"（《论语·颜渊》）有时是恭、敬、忠："樊迟问仁。子曰：'居处恭，执事敬，与人忠。虽之夷狄，不可弃也。'"（《论语·子路》）有时是恭、宽、敏、信、惠："子张问仁于孔子。孔子曰：'能行五者于天下为仁矣。'请问之，曰：'恭、宽、信、敏、惠。恭则不侮，宽则得众，信则人任焉，敏则有功，惠则足以使人。'"（《论语·阳货》）从孔子的回答可知，仁是总概念，统御着礼、恭、敬、忠、宽、敏、信、惠等概念。尽管孔子对仁的内容有着不同回答，仁的本质是爱人，则是确定无疑的。"樊迟问仁。子曰：'爱人。'"（《论语·颜渊》）孔子自己是躬行仁者爱人的典范："厩焚。子退朝，曰：'伤人乎？'不问马。"（《论语·乡党》）意思是，孔子家的马棚失火了。孔子从朝廷回来，只问伤人没有，不问马的情况。孔子尊重人的生命，把人当成人，用仁来协调和规范人与人之间的关系，推己及人、乐于助人，强调在成就自己的同时，也要成就别人，具体化为正面要求是"夫仁者，己欲立而立人，己欲达而达人"（《论语·雍也》），否定方面的限制则是"己所不欲，勿施于人"（《论语·颜渊》）。

孟子承继了仁的基本含义："仁也者，人也。合而言之，道也。"（《尽心下》）意思是，仁的本质就是人；仁和人合起来就是道。战国时期，诸侯兼并战争频发，百家争鸣，杨、墨学说充满天下，孔子学说不彰，仁义被阻塞，孟子挺身而出，坚决捍卫孔子仁学，丰富完善了儒家思想，进一步把孔子仁的思想发展为仁义并举的学说。在孔子那里，义从属于仁，孟子则把义的概念提升到与仁并列的地位。如果说孔子思想的核心是仁，那孟子思想的核心则是仁义。孟子认为仁是人的内心修养，义是实践仁的途径，仁的修养只有通过义的途径，才能外化为人的日常言行。"仁，人心也；义，人路也。舍其路而弗由，放其心而不知求，哀哉！"（《告子上》）仁为人心，表明就人的本性而言，仁是人的心中所固有的，意指人性善的形而上依据；义为人路，说明仁的贯彻落实需要有正确的方法，意指人性善的形而下路径，从而促进孔子之仁由抽象的理念变成生动的实践。孟子还从性善论角度诠释仁与义的重要意义。他认为人人都有不忍心做的事，把这种心推及到他所忍心做的事上，就是仁。人人都有不愿做的事，推及到他想做的事上，就是义。人如果能够把不想害人的心扩展开，那么仁就会用之不竭了；人如果能够把不挖洞、跳墙去偷窃的心扩展开，那么义就会用之不竭了；人如果能够把不受人轻蔑的心扩展开，无论到哪里，行为都能符合义。更重要的是，孟子与孔子一起把仁和义升华到信仰的高度，指出仁和义比生命还宝贵，为了仁义，可以献出生命。孔子指出："志士仁人，无求生以害仁，有杀身以成仁。"（《论语·卫灵公》）孟子强调："生，亦我所欲也；义，亦我所欲也。二者不可得兼，舍生而取义者也。"（《告子上》）这真是孔孟合璧、气若长虹，仁义并举、昭彰千秋。

孟子对孔子之仁的最大贡献是提供了哲学基础，这就是性善论。孔子曾经讲过人性问题，"性相近也，习相远也"（《论语·阳货》）；"人之生也直。罔之生也幸而免"（《论语·雍也》）。后一句话的意思是，一个人的生存是由于正直，而不正直的人也能生存，那是他侥幸避免了灾祸。然而，人性是善还是恶，却语焉不详。有些论述流露出性善倾向，"苟志于仁矣，无恶也"（《论语·里仁》）。孔子没有对人性是善是恶作出明确回答，却反复强调仁是通过主观努力可以达到的，"我欲仁，斯仁至矣"（《论语·述而》）；"为仁由己，而由人乎哉"（《论语·颜渊》）。孟子接受了孔子仁的思想，认为人人都有实践仁的内在因素，即"人人皆可为尧舜"，以良心本心论性善，进而提出了人的本质是性善的理论。孟子认为，人性善是天赋的，"人性之善也，犹水之就下也。人无有不善，水无有不下。"孟子把人性善理解为仁义礼智和恻隐、羞恶、恭敬、是非"四心"，主张性善是人本身自有的潜质，而不善是因为没有把握本有的善质所造成的；认为仁义礼智既是性善的主要内容，又是性善的重要根据；强调仁义礼智根于心，为心所固有，不需要借助任何外力或条件。在孟子看来，没有"四心"，就不是人，"由是观之，无恻隐之心，非人也；无羞恶之心，非人也；无辞让之心，非人也；无是非之心，非人也"（《公孙丑上》）。而"四心"的核心是仁义，人与非人的本质差别就在于仁义，"人之所以异于禽兽者几希，庶民去之，君子存之。舜明于庶物，察于人伦，由仁义行，非行仁义也"（《离娄下》）。

（三）志与志气

志和气都是中国哲学的重要概念，《说文解字》释志为"意也，从心"；气为"云气也，象形"。比较而言，志的涵义相对单一，主要指人的思想意志。气的内涵却丰富广阔，有的思想家甚至认为气是天下万事万物的本质和起源；中医则认为气是构成人体以及维持生命活动的基本元素。作为伦理道德范畴，志和气适用于人格塑造和个体修身养性范围，两者既有联系又有区别。联系在于，志和气经常合为志气一词，以表达人的情绪和精神状态；区别在于，志更为基础，含有人的思想和意志双重内容，气是志的显现，指的是人的感情和意气。无论志还是气，都是人格的重要组成部分，具有独立意志，方有独立人格，否则，只能是屈己从人的奴才人格；坚持高尚气节，方有高尚人格，否则，只能是屈膝降敌的贰臣人格。孔子尚志，将志作为主体自觉和立身处世的根基，"三军可夺帅也，匹夫不可夺志也"（《论语·子罕》）。孟子则崇尚仁义之志，善养浩然之气，锻造伟岸人格，"天将降大任于是人也，必先苦其心志，劳其筋骨，饿其体肤，空乏其身，行拂乱其所为，所以动心忍性，曾益其所不能"（《告子下》）。

孔子所尚之志是理想和远大志向。《论语》中志的概念出现了 17 次，其中有两次是孔子与弟子谈论各自的志向，与弟子的志向相比，孔子追求社会理想境界和人生终极目标，是一种圣贤格局和天地气象。一次是孔子与颜渊、子路各言其志，"颜渊、季路侍。子曰：'盍各言尔志?'子路曰：'愿车马衣轻裘与朋友共，敝之而无憾。'颜渊曰：'愿无伐善，无施劳。'子路曰：'愿闻子之志。'子曰：'老者安之，朋友信之，少者怀之。'"（《论语·公冶长》）北宋二程评价："子路、颜渊、孔子之志，皆与物共者也，但有小大之差尔"；孔子之志"则如天地之化工，付与万物而己不劳焉，此圣人之所为也"。二程进一步指出："先观二子之言，后观圣人之言，分明天地气象。凡看《论语》，非但欲理会文字，须要识得圣贤气象。"（《四书章句集注》）另一次是孔子与子路、曾皙、冉有、公西华侍坐，让他们各言其志，子路逞能坦率，其志向是要"强兵"，冉有审慎谦让，志在"富民"，公西华年少好学，志在使民"知礼"；三人皆真诚恳切，都是要治国安邦，兼济百姓。孔子没有否定子路等人的志向，却明确赞同曾皙的志向，那就是暮春时节，春装已经穿好了，我约上五六位成人和六七位小孩，在沂水边洗洗澡，在舞雩台上吹吹风，一路唱着歌回来。孔子之所以赞同曾皙的志向，是因为曾皙之志是大志，体现的是与天地合其德的宏大气象；之所以没有直接肯定子路、冉有、公西华之志，是因为他们的志向是小志，还局限于事功范围。

孔子所尚之志不仅是理想，而且是具体举措和实际行动，这就是志于学。《论语》第一篇第一章第一字就是学，"学而时习之，不亦说乎？"孔子不承认自己是圣人或仁者，甚至认为自己连君子也没有做到，却强调自己好学，"十室之邑，必有忠信如丘者焉，不如丘之好学也"（《论语·公冶长》）。好学是一个人成长成功的源泉，也是一个民族发展发达的基石，更是孔子终生不渝的志向，"吾十有五而志于学，三十而立，四十而不惑，五十而知天命，六十而耳顺，七十而从心所欲，不逾矩"（《论语·为政》）。不仅要志于学，而且要志于仁。仁是孔子思想的前提，也是孔子立志达到的理想。孔子的弟子多次请教仁的含义，最具代表性的是樊迟三次问仁，第一次孔子回答："爱人。"爱是仁最核心的内容，充满了人性光辉。第二次樊迟问仁，孔子认为，有仁德的人正确对待利益关系，能够在利益上约束自己，"仁者先难而后获，可谓仁矣"（《论语·雍也》）。第三次樊迟问仁，孔子回答，仁内蕴着严肃庄重、敬业负责、忠心诚意等优秀品德，这就是"居处恭，执事敬，与人忠"（《论语·子路》）。概言之，孔子之仁是在爱人的基础上立人、达人和泛爱众，"弟子，入则孝，出则悌，谨而信，泛爱众，而亲仁"（《论语·学而》）。不仅要志于仁，而且要志于道，"志于道，据于德，依于仁，游于艺。"（《论语·述而》）意思是，要立志向道，据守于德，依倚于仁，优游于六艺。对于孔子而言，道是大道，"大道之行也，天下为公，选贤与能，讲信修睦。故人不独亲其亲，不独子其子，使老有所终，壮有所用，幼有所长，矜、寡、孤、独、废疾者皆有所养"（《礼记·礼运》）。对于孔子而言，道是人生，"人能弘道，非道弘人"（《论语·卫灵公》）。人只有不断地提升自己、完善自己，才能把道发扬光大，而不是以道弘人，哗众取宠。对于孔子而言，道是使命，"士不可以不弘毅，任重而道远。仁以为己任，不亦重乎？死而后已，不亦远乎"（《论语·泰伯》）。

在孟子看来，尚志的内容是要践行仁义，把不忍心做的事推及到所忍心做的事，把不愿意做的事推及到愿意做的事，仁义就会取之不尽，用之不竭。尚志的基础是要加强自身修养，培育大丈夫精神，为平治天下奠定坚实基础。尚志的目的是平治天下，修身也是为了平治天下。道理很简单，一个人如果连人都做不好，怎么可能让他去治理国家，管理天下大事。焦循认为，孟子平治天下的内容就是施行仁义，"孟子以为圣王之盛，惟有尧舜，尧舜之道，仁义为上"（《孟子正义》）。

孟子对孔子之志的贡献是把志与气联系起来，形成了完善的志气观。孟子之志气观，旨在培养提升人的道德和精神境界，含有持志养气、动心忍性、反求诸己的丰富内容和实践路径。孟子认为，志与气之间不是平行的关系，而是统帅与被统帅的关系，"夫志，气之帅也；气，体之充也"，这就是人的思想意志要引导规范感情意气的发挥，感情意气的发挥要有利于思想意志的践行和实现。孟子认为，在志与气的关系中，志是矛盾的主要方面，具有决定意义，气是矛盾的次要方面，居于从属地位，思想意志到哪里，感情意志就跟着到哪里。但也不要忽视气对志的反作用，"志壹则动气，气壹则动志也，今夫蹶者趋者，是气也，而反动其心"（《公孙丑上》）。意思是，思想意志专一，就能调动感情意气跟随它，感情意气专一，也会影响思想意志，比方说跌倒、奔跑，这是下意识的气有所动，也能反过来扰动心志。

孟子对孔子之志更大的贡献是讲出很多养气的道理。在孟子看来，养气要养平旦之气和夜气。平旦之气指的是清晨的空气，夜气指的是深夜的空气。清晨的空气新鲜、纯洁，深夜的空气宁静、平和。在孟子看来，平旦之气和夜气不是自然的空气，而是道德之气，仁义之心可以依靠平旦之气和夜气作用得以生存和发展。平旦之气和夜气之于仁义之心的作用，相当于雨露之于草木的作用。雨露有利于草木的生长；仁义之心也是如此，清晨用平旦之气诱发而生长，深夜因夜气的诱发而生长，所以要养好平旦之气和夜气，否则就会丧失仁义之心，混同于禽兽，"其所以放其良心者，亦犹斧斤之于木也，旦旦而伐之，可以为美乎？其日夜之所息，平旦之气，其好恶与人相近也者几希，则其旦昼之所为，有梏亡之矣。梏之反复，则其夜气不足以存；夜气不足以存，则其违禽兽不远矣"（《告子上》）。意思是，之所以有人失掉了他的仁义之心，也像斧子对待树木一样，天天砍它，怎么能让它繁茂呢？他在日里夜里萌生的善心，他在清晨触及的清新之气，这些在他心中所引发的好恶，跟一般人相近的也有一点点。然而，到了第二天白天做出的事，就把那点与常人相同的善心给泯灭了。反反复复地泯灭，那么他夜里心中萌生的良善就不能存在下去；夜里萌生的良善之心不能存留在心，那么他就和禽兽相差无几了。同时，养气要善养浩然之气。浩然之气是孟子志气观的精华，强大刚健，合乎义与道，必须坚持长期修炼养成，"其为气也，至大至刚，以直养而无害，则塞于天地之间。其为气也，配义与道；无是，馁也。是集义所生者，非义袭而取之也。行有不慊于心，则馁矣"（《公孙丑上》）。朱熹解释："浩然，盛大流行之貌；气，即所谓体之充者。本自浩然，失养故馁；惟孟子为善养之以复其初也。"（《四书章句集注》）

研读孟子与孔子，就会想到思想、学术、科技、文化的继承与发展问题。清代学者袁枚认为："不学古人，法无一可；全似古人，何处著我。"（《续诗品》）较好地诠释了继承与发展的关系。

"不学古人，法无一可"，强调的是继承，没有继承就没有发展。继承的前提是要认真学习和研究前人的思想、学术、科技、文化成果，真正把握其精髓，分清其精华与缺陷，继承是继承精华而不是继承缺陷。对于缺陷，也不能一概否定，应给予同情之了解。前人的认识和看法，只要是对当时历史和时代精神的客观把握，无论精华还是缺陷，都要给予肯定和赞扬，避免偏激的虚无主义。"全似古人，何处著我"，强调的是发展。只学古人，只有继承，是远远不够的，还必须发展。发展，既可以是对前人思想精华的补充和完善，也可以是对前人认识缺陷的纠正和修补，还可以是运用前人的思想成果应对现实社会提出的新课题，推动思想、学术、科技、文化的进步。因此，继承与发展的正确关系是在继承中发展，在发展中继承。惟其如此，才能像孟子那样，继承了孔子又发展了孔子，形成儒学发展史上的一座高峰。惟其如此，才能像牛顿那样站在巨人的肩膀上有所发现、有所发明，进而改变世界科技发展进程。牛顿在继承伽利略力学和开普勒天文学的基础上，发现了三大定律和万有引力定律，别人问他为什么能取得如此辉煌的成就，他说："如果说我看得更远一些，那是因为我站在巨人的肩膀上。"[1] 牛顿一语破的，任何思想、学术、科技、文化的继承都是对巨人的继承；任何思想、学术、科技、文化的发展都是站在巨人肩膀上的发展。

---

[1]　参见陆达：《出版科技书刊　构筑人类智慧的制高点》，《光谱实验室》1994年第1期。

五、醇者与小疵

　　韩愈在《读荀》一文中比较客观地评价了荀子，他认为荀子源于孔子，"考其辞，时若不粹，要其归，与孔子异者鲜矣"；孟子与荀子是大同小异，孟子为纯正的儒家，荀子是有缺点的儒家，"孟氏，醇乎其醇者也。荀与杨，大醇而小疵"。然而，孟子与荀子却是个说不尽的话题，俩人皆尊奉孔子，同为大儒，却在二千多年的传统社会中，一个被褒赞，一个被贬抑，时也，命矣。

　　孔子思想博大精深，弟子众多，必然产生歧见和分化，至战国中后期形成不同派别，"自孔子之死也，有子张之儒，有子思之儒，有颜氏之儒，有孟氏之儒，有漆雕氏之儒，有仲良氏之儒，有孙氏之儒，有乐正氏之儒。……故孔、墨之后，儒分为八。"（《韩非子·显学》）对于后世儒学有重大影响的，则是孟子与荀子，两人都对孔子无比尊崇，力促儒家在社会思想中居于主导地位，为发展儒家思想贡献毕生精力。孟子承上启下，以孔子传人自居，对各种非儒学说进行批判，大力发展和弘扬儒家思想；荀子则在战国帷幕降落之际，积极传授儒家经典，在综合融通百家中丰富儒家思想。孟子与荀子年龄相差三四十岁，孟子大于荀子，荀子却批判了孟子，说孟子"略法先王而不知其统，犹然而材剧志大，闻见杂博。案往旧造说，谓之五行，甚僻违而无类，幽隐而无说，闭约而无解。案饰其辞而只敬之，曰：此真先君子之言也"（《荀子·非十二子》）。意思是，略略效法古代圣明的帝王而不知道他们的要领，自以为才气横溢，志向远大，见闻丰富广博。根据往古旧说来创建新说，把它称为五行，非常乖僻背理而不合礼法，幽深隐微而难以讲说，晦涩缠结而无从解释，却粉饰他们的言论而郑重其事地说，此乃先师孔子的言论。作为同门，荀子对孟子的批判是一件尴尬的事情，后人试图加以调和弥补，"怀疑荀子不曾看到后来流行的《孟子》一书，而只是在稷下时，从以阴阳家为主的稷下先生们的口中，听到有关孟子的学说"①。这只是一种猜测，却难以掩饰孟子与荀子思想之差异。荀子对孟子的批判实质是两人思想差异的正常反映。

（一）荀子其人

司马迁确实伟大，早在汉初就已认识到孟子与荀子在儒学中的地位和作用，将两人合并作《孟子荀卿列传》，所记载的内容包括了战国时期阴阳、道、法、名、墨各家代表人物；直接记载孟子与荀子事迹都是一个段落，字数相差无几，却有着明显差异。一方面，司马迁记载孟子是带着感情的，在千余字的传记中多次同情孟子，为孟子叹息，而记载荀子则比较冷静，多为客观叙述；另一方面，孟子名字多次出现在传记中，可说是贯穿全文，而荀子的名字仅出现在直接记载的段落之中，这似乎预示着孟子与荀子在思想史和儒家流派中不同的历史命运。

史书对荀子的记载比较简略。根据《史记》，我们只能粗略知道荀子后半生的经历和主要思想成就。荀子是战国后期赵国人，其后半生经历为五十岁时到齐国讲学，曾三次任齐国稷下学宫主持；因遭到陷害离开齐国到楚国，被春申君收留，任命为兰陵县

令；春申君死后被免职，终老于兰陵。其最大的教育成果是培养了韩非子和李斯两位著名的法家代表人物。在儒家正统谱系中，荀子的面目由此而变得模糊，在历史上经常受到诟病。其主要思想成就为《荀子》一书。当时政治黑暗，儒生浅陋，文人无道，"荀卿嫉浊世之政，亡国乱君相属，不遂大道而营于巫祝，信机祥，鄙儒小拘，如庄周等又猾稽乱俗"。意思是，荀子痛恨乱世的政治，亡国昏庸的君王不断出现，他们不通晓常理正道而被占卜祭祀的人所迷惑，信奉求神赐福去灾；庸俗鄙陋的儒生拘泥于琐碎礼节，庄周等文人又狡猾多辩，败坏风俗。

《荀子》现存32篇，为西汉刘向整理校定。除少数篇章外，大部分为荀子自己所著，约22篇；《儒效》《议兵》等5篇，似是弟子所记录的荀子言行；《大略》《宥坐》等5篇，似是杂录传记及所引用的资料。《荀子》仿《论语》体例，始于《劝学》，终于《尧问》，逻辑严密，分析透辟，语言精炼，善于比喻，多用排比，富于思想性和理论性，具有感染力和说服力。

其中，《天论》集中阐述天人相分的自然观，认为天的变化是自然规律，不以人的意志为转移；人可以利用自然规律，而不能违背自然规律，"天行有常，不为尧存，不为桀亡。应之以治则吉，应之以乱则凶。强本而节用，则天不能贫；养备而动时，则天不能病；修道而不贰，则天不能祸"。《解蔽》阐述了虚壹而静的认识论，"人何以知道？曰心。心何以知道？曰虚壹而静"；强调认识事物要虚心、专心、静心，以达到大清明境界，"虚壹而静，谓之大清明。万物莫形而不见，莫见而不论，莫论而失位。坐于室而见四海，处于今而论久远，疏观万物而知其情，参稽治乱而通其度，经纬天地而材官万物、制割大理，而宇宙理矣"。《性恶》阐述了化性起伪的人性恶思想，"故枸木必将待檃栝、烝矫然后直；钝金必将待砻厉然后利；今人之性恶，必将待师法然后正，得礼义然后治。"意思是，所以弯曲的木头，一定要通过工具的矫正加热，然后才能挺直；不锋利的金属器具一定要通过打磨才能锋利。人恶的本性，一定要依靠师法的教化，然后才能纠正；懂得礼义，天下才能平治。《劝学》等篇阐述了环境影响和后天培养的教育理念，"生而同声，长而异俗，教使之然也"；"蓬生麻中，不扶而直；白沙在涅，与之俱黑。兰槐之根是为芷，其渐之滫，君子不近，庶人不服。其质非不美也，所渐者然也。故君子居必择乡，游必就士，所以防邪辟而近中正也"。《君道》等篇阐述了隆礼重法的社会政治主张，"隆礼重法则国有常"。在《劝学》中，荀子认为，礼与法是相通的，礼本身就是法，"礼者，法之大分，类之纲纪也"。在《礼论》中，荀子指出，礼的出发点是防止人欲之恶的膨胀，"人生而有欲，欲而不得，则不能无求；求而无度量分界，则不能不争。争则乱，乱则穷。先王恶其乱也，故制礼义以分之，以养人之欲，给人之求，使欲必不穷于物，物必不屈于欲，两者相持而长，是礼之所起也"。在《正论》中，荀子强调，重法主要是重刑罚，"刑称罪，则治；不称罪，则乱。故治则刑重，乱则刑轻"。意思是，刑罚与罪行相当，才能治理好社会，否则，社会就会混乱。所以，社会治理得好，刑罚就重；社会混乱，刑罚才轻。荀子重视刑罚，虽然出于人性恶的价值判断，却蕴含着严刑峻法的法家思想之端倪，容易偏离孔子的德治路线，造就出韩非子、李斯等法家人物。

由于荀子思想之复杂，导致了孟子与荀子在儒学史上的地位迥异，孟子被视为儒家正宗和嫡传，被尊封为"亚圣"，荀子则被视为儒家的另类和杂学，长期受到压抑。秦至汉初，儒家思想不被重视，秦用法家，尽焚百家之书；汉初用黄老，儒家之冠被刘邦用以盛尿。自汉武帝"罢黜百家，表彰六经"之后，儒家思想正式登上中国政治舞台，取得至高无上的官学地位，成为主导传统社会的意识形态。然而，在整个汉朝，孟子与荀子的地位都不高，孟子略好于荀子，在汉文帝时《孟子》和《论语》一样，设置博士，东汉赵岐又为《孟子》注释；而朝廷从没有为《荀子》设置博士，当时也没有人为《荀子》注疏。唐代杨倞甚为疑惑，"独《荀子》未有注解，亦复编简烂脱，传写谬误，虽好事者时亦览之，至于文义不通，屡掩卷焉"（《荀子注·序目》）。隋唐时期，孟子与荀子的地位都有所提高，《隋书·经籍志》首次将《孟子》列入经部，《荀子》一书也有杨倞作注，但荀子地位仍不及孟子。韩愈一方面肯定了孟子与荀子在儒家的地位，"昔者孟轲好辩，孔道以明。辙环天下，卒老于行。荀卿守正，大论是弘，逃谗于楚，废死兰陵。是二儒者，吐辞为经，举足为法，绝类离伦，优入圣域"（《进学解》）。另一方面又把孟子标举为儒家道统的继承者，"尧以是传之舜，舜以是传之禹，禹以是传之汤，汤以是传之文、武、周公，文、武、周公传之孔子，孔子传之孟轲，轲之死，不得其传焉"（《原道》）。宋元明清，孟子与荀子的地位发生了天壤之别，孟子被捧上了天，正式被朝廷册封为"亚圣"，配享文庙；荀子则被打入冷宫，备受攻讦与诋毁，甚至连儒学的地位亦不能保。北宋二程认为："荀卿才高学陋，以礼为伪，以性为恶，不见圣贤，虽曰尊子弓，然而时相去甚远。圣人之道，至卿不传。"（《二程遗书》）近代谭嗣同在《仁学》中把荀学与秦政联系在一起，认为两者是祸害中国的政治和文化根源，"二千年来之政，秦政也，皆大盗也；二千年来之学，荀学也，皆乡愿也。惟大盗利用乡愿，惟乡愿工媚于大盗，二者交相资，而罔不托之于孔"。

孟子与荀子分别构成了孔子之后儒学的两座高峰，却一荣一辱，反差极大，令人唏嘘不已。荀子在儒家和中国思想史的地位，还是《四库全书提要》的评价比较中肯："平心而论，卿之学派出孔门，在诸子之中最为近正，是其所长；主持太甚，词义或至于过当，是其所短。韩愈大醇小疵之说，要为定论。余皆好恶之词也。"

（二）孟荀之差异

孟子与荀子同属儒家，这是毫无疑问的。在儒门之内，孟子与荀子的思想存在着重大差异，也是不容忽视的，我们不能因为肯定荀子为儒家而否定孟子与荀子之思想差异。苏东坡认为："荀卿者，喜为异说而不让，敢为高论而不顾者也。其言愚人之所惊，小人之所喜也。子思、孟轲，世之所谓贤人君子也。荀卿独曰：'乱天下者，子思、孟轲也。'天下之人，如此其众也；仁人义士，如此其多也。荀卿独曰：'人性恶。桀、纣，性也。尧、舜，伪也。'由是观之，意其为人必也刚愎不逊，而自许太过。彼李斯者，又特甚者耳。"（《荀卿论》）苏东坡的评说既指明了孟荀之差异，又可以窥测到荀子不能容于后世正统儒家的原因，这就是荀子批评孟子，不期然地把自己置于孟子的对立面；荀子主张人性恶，于人的思想和感情难以接受；荀子重法重刑，极易发展为冷酷无情的法家思想；荀子培养出韩非子、李斯两位法家代表人物，直接或间接地造就了包括秦汉在内的传统社会的苛政和暴政。

总体而言，传统社会尤其是宋之后对孟荀之评价是扬孟贬荀，情感多于理性，贴标签多于讲道理，得出结论多于说理过程。近现代的评价则相对冷静、客观和公允，梁启雄十分简洁地阐述了孟子与荀子的差异："孟子言性善，荀子言性恶；孟子重义轻利，荀子重义不轻利；孟子专法先王，荀子兼法后王；孟子专尚王道，荀子兼尚霸道。"① 牟宗三从中西方哲学文化比较入手，阐述了孟

---

① 梁启雄：《荀子简释·自叙》，中华书局1983年版，第9页。

子与荀子思想之差异。他认为，中国文化是一个"仁的文化系统"，西方文化是一个"智的系统"，孟子与荀子思想从根本上说都属于仁的文化系统，相对而言，荀子接近于西方智的系统，孟子则是正宗地道的仁的文化系统，且与孔子共同奠基和建构了这一文化系统。同时，牟宗三又从"内圣外王"的角度比较了孟子与荀子的思想，认为孟子与荀子分别是孔子的两翼，各自建立了一套内圣外王之学，孟子重在内圣一面，以内圣之学称圣；荀子重在外王一面，以外王之学见长①。

在内圣方面，孟子与荀子思想最大的差异是人性论，他们都从心理层面对人性进行观察，却得出了截然相反的结论，孟子道性善，荀子言性恶。孟子是先验论者，重视逻辑命题的形上根据，他把人的社会属性和与生俱来的自然属性混同起来，认为人性是善的。孟子还举例说明人皆有不忍人之心和恻隐之心，进而证明人性是善的，"今人乍见孺子将入于井，皆有怵惕恻隐之心，非所以内交于孺子之父母也，非所以要誉于乡党朋友也，非恶其声而然也"（《公孙丑上》）。荀子是经验论者，注重经验分析，而不是先验综合，他把人性在初始的自然的生理的一些表现归纳提升为人性的全部内容，认为人性是恶的，"人之性恶，其善伪也"。荀子进一步论证说："凡人之欲为善者，为性恶也。夫薄愿厚，恶愿美，狭愿广，贫愿富，贱愿贵，苟无之中者，必求于外。故富而不愿财，贵而不愿势，苟有之中者，必不及于外。用此观之，人之欲为善者，为性恶也。"（《荀子·性恶》）意思是，一般而言人想为善，都是因为人性本恶的缘故。浅薄的希望变得丰厚，丑陋的希望变得美丽，狭隘的希望变得宽大，贫穷的希望变得富裕，卑贱的希望变得高贵，如果本身没有它，就必定要向外寻求。

---

① 参见王兴国：《孔子之两翼》，载《哲学研究》2018 年第 1 期。

所以，富足的不羡慕钱财，高贵的不羡慕权势，如果本身有了它，当然不必再向外寻求了。因此，人之所以想要为善，正是因为人性本恶的缘故。荀子虽然也区分了君子与小人，却认为他们的本性是完全相同的，"凡人有所谓一同：饥而欲食，寒而欲暖，劳而欲息，好利而恶害，是人之所生而有也，是无待而然者也，是禹、桀之所同也"（《荀子·荣辱》）。

孟子与荀子对于人性本质的认识不同，形成了不同的修养路径。孟子强调存心养性，寄希望于个人的修养和努力，把人的善性显现出来，扩充开来，"存其心，养其性，所以事天也"（《尽心上》），"君子所以异于人者，以其存心也。君子以仁存心，以礼存心"（《离娄下》）。在孟子看来，保持和发挥人的善性，关键在个体，从天子、诸侯、卿大夫到士、庶人，都要以自己的行动守善性、行仁义，知廉耻、明是非，"君子所性，仁义礼智根于心，其生色也睟然，见于面，盎于背，施于四体，四体不言而喻"（《尽心上》）。孟子认为，修身养性的具体方法是反求诸己、内省不疚，"爱人不亲，反其仁；治人不治，反其智；礼人不答，反其敬。行有不得者皆反求诸己，其身正而天下归之"（《离娄上》）。荀子则主张化性起伪，通过政治手段和教化措施，改造人性恶的本质，"性也者，吾所不能为也。然而可化也。"（《荀子·儒效》）在荀子看来，由于人之性恶，必须进行化性起伪，否则社会就会动乱，天下就会不安定，"今人之性，生而有好利焉，顺是，故争夺生而辞让亡焉；生而有疾恶焉，顺是，故残贼生而忠信亡焉；生而有耳目之欲，有好声色焉，顺是，故淫乱生而礼义文理亡焉。然则从人之性，顺人之情，必出于争夺，合于犯分乱理而归于暴。故必将有师法之化，礼义之道，然后出于辞让，合于文理，而归于治"。荀子认为，化性起伪的主要途径是依靠明君圣王，而不能单纯地依靠个人的自愿自觉，"古者圣人以人之性恶，以为偏险而不正，悖乱而不治，故为之立君上之执以临之，明礼义以化之，起法正以治之，重刑罚以禁之，使天下皆出于治，合于善也"（《荀子·性恶》）。

在外王方面，孟子与荀子思想的差异不在于对待王道的态度，而在于对待霸道的态度，孟子崇尚王道，荀子主张王霸道并用。按照儒家的一般看法，王道与霸道是性质完全不同的两种统治方式，王道的力量来自德治，靠道德教化和教育来贯彻；霸道的力量则来自武力，以强制手段来推行。孟子理想主义色彩浓厚，主张实行王道，赞扬王道中的仁义思想，推崇王道令人心悦诚服的效果。孟子认为，统治者只需顺应人之本性，充分发挥人之善性，就可以实现王道乐土，老百姓怡然自得，生活快乐而无怨言，"王者之民皞皞如也。杀之而不怨，利之而不庸，民日迁善而不知为之者"（《尽心上》）。意思是，圣王的功德浩荡，百姓怡然自得。他们即使被杀，也不会怨恨谁；得到恩惠，也不会酬谢谁。百姓一天天向善，却不知是谁使他们这样的。

荀子则正视战国时期的混乱局面，提出了王道、霸道和权谋治国三种方式，告诫君王要谨慎选择，"故用国者，义立而王，信立而霸，权谋立而亡，三者明主之所谨择也，仁人之所务白也"。在王道、霸道和权谋三种治国方式中，荀子推崇王道，坚守仁义，认为施行王道，国家才会安定，天下才能平定，"挈国以呼礼义而无以害之，行一不义，杀一无罪，而得天下，仁者不为也。擽然扶持心国，且若是其固也。之所与为之者之人，则举义士也；之所以为布陈于国家刑法者，则举义法也；主之所以极然帅群臣而首乡之者，则举义志也。如是，则下仰上以义矣，是綦定也；綦定而国定，国定而天下定。"荀子在肯定王道的同时，没有否定霸道，而是将霸道看作是君王可以作出的一种战略选择。霸道政治不需要统治者具有完美的道德，只需要在统治过程中确立公信而已，对内制定的政策法度必须做到言而有信，不失信于民；对外签署的盟约，无论结果如何都要遵循守信，不失信于盟国，"如是，则兵劲城固，敌国畏之；国一綦明，与国信之；虽在僻陋之国，威动天下，五伯是也。"意思是，如果实行霸道，就能兵力强大、城池稳固，敌对的国家就会害怕；全国上下一致不失信用，盟国就会信赖，即使地处偏远，它的威名也能震动天下。春秋五霸就是这样。荀子坚决反对权谋治国，认为权谋治国是只讲利益，不讲信义，不讲信用，必然导致国将不国和君王身败名裂，"身死国亡，为天下大戮，后世言恶"（《荀子·王霸》）。

孟子与荀子不同的政治思想，不仅是因为他们对人性的基本看法不同，而且因为他们对统治者与老百姓的关系有着不同看法。孟子从人性善推导出政治上的仁政和王道学说。荀子则从人性恶出发，演化为政治上的王霸并用和隆礼重法思想，"故人之命在天，国之命在礼。人君者，隆礼尊贤而王，重法爱民而霸，好利多诈而危，权谋倾覆幽险而亡"（《荀子·强国》）。关于统治者与老百姓的关系，是古今中外政治都关注的话题，孟子鲜明地提出了民贵君轻的思想，把老百姓置于统治者之上。荀子也有民本倾向，强调富民、养民和爱民，"故修礼者王，为政者强，取民者安，聚敛者亡。故王者富民，霸者富士，仅存之国富大夫，亡国富筐箧、实府库"。而其政治思想主旨却是君本论，尊君统、重君权。在荀子看来，人的最大特点在于能以义进行群与分，"力不若牛，走不若马，而牛马为用，何也？曰：人能群，彼不能群也。人何以能群？曰：分。分何以能行？曰：义"（《荀子·王制》）。君王则是人能群与分的中枢，"人之生不能无群，群而无分则争，争则乱，乱则穷矣。故无分者，人之大害也；有分者，天下之本利也。而人君者，所以管分之枢要也"（《荀子·富国》）。意思是，人的生存，离不开社会群体，而社会群体没有等级名分，就会发生争斗，有争斗就会混乱，有混乱就会贫困。所以没有等级名分，是人类的大灾难；有等级名分，是天下的根本利益。而君王，就是掌握这种群与分的中枢和关键。荀子认为，无君之尊，无政之制，则民众必自为而无方，天下亦难以治理。

（三）孟荀之同一

黑格尔在论述思维与存在的关系时，天才地表达了这样一个思想，即同一是有差异的同一，差异是有同一的差异。孟子与荀子之思想皆源于孔子，两人都主张弘扬光大儒家思想，怎么可能会差异大于同一呢？清代学者钱大昕认为，宋儒批评最多的是《荀子·性恶》一文，即使孟子与荀子对人性善恶的看法不同，俩人的目的还是一致的，都是教人向善，"孟言性善，欲人之尽性而乐于善；荀言性恶，欲人之化性而勉于善。立言虽殊，其教人以善则一也。盖自仲尼既殁，儒家以孟、荀为最醇，太史公叙列诸子，独以孟、荀标目，韩退之于荀氏虽有'大醇小疵'之讥，然其云'吐辞为经''优入圣域'，则与孟氏并称，无异词也。宋儒所訾议者，惟《性恶》一篇"（《荀子笺释跋》）。

尊崇孔子，是孟、荀最大的同一。孟子与荀子都赞美钦佩孔子，《孟子》一书中孔子出现了81次，引用孔子言论28则，认为孔子是有人类以来最伟大的人物，孔子是圣人集大成者。《荀子》引用孔子言论33则，赞颂孔子是圣人、大儒和仁智者，说孔子"总方略，齐言行，壹统类，而群天下之英杰，而告之以大古，教之以至顺，奥窔之间，簟席之上，敛然圣王之文章具焉，佛然平世之俗起焉。"（《荀子·非十二子》）意思是，孔子总括治国的方针策略，端正自己的言论行动，统一治国的纲纪法度，从而会聚天下的英雄豪杰，把根本的原则告诉他们，拿正确的道理教导他们。在室堂之内、竹席之上，那圣明帝王的礼义制度集中地具备于此，那太平时代的风俗蓬勃地兴起于此。

孟子与荀子都批判各种非儒家学说，以维护儒家思想和树立孔子地位。战国中后期，百家争鸣更加激烈，大有否定和毁灭儒家之势，孟子挺身而出，对当时各种不利于儒家思想的学说和言行都进行了批判，陈澧在《东塾读书记》中说："孟子'距杨墨'，杨朱，老子弟子，距杨朱，即距道家矣；'善战者服上刑，连诸侯者次之，辟草莱任土地者次之'，则兵家、纵横家、农家皆距之矣；'省刑罚'，可以距法家；'生之谓性也，犹白之为白软'，可以距名家；'天时不如地利'，可以距阴阳家；'夫道一而已矣'，可以距杂家；'齐东野人之语，非君子之言'，可以距小说家。"荀子也不甘落后，对庄子、杨朱、墨翟、宋研和田骈、慎到、申不害、惠施、邓析等各家学术思想都进行了批判，认为这些人的思想都有失偏颇，不够全面，"故由用谓之道，尽利矣；由俗谓之道，尽嗛矣；由法谓之道，尽数矣；由执谓之道，尽便矣。由辞谓之道，尽论矣。由天谓之道，尽因矣。此数具者，皆道之一隅也。夫道者，体常而尽变，一隅不足以举之"（《荀子·解蔽》）。意思是，所以从实用的角度来谈道，就全谈功利了；从欲望的角度来谈道，就全谈满足了；从法治的角度来谈道，就全谈法律条文了；从权势的角度来谈道，就全谈权势的便利了；从名辩的角度来谈道，就全谈不切实际的理论了；从自然的角度来谈道，就全谈因循依顺了。这几种说法，都是道的一个方面。道本体经久不变而又能穷尽所有的变化，一个角度是不能够概括它的。

更重要的是，孟子与荀子都继承了孔子思想，并发展了儒家学说。学界一般认为，在先秦儒家思想演变过程中，如果没有孟子与荀子的努力，儒家就有可能像墨家那样渐渐毁灭于战国末年；

在儒家思想发展史上，如果没有孟子与荀子的努力，儒家不可能在中国社会中取得那么崇高的地位。孟子与荀子都在继承孔子仁的思想基础上发展了儒家学说。孟子把仁的思想发展为仁与义并举的学说，认为仁是人的本性，义是人对自己的约束与控制，仁只有通过义，才能由道德理念变成人生实践，"仁，人之安宅也；义，人之正路也。旷安宅而弗居，舍正路而不由，哀哉"（《离娄上》）。荀子则把仁的思想发展为仁与礼并重的主张，强调以礼分之，以礼治国。"亲亲、故故、庸庸、劳劳，仁之杀也；贵贵、尊尊、贤贤、老老、长长，义之伦也。行之得其节，礼之序也。仁，爱也，故亲；义，理也，故行；礼，节也，故成。"（《荀子·大略》）在荀子看来，"国之命在礼"；礼的本质是别异，"礼者，贵贱有等，长幼有差，贫富轻重皆有称者也"（《荀子·富国》）。礼要渗透到社会政治的各个领域，"宜于时通，利以处穷，礼信是也。凡用血气、志意、知虑，由礼则治通，不由礼则勃乱提僈；食饮、衣服、居处、动静，由礼则和节，不由礼则触陷生疾；容貌、态度、进退、趋行，由礼则雅，不由礼则夷固、僻违、庸众而野。故人无礼则不生，事无礼则不成，国无礼则不宁"（《荀子·修身》）。

即便在有差异的领域，孟、荀也存在着广泛的同一。人性论是孟子与荀子差异最大的领域，却有着许多同一的内容。在源头上，孟子与荀子的人性思想均出自孔子。孔子说"性相近也，习相远也"（《论语·阳货》），却没有说性相近于善还是恶。孟子与荀子虽然提出了各自的性善与性恶理论，形成了儒家人性论的不同派别，而孟子与荀子都没有否认后天学习和环境的影响，孟子认为："学问之道无他，求其放心而已矣。"（《告子上》）荀子则有《劝学篇》，更是重视学习，"积土成山，风雨兴焉；积水成渊，蛟龙生焉；积善成德，而神明自得，圣心备焉。"在目标上，无论性善还是性恶，孟子和荀子都是鼓励人们做一个像尧舜禹那样的圣人。孟子认为"人皆可为尧舜"；荀子则说："尧禹者，非生而具者也。夫起于变故，成乎修为，待尽而后备者也。"（《荀子·荣辱》）在路径上，孟子与荀子都强调教化和伦理道德修养，否则就是禽兽不如的东西。孟子指出："饱食、暖衣，逸居而无教，则近于禽兽。"（《滕文公上》）荀子认为："人也，忧忘其身，内忘其亲，上忘其君，则是人也，而曾狗彘之不若也。"（《荀子·荣辱》）

王霸论是孟子与荀子在政治领域的重要差异，却有许多相似的看法。孟子与荀子都赞同汤武革命，孟子在回答齐宣王"汤放桀，武王伐纣"问题时，明确指出："贼仁者谓之'贼'，贼义者谓之'残'，残贼之人谓之'一夫'。闻诛一夫纣矣，未闻弑君也。"（《梁惠王下》）荀子批评"桀纣有天下，汤武篡而夺之"时说："故桀纣无天下，而汤武不弑君，由此效之也。汤武者，民之父母也；桀纣者，民之怨贼也。"（《荀子·正论》）孟子与荀子都批评春秋五霸，孟子说："五霸者，三王之罪人也。"（《告子下》）荀子虽然不否认霸道的合理性，却对春秋五霸尤其是齐桓公提出严厉批评："齐桓，五伯之盛者也，前事则杀兄而争国；内行则姑姊妹之不嫁者七人，闺门之内，般乐奢汰，以齐之分奉之而不足；外事则诈邾袭莒，并国三十五。其事行也若是其险污淫汰也。彼固曷足称乎大君子之门哉！"（《荀子·仲尼》）孟子与荀子都主张选贤任能和圣贤之治，使社会安定和人民安居乐业。孟子认为："仁则荣，不仁则辱。今恶辱而居不仁，是犹恶湿而居下也。如恶之，莫如贵德而尊士，贤者在位，能者在职。"（《公孙丑上》）荀子则说："故上好礼义，尚贤使能，无贪利之心，则下亦将綦辞让，致忠信，而谨于臣子矣。"（《荀子·君道》）意思是，所以君王如果推崇礼义，尊重贤德之人，使用有才能的人，没有贪图财利的想法，那么下属就会极其谦让，极其忠诚老实，而谨慎地做一个臣子。

无怪乎，梁启超认为孟子与荀子是全同小异，"荀子与孟子，同为儒家大师，其政治论之归宿点全同，而出发点小异。孟子信性善，故注重精神上之扩充。荀子信性恶，故注重物质上之调剂。"①

研读孟子与孔子，想到了思想学术的纵向继承与发展问题，而研读孟子与荀子，则会想到思想学术横向的争论与发展问题。荀子对孟子思想的批评争论，实际效果无疑是繁荣和发展了儒学。历史证明，争论是活跃学术氛围、催生人类智慧、促进思想发展的重要动力；争论是新思想、新观念、新理论的发源地和生长点，推动着人们对未知世界的探寻和对真理的追求。可以说，没有思想学术的争论，就没有思想学术的繁荣和发展；没有先秦时期的百家争鸣，就没有中国古代思想学术的"黄金时代"。而思想学术争论是一门大学问，首先要有宽松的社会氛围。宽松意味着自由，人人都有思想自由和言论自由，自由地参加思想学术讨论；意味着开放，对任何理论和思想学术都可以进行讨论，对任何权威和圣贤哲人都可以提出疑问，即如亚里士多德所言："吾爱吾师，吾更爱真理"；意味着平等，即参与思想学术争论的任何一方的地位都是平等的，既没有权威学霸，也没有年长年少，更没有官大官小。只有自由、开放、平等的氛围，才能促进思想学术的争论与发展。要尊重不同意见和看法。有争论就有不同意见和看法，没有不同意见和看法，就没有争论。不同意见和看法中，有的可能是正确的，有的可能是正确与错误并存，有的可能是完全

① 梁启超：《先秦政治思想史》，天津古籍出版社 2004 年版，第 112 页。

错误的。对于正确的，要虚心听取和接受；对于部分正确部分错
误的，要区别对待，接受正确并抛弃错误；对于完全错误的，可
以进行批判批评，但一定要保护和捍卫发表不同意见和看法的权
利。美国联邦法院大法官霍姆斯认为："思想自由原则所保护的
并非我们赞同的人，而是那些受我们厌恶的思想。"① 这是争论
各方的雅量所在，也是一个社会进步文明的重要标志。要坚持
讲道理、摆事实，言之有理、持之有故。一方面要全面准确地
理解对方的观点和论据，不能断章取义，也不能以偏概全；另
一方面要以充分的证据和雄辩的事实来论证自己的观点，做到
以理服人，以数据和事实说服对方，不能用气势压人，也不能
用大话空话唬人。现代社会要允许争论、宽容争论，学会争论、
包容争论，在争论中促进思想进步和学术发展，在争论中创新
观念和完善理论。

---

① 张千帆：《西方宪政体系》（上册·美国宪法），中国政法大学出版社 2004
年第 2 版，第 32 页。

性善论

一、知天事天

　　天命是中国古代哲学的重要范畴，也是孟子思想的重要基础。天命思想诞生于夏商时期，缘于远古时代人们对自然界的敬畏和面对苦难时的惶恐无奈心理。《说文解字》释天为"颠也。至高无上，从一大"。段玉裁注疏："颠者，人之顶也。以为凡高之称。始者，女之初也。以为凡起之称。然则天也可为凡颠之称。臣于君，子于父，妻于夫，民于食，皆曰天是也。至高无上，从一大。至高无上，是其大无有二也，故从一大。"这说明与天联系在一起的，都是至高至大而无法超越的人和事物。在古代社会，天命可单独称天或帝或命，换言之，天命与天、帝、命是一个序列的概念，《论语·颜渊》指出："死生有命，富贵在天。君子敬而无失，与人恭而有礼，四海之内皆兄弟也。"现代学人认为："殷商人心目中的最高主宰者是'帝'，西周人心目中的最高主宰者为'天'。"① 天命还与天道概念有联系，两者都萌芽于夏朝，成熟定型于春秋战国时期。天命与天道有时混合同一，天道就是天命，"先王之令有之，曰：天道赏善而罚淫，故凡我造国，无从非彝，无即慆淫，各守尔典，以承天休"（《国语·周语》）。有时差别明显，天命具有鲜明的信仰性质，与人世间关系密切，类似于宗教概念；天道则有突出的知识特征，与自然界关系密切，类似于

---

　　① 冯达文、郭齐勇：《新编中国哲学史》（上册），人民出版社 2004 年版，第 28 页。

科学概念。就思想史而言，天道是在逐步侵蚀和消解天命，理性精神在不断扩展和张扬。儒家没有否认天命，却呈现出鲜明的理性精神，孔子是"敬鬼神而远之"（《论语·雍也》）。孟子承认天命，"莫之为而为者，天也；莫之致而至者，命也"，却重视人的因素，认为王位禅让不仅是天意，而且也是民心，即"天与之，人与之"（《万章上》）。

孟子一生关注治乱问题，其思想主体是政治。孟子所有的思维都围绕政治展开，无论是形而上思辨，还是形而下思考，都是服从服务于其政治理念的需要。

天命属于形上思维范畴，在孟子那里，有时指自然现象和客观存在，而更多的却是政治内容。天命要为王位禅让交替提供依据，为个体能否为官从政作出终极说明，为能否平治天下寻求最后答案。孟子对滕文公说："苟为善，后世子孙必有王者矣。君子创业垂统，为可继也。若夫成功，则天也。"（《梁惠王下》）意思是，如果实行仁政，后代子孙中一定有成为天下之王的。君子创立基业，奠定传统，正是为了可以被继承下去。至于成功与否，还要看天命。在孟子那里，属于形上思维范围的概念有性善和良心。孟子认为人性本善，强调心之官则思，高于耳目口腹等感官欲望，主要是为其仁政学说披上理论外衣，"人皆有不忍人之心。先王有不忍人之心，斯有不忍人之政矣。以不忍人之心，行不忍人之政，治天下可运之掌上"（《公孙丑上》）。在孟子那里，孝悌和义利观念也具有思辨性质。孟子认为，孝悌是人的天性，"孩提之童无不知爱其亲者；及其长也，无不知敬其兄也。亲亲，仁也；敬长，义也"（《尽心上》）。孝悌的目的是治国平天下，"道在迩而求诸远，事在易而求诸难——人人亲其亲、长其长，而天下平"（《离娄上》）。孟子把义看作是人生的最高信仰，可以舍生取义，却不否认利的存在和作用，"是故明君制民之产，必使仰足以事父母，俯足以畜妻子，乐岁终身饱，凶年免于死亡"。孟子承认利的存在，还是为了政治统治和社会安定，"若民，则无恒产，因无恒心。苟无恒心，放辟邪侈，无不为已"（《梁惠王上》）。因此，在孟子的形上思维中，天命是政治的最终依据，性善和良心是政治思想的逻辑预设，孝悌是政治实践的根本，义利是政治实践的具体指导，从而构成了孟子政治思想及其实践的理论基础和思想前提。

（一）先秦天命观

先秦时期，天命思想无处不在、无时不有，深刻影响着人们社会生活的各个领域和整个过程。天命的本质是神秘主义，认为宇宙间有个至高无上的神；主要内容是相信神经常关心并干预自然界和人类社会的各种事务，相信神具有必要的智慧，知道通过什么样的方式来显示其愿望和意志，相信神具有实现其意图的权能和超自然的力量。历史资料表明，虞夏时期可能有了天命的萌芽，《尚书·皋陶谟》有言："天命有德，五服五章哉！天讨有罪，五刑五用哉！政事懋哉懋哉！"意思是，上天任命有德的人，要用天子、诸侯、卿、大夫、士五等礼服表彰这五者啊；上天惩罚有罪的人，要用墨、劓、剕、宫、大辟五种刑罚处治五者啊。政务要努力啊！努力啊！在古代社会，天命的作用无远弗届，可以决定人世间的各种事务，大到王权的产生与转移，小到人之贵贱生死。天命和政治密切相关，统治者为了证明其合理合法性，都借助天命思想，天命实际成了统治者的护身符。天命思想认为，王权源自于天，《诗经·商颂》："天命玄鸟，降而生商，宅殷土茫茫。古帝命武汤，正域彼四方。方命厥后，奄有九有。"意思是，天命玄鸟降人间，简狄生契商祖先，住在殷地广又宽。当时天帝命成汤，征伐天下安四边。昭告部落各首领，商占遍九州土地。天命思想指出，社会人间的秩序和价值也源自于天，《诗经·大雅》："天生烝民，有物有则。民之秉彝，好是懿德。"意思是，上天降生人类，既有形体又有法则。人之本性与生俱来，追求善美是其道德。天命思想强调，每个人的富贵贫贱、生老病死还是源自于天，《周易·乾·象传》："乾道变化，各正性命。"唐代孔颖达注疏："性者，天生之质，若刚柔迟速之别；命者，人所禀受，若贵贱夭寿之属也。"（《五经正义》）

天命思想的核心是人与神的关系。自虞夏天命思想产生以来，先秦之前大约经历了三个发展阶段，在商朝之前，神的权威大于人的作用，宗教信仰重于理性思辨，人世间的一切事情都受天命制约和决定。在西周时期，神的权威与人的作用同在，宗教信仰与理性思辨并重，人世间的诸种事务，既希望得到神灵的庇护，又相信人的主观努力。在春秋战国时期，人的作用大于神的权威，理性思辨重于宗教信仰，解决人世间问题主要依靠人自身的努力。总之，先秦天命思想是抽象与具体的统一，所谓抽象，是指天命无形无踪，难以描述，具体则是天命可以通过种种恩赐与惩戒而感受到神的存在；无限与有限的统一，无限是指天命思想中具有类似终极存在和永恒性质的观念，有限则是这些观念不是绝对的，而是会变化的；客体与主体的统一，客体是指天命的权威及其对人世间的影响，主体则不否认人的行为意义，而是客体的神与主体的人互相映衬的关系。

先秦天命思想的发展演变，是一个宗教信仰和神的权威逐步被削弱的过程，也是理性思辨和人的作用被不断升华的过程，既有宗教色彩，又有人文内容，其趋势是逐步消解天命的神秘性，更多地赋予天命的道德性；既是有神的，又是无神的，其格局是有神与无神并存，无神影响大于有神作用；既强调天命的主宰性和不可抗拒，又不否定人的努力和主观能动性，其发展是哲学的天命取代了宗教的天命。中国历史上没有出现宗教狂热，也没有发生宗教战争，实在是应该感谢以老子、孔子为代表的先秦思想家们的智慧和英明。

上古时期之所以产生天命思想，是因为当时生产力低下，科学文化极不发达，人们无法解释自然界和人世间发生的许多事情，而天命则是对自然和社会各种现象所能作出的最后、最圆满、最有权威的解释。现存虞夏时期的资料很少，其天命思想固然可以通过《诗经》等典籍有所了解，却非常有限；而《尚书》的真伪一直有争论，则更加有限。商朝的历史资料相对较多，尤其是20世纪甲骨文的出土，既提供了可靠的第一手资料，又印证了文献的相关内容。商朝的天命思想是明晰的，带着浓厚的原始社会巫术传统，绝对信仰神的力量和权威，核心概念是"帝"。殷墟甲骨卜辞有"甲辰，帝令其雨""帝令其风"，意思是，甲辰那天，上帝命令下雨，上帝命令刮风。还有"帝其降堇（馑）""帝降食受又（佑）"，意思是，上帝要降下饥馑，上帝要赐给我们吃的[①]。商人认为，上帝是自己的祖先，"有娀方将，帝立子生商。"对于上帝要无条件地服从，上帝也会无条件地保护殷商族群，"帝命不违，至于汤齐。汤降不迟，圣敬日跻。昭假迟迟，上帝是祗，帝命式于九围"（《诗经·商颂》）。意思是，正因为我殷商不违天命，发展到汤这一代大为兴盛。我祖汤王的诞生正应天时，他的圣明庄敬一天天提升。商汤光昭于上天久而不息，从来都是唯上帝是从，上帝授商汤管理九州的使命。天命的绝对性既成就商朝又危害商朝，当商朝土崩瓦解之际，商纣王还不以为然，认为上帝会保佑自己不被西周所灭，"及祖伊以周西伯昌之修德，灭黎

① 任继愈：《中国哲学史简论》，人民出版社1973年版，第38页。

国，惧祸至，以告纣。纣曰：'我生不有命在天乎？是何能为！'"（《史记·宋微子世家》）

西周天命思想的核心概念是"天"，与殷商相比，周人的天命思想发生了革命性变化，减少了宗教神秘性，增加了人文道德因素，保持了宗教信仰与人文理性的相对平衡。面对周朝取代商朝的事实，周人提出了"天命靡常"的观念，强调天命不是永恒的，而是变动不居的，由此解释天为什么会弃商助周。弃商是因为商纣王沉溺于享乐，暴虐百姓；助周是由于周文王爱护百姓，德高功大，"惟乃丕显考文王，克明德慎罚。不敢侮鳏寡，庸庸，祇祇，威威，显民。用肇造我区夏，越我一二邦，以修我西土。惟时怙冒，闻于上帝，帝休。天乃大命文王，殪戎殷。"（《尚书·康诰》）意思是，你的伟大光明的父亲文王，能够崇尚德教，慎用刑罚；不敢欺侮无依无靠的人，任用当用的人，尊敬当敬的人，威慑当威慑的人，这些都显示于人民。开始造就了我们夏，和几个友邦共同治理西方。文王的功绩被上帝知道了，上帝很高兴，就降大命于文王，灭亡大国殷。面对建立周朝的事实，提出了"惟德是辅"的观念，说明天命变化的缘由在于道德品质，无论天是奖赏还是惩罚，无论是给予天命还是撤销天命，都要视道德状况而定，道德好的人，天命保佑，道德坏的人，天命惩罚。"丕惟曰：尔克永观省，作稽中德，尔尚克羞馈祀，尔乃自介用逸。兹乃允惟王正事之臣，兹亦惟天若元德，永不忘在王家。"（《尚书·酒诰》）意思是，我想，你们能够长久地观察自己，使自己的言行符合中正的美德，你们还能够参加国君举行的祭祀。你们如果自己限制行乐饮酒，这样就能长期成为王家的治事官员。这些是上帝所赞赏的大德，将永远不会被王家忘记。面对周朝是多个族群联合而成的事实，提出了"敬天保民"的观念，指出周朝的天是所有族群的保护神，而不仅仅是周族群的保护神。统治者必须得到民心，尊重民意，倾听民声，《尚书·泰誓》说："天矜于民，民之所欲，天必从之""天视自我民视，天听自我民听。"

春秋战国时期是先秦天命思想的成熟定型阶段，由诸子百家争鸣完成。在春秋战国的天命思想中，人占据了主导地位，神处于辅助位置，这从卜筮的减少可以得到明证，春秋时卜筮已大为减少，人们一般不再求筮问卜，"卜以决疑，不疑何卜？"（《左传·桓公十一年》）到了战国时期，文献资料中有关卜筮的记载更是鲜见。诸子百家有的怀疑天命，有的否定天命；即使肯定天命，也大大消解了神秘性和宗教色彩。老子是道家的始祖，否定天命的终极性，明确以道的观念取代天和帝的概念："有物混成，先天地生。寂兮寥兮，独立而不改，周行而不殆，可以为天下母。吾不知其名，强字之曰道。"（《老子·第二十五章》）韩非子是法家代表人物，继承了老子"道法自然"的思想，改造了老子道的范畴，提出了理的范畴，更多地否定了天命："道者，万物之所以然也，万理之所稽也。理者，成物之文也；道者，万物之所以成也。"在韩非子看来，道理是形而上的根据和万事万物的根源，"天得之以高，地得之以藏，维斗得之以成其威，日月得之以恒其光，五常得之以常其位，列星得之以端其行，四时得之以御其变气，轩辕得之以擅四方，赤松得之与天地统，圣人得之以成文章"（《韩非子·解老》）。荀子认为天、地、人各有自己的运行法则，互不干预和影响，"天不为人之恶寒也辍冬；地不为人之恶辽远也辍广；君子不为小人匈匈也辍行。天有常道矣，地有常数矣，君子有常体矣。君子道其常，而小人计其功"。荀子批判了天命决定人事的观点，强调社会治乱和人事吉凶，完全取决于人的言行和统治者的治理措施，与自然现象的变异没有必然联系，"治乱，天邪？曰：日月星辰瑞历，是禹桀之所同也，禹以治，桀以乱；治乱非天也"（《荀子·天论》）。

（二）孔子之天命思想

任何伟大的思想家，都是在继承前人思想成果的基础上创造性地提出了自己的思想，随后或长或短的时间内得到社会和历史认同，影响社会和历史的发展。作为儒家创始人，孔子在继承前人尤其是周文化的基础上创立了儒家学派。"殷因于夏礼，所损益，可知也；周因于殷礼，所损益，可知也。其或继周者，虽百世，可知也。"（《论语·为政》）意思是，殷商沿袭夏朝的礼仪制度，所去除的和增加的内容，都可以知道；周朝沿袭殷商的礼仪制度，所去除和增加的内容，也可以知道。假如有继周朝而立的，即使以后一百个朝代，也是可以知道的。孔子继承了西周的天命思想，提出了自己的天命观。据杨伯峻统计，《论语》中言"天"19 次、"命"21 次、"天命"3 次和"天道"1 次，共计 44 次。其中，有的是指自然，有的是指人文，有的是指命运，内容不尽相同，却表明孔子认同和接受了天命思想。

天命是孔子思想的有机组成部分，孔子的天命集神秘化、理性化和道德修养的内涵于一身，充满着矛盾和张力。在孔子的天命中，虽然保留了拟人化的超自然力量，主要是为儒家的君子人格与道德境界提供外在权威和精神支柱，强调人之所以为人、人之所以成为君子，乃是天命的托付和惠临，进而赢得生命的意义。与仁、义、礼等范畴相比，孔子对天命着墨较少，这说明孔子重社会人事轻天命鬼神，奠定了中华文明的基本格局，是对中华民族的伟大贡献。牟宗三认为："孔子在《论语》里，暂时撇开天命天道说性这一老传统，而是别开生面，从主观方面开辟了仁、智、圣的生命领域；孔子未使他的思想成为邪教式的宗教，完全由于他对主体性仁、智、圣的重视。这是了解中国思想特质的最大窍门。"①

　　孔子以矛盾的心态对待天命。春秋末期，无论科学技术发展水平，还是思想文化资源积淀，没有人能够完全否认天命。否认天命，既可能为世人所不容，又难以解释纷繁复杂的自然社会现象。孔子承认天命，似乎又带着疑问的目光，具体表现在形上与形下关系方面，孔子一般不关心形而上问题，只关心形而下问题，不关心终极存在问题，只关心伦理道德问题，不关心自然界的问题，只关心人世间的问题，不关心看不见的问题，只关心看得见的问题。"季路问事鬼神。子曰：'未能事人，焉能事鬼？'曰：'敢问死。'曰：'未知生，焉知死？'"（《论语·先进》）活着的人是看得见的，死后的鬼神是看不见的，孔子只关心活着的人，不关心死后的鬼神。庄子评论说："六合之外，圣人存而不论；六合之内，圣人论而不存。"（《庄子·齐物论》）六合是指左东右西，前南后北，上天下地。意思是，六合之外，另有存在，圣人持保留态度，不予理论；六合之内，众生存在，圣人持诱导态度，不予批评。

　　在天是否有意志的问题上，一方面，孔子把天看成是主宰万事万物的人格神，会讨厌人、惩罚人。"子见南子，子路不说。夫子矢之曰：'予所否者，天厌之！天厌之！'"（《论语·雍也》）南子是卫灵公的夫人，当时名声很不好，既左右着卫国的政权，又淫乱不堪。孔子见南子，子路以为孔子要辅佐南子，很不高兴，孔子为了表明自己清白，对天发誓，实际是承认天有意志。另一方面，孔子认为春夏秋冬四季运行，花开花落万物生长，都是自然而然的事情，天并没有主宰。"天何言哉！四时行焉，百物生

①　牟宗三：《中国哲学的特质》，上海古籍出版社1997年版，第11页。

焉，天何言哉?"(《论语·阳货》)

在对待鬼神的态度上，孔子没有否定鬼神的存在，延续了上古时期的祖先崇拜，表达了对已成为鬼神的先人的温情和敬意。同时，孔子从没有把鬼神看作是人生和社会生活的主宰，更不是什么造物神和救世主，言天命而"不语怪力乱神"(《论语·述而》)。鲁迅对此给予高度评价："孔丘先生确是伟大的，生在巫鬼势力如此旺盛时代，偏不肯随俗谈鬼神。"[1] 孔子重视祭祀，强调的却是祭祀主体而不是对象。祭祀主体必须以适当的礼仪，带着虔诚的心灵崇敬已成为鬼神的祖先，而不必十分在意鬼神对人世间的作用和影响，"祭如在，祭神如神在"(《论语·八佾》)。孔子尊敬鬼神，却要求保持适当距离，不要让鬼神干预人世间的事情，不要为鬼神牵涉过多的精力，这是智慧和智者的象征，"务民之义，敬鬼神而远之，可谓知矣"(《论语·雍也》)。

孔子以理性的精神对待天命。孔子的天命思想虽有自然之天的含义，主要内容却是伦理道德和人文观照。孔子之天命具有主宰性和不可抗拒性。在主宰人的命运方面，《论语·雍也》记载，弟子伯牛生重病，孔子去看望他，从窗子里握着他的手说："亡之，命矣夫! 斯人也而有斯疾也!"此时的孔子已由敬畏天命转移到感慨个体生命短暂。在主宰社会历史命运方面，当子路被人诽谤，影响到朝廷的信任，有人愿意帮助子路，惩罚诽谤者，孔子回答："道之将行也与，命也; 道之将废也与，命也。"(《论语·宪问》) 天命具有人格神意义，能对人的行为形成约束，"王孙贾问曰:'与其媚于奥，宁媚于灶，何谓也?' 子曰:'不然，获罪于天，无所祷也。'"(《论语·八佾》) 在这段话中，孔子把天看作是有意志的神，可通过祈祷和祭祀来媚天保佑，如果得罪

① 《鲁迅全集》(第一卷)，人民文学出版社1958年版，第296页。

了天，那祈祷和祭祀都没有作用了。认为天命还能对人进行教化："大哉，尧之为君也！巍巍乎，唯天为大，唯尧则之。荡荡乎，民无能名焉。巍巍乎其有成功也，焕乎其有文章！"（《论语·泰伯》）意思是，尧这样的君子真伟大啊！高大啊！只有天那么高大，只有尧能效法天。广大啊！老百姓无法用语言称赞他。他的功绩真是崇高啊！他的礼乐法度真是光辉灿烂啊！孔子在这段话中不但赞颂了尧，而且赞颂了天，更是赞颂了尧和天的道德教化。天命具有生命价值，赋予人生以意义，是道德的源泉和依据。

在孔子看来，天命是自己人生追求的终极根据和原始动力，也是自己人生事业正当性和合理性的权威所在。当身处匡人围攻的险境时，孔子认为，周文化或流传或丧失取决于天命，任何人都不能违背和颠覆天命，"子畏于匡，曰：'文王既没，文不在兹乎？天之将丧斯文也，后死者不得与于斯文也；天之未丧斯文也，匡人其如予何？"（《论语·子罕》）天命是主宰性与人文性的统一，使得孔子不仅承认天命，而且积极地与天命对话，认真聆听天命的声音，主动调适自己的心态和行为，努力做到不辜负天命，以完成人生的使命。孔子要求畏天命，把畏天命作为区分君子与小人的评判标准："君子有三畏：畏天命，畏大人，畏圣人之言。小人不知天命而不畏也，狎大人，侮圣人之言。"（《论语·季氏》）畏天命不是目的，孔子要求知天命。知天命不是轻而易举的事情，而是人生经验的结晶和思想的升华，"吾十有五而志于学，三十而立，四十而不惑，五十而知天命，六十而耳顺，七十而从心所欲，不逾矩。"（《论语·为政》）知天命也不是目的，孔子要求践行天命。在孔子那里，畏天命是基础，知天命是前提，践行天命是目的。对于孔子而言，践行天命就是成为君子，"不知命，无以为君子也"（《论语·尧曰》），进而"修己以敬""修己以安人""修己以安百姓"。

（三）孟子之天命思想

统观《孟子》全书，言天者凡 83 字，见于 28 章。有时孟子不言天而言上帝，或直接言上帝："虽有恶人，斋戒沐浴，则可以祀上帝。"（《离娄下》）或引用经典间接言上帝，在《离娄上》引《诗经》："商之孙子，其丽不亿。上帝既命，侯于周服。"意思是，殷商的子孙，数目不下十万，上帝既已降命，于是臣服于周。在《梁惠王下》引《尚书》："天降下民，作之君，作之师，惟曰其助上帝宠之。"天和上帝同一，至高无上，是人们想象中的造物主，是万事万物的主宰者。有时孟子不言天与帝而言命，命是天命，"祸福无不自己求之者。《诗》云：'永言配命，自求多福。'《太甲》曰：'天作孽，犹可违；自作孽，不可活。'此之谓也"（《公孙丑上》）。命也是命运，"孔子进以礼，退以义，得之不得曰'有命'。而主痈疽与侍人瘠环，是无义无命也"（《万章上》）。意思是，孔子依礼而进，依义而退，能否得到官位，只能说是由命运决定。而受卫灵公的宠臣痈疽和宦官瘠环的接待，都是无视道义、无视命运的。无论天命还是命运，都是冥冥之中一种不可抗拒的力量主宰着人世间的事情，正如朱熹所论："以理言之谓之天，自人言之谓之命，其实则一而已。"（《四书章句集注》）对于孟子而言，天、命、天命、上帝是同一序列的概念，都是指上天的命令以及上天主宰之下人的命运。

孟子之天命具有复杂性，混合着主观与客观的因素，夹杂着唯物与唯心的内容，既是自然之天，又是政治之天，还是伦理之天。在自然之天中，孟子是唯物的，明确天是自然现象和客观存在，有时指日月星辰，认为日月星辰是自己在运行并非由天命主宰，"日月有明，容光必照焉。流水之为物也，不盈科不行；君子之志于道也，不成章不达"（《尽心上》）。有时指四季风雨，农作物遇旱则枯，遇雨则生机勃发，"七八月之间旱，则苗槁矣。天油然作云，沛然下雨，则苗浡然兴之矣"（《梁惠王上》）。有时指自然之物产生的根源，"天之生物也，使之一本"（《滕文公上》）。所谓自然之物，就个别事物而言，它是有形的具体的自然万物；就一般事物而言，它作用于人的感官，是独立于人之外而能为人所认识的客观外在之物。有时指天地运行的客观规律，"天之高也，星辰之远也，苟求其故，千岁之日至，可坐而致也"（《离娄下》）。意思是，天极高，星辰极远，如果研究它们已有的迹象，千年以后的冬至，都可以坐着推算出来。

在政治之天中，孟子陷入了唯心主义的泥淖，认为社会治乱、国家兴亡和人事代谢都由天命主宰。他有时强调君权神授，把君位的传承和改朝换代归结为神意的天命。"万章曰：'尧以天下与舜，有诸？'孟子曰：'否。天子不能以天下与人。''然则舜有天下也，孰与之？'曰：'天与之。'"（《万章上》）他有时认为自己能不能为官从政取决于命运。弟子乐正子为鲁侯所重用，孟子满以为能够在鲁国从政，推行其政治主张。乐正子确实推荐了孟子，而鲁侯由于听信佞人臧仓的谗言，取消了接见和重用孟子的决定。孟子叹息说："行，或使之；止，或尼之。行止，非人所能也。吾之不遇鲁侯，天也。臧氏之子焉能使予不遇哉？"（《梁惠王下》）意思是，人要做事，是有人促使他做；不做事，是有人阻止他做。不过做或不做，并不是人力所能主宰。我与鲁侯不能遇合，是天命。姓臧的家伙怎能使我不遇？他有时把政治的兴衰存亡及其运行规律看成是天意。"五百年必有王者兴，其间必有名世者。由周而来，七百有余岁矣。以其数，则过矣；以其时考之，则可矣。夫天未欲平治天下也，如欲平治天下，当今之世，舍我其谁也？"（《公孙丑下》）"舍我其谁"充满豪迈之气，强调了人的作用和主观能动性，而前提却是天是否同意平治天下，"舍我其谁"的豪气就默默地消融于冥冥的神意之中。

在伦理之天中，孟子从政治观中的客观唯心主义转入主观唯心主义，将天命视为人性产生的依据，"所以谓人皆有不忍人之心者，今人乍见孺子将入于井，皆有怵惕恻隐之心，非所以内交于孺子之父母也，非所以要誉于乡党朋友也，非恶其声而然也"（《公孙丑上》）。孟子还把仁义礼智等道德规范从渺不可涉的天命世界搬了下来，直接植入人的心中，"恻隐之心，仁也；羞恶之心，义也；恭敬之心，礼也；是非之心，智也。仁义礼智，非由外铄我也，我固有之也，弗思耳矣"（《告子上》）。

孟子之天命既继承了西周以来宗教神秘性的内容，又继承了孔子人文道德性的思想。孟子是相信天命的，却不是西周以来天命思想的简单重复，而是孔子天命思想的进一步发展完善。在孟子那里，天命的宗教性与人文性实现了统一。天命仍然具有西周天命的宗教性，其本质却是孔子天命的道德性。"天下有道，小德役大德，小贤役大贤；天下无道，小役大，弱役强。斯二者，天也。顺天者存，逆天者亡。"（《离娄上》）

在孟子那里，天命的主宰性与人的主观能动性发生了结合。天命仍然是人的命运主宰，而对人的赏罚已不在天而是人的内心道德力量。最为经典的表述是："天将降大任于是人也，必先苦其心志，劳其筋骨，饿其体肤，空乏其身，行拂乱其所为，所以动心忍性，曾益其所不能。"（《告子下》）这是一段常常为后人引用的名言，激励着无数志士仁人艰苦励志，发奋图强，争取做一个承受大任的伟人。然而，做伟人是有前提的，即"天降大任"，有了前提，人的主观能动性才能生效；没有前提，无论怎样发挥主观能动性，经受任何磨难和挫折还是无济于事。在这段话中，天命的主宰性大于人的主观能动性。另一方面，人的主观能动性也可以大于天的主宰性。孟子以天爵与人爵来区分仁义道德与功名利禄，"有天爵者，有人爵者。仁义忠信，乐善不倦，此天爵也；公卿大夫，此人爵也"。孟子认为，一个人是得到天爵还是人爵，完全取决于主观努力。如果向善，追求仁义道德，那么该有的名利自然会有，反之，不仅得不到名利，即使得到了名利，也会丧失，"古之人修其天爵，而人爵从之。今之人修其天爵，以要人爵；既得人爵，而弃其天爵，则惑之甚者也，终亦必亡而已矣"（《告子上》）。

在孟子那里，天命的天意与民意出现了互补。天命仍然是王位更替的主宰力量，而王位的更替却不能不考虑民心向背。孟子认为，王位更替不仅要得到天的认同，而且要得到民众的认同，"昔者，尧荐舜于天而天受之；暴之于民而民受之；故曰：天不言，以行与事示之而已矣。"万章问如何使天受之和民受之，孟子回答："使之主祭而百神享之，是天受之；使之主事而事治，百姓安之，是民受之也。天与之，人与之，故曰：天子不能以天下与人。"（《万章上》）意思是，尧让舜主持祭祀而百神享用，这是天接受了他；让舜主持政事而政事有条不紊，老百姓满意，这是老百姓接受了他。天下是天给舜的，是老百姓给舜的，所以说天子不能把天下给人。

在孟子那里，天命的正命与非命进行了对冲。天命仍然决定着人生，人生是正命还是非命都要看是否知命，是否尽人事。知命而尽人事的，就得到正命，否则就是非正命。"莫非命也，顺受其正；是故知命者不立乎岩墙之下。尽其道而死者，正命也；桎梏死者，非正命也。"（《尽心上》）

孟子之天命论述了天人合一的思想，这是在继承前人基础上重要的创新发展。先秦天命观不仅涉及神人关系，而且涉及天人关系。对于神人关系，儒家一般是敬而远之，既不肯定也不否定；对于天人关系，儒家则给予了重视和阐述。孟子首创天人合一，强调人与伦理之天合一；荀子则要求"明于天人之分"，进而主张人定胜天，"大天而思之，孰与物畜而制之；从天而颂之，孰与制天命而用之；望时而待之，孰与应时而使之"（《荀子·天论》）。

儒家天人合一的源头仍然要追溯到孔子。当宋国大夫桓魋要杀孔子，孔子说："天生德于予，桓魋其如予何？"（《论语·述而》）意思是，道德文章皆是天给予我的，我受命于天，任何艰难困苦都奈何不了我。孟子无非是精心浇灌培育了孔子天人合一的思想萌芽，使之开花结果，知天事天，蔚为大观。在孟子那里，天人合一具有本体论意义，服务于性善论，为性善论提供形而上依据，"尽其心者，知其性也。知其性，则知天矣。存其心，养其性，所以事天也"（《尽心上》）。尽心就是知性，知性就是知天；存心就是养性，养性就是事天，从而把心、性、天联系在一起。在心、性、天的关系中，尽心、知性是路径，知天是目的；存心、养性是过程，事天是彼岸。孟子之心是仁义礼智，而性则是上天赋予，"天命之谓性"，伦理之天并不脱离人而独立存在，所以竭尽了人的本心就知晓了人的本性，知晓了人的本性就知晓了天命，最终达到天人合一的境界。

天人合一具有认识论意义，强调理性认识的重要性。怎样沟通天与人的联系，孟子突出了诚的概念，把诚作为天与人之间联系的纽带和桥梁，"诚身有道，不明乎善，不诚其身矣。是故诚者，天之道也；思诚者，人之道也。至诚而不动者，未之有也；不诚，未有能动者也"（《离娄上》）。诚的本质是善，认识诚的途径是思，只要行善和思考，就能促进天道与人道的合一。孟子区分了感性认识与理性认识，感性认识是耳目之官，理性认识是心之官，强调只有心和理性认识，才能认识天命，"耳目之官不思，而蔽于物。物交物，则引之而已矣。心之官则思，思则得之，不思则不得也。此天之所与我者"（《告子上》）。

天人合一具有修身论意义，强调内省功夫的重要性。孟子从仁义礼智的角度论述天人合一，而仁义礼智是要躬身践行的，否则就是毫无价值的道德行为准则。践行仁义礼智最主要的方法是内省和反求诸己，"万物皆备于我矣。反身而诚，乐莫大焉。强恕而行，求仁莫近焉"（《尽心上》）。孟子进一步把这种道德之乐与天联系起来，认为"仰不愧于天，俯不怍于人"是君子的一种快乐。

天命是一个容易令人遐想的话题，首先联想到了科学、哲学与宗教。科学、哲学与宗教是人类精神文明最古老的三大组成部分。在古代，三者是混沌一体的，科学包容于哲学之中，哲学曾在很长一个时期附着于宗教。英国哲学家罗素在《西方哲学史》中解释了三者关系："一切确切的知识——我是这样主张的——都属于科学；一切涉及超乎确切知识之外的教条属于神学。但是介于神学与科学之间还有一片受到双方攻击的无人之域就是哲学。"罗素还认为，哲学和宗教都是对神秘问题和灵魂问题的追问，差别在于哲学是灵魂提问，头脑回答；宗教是灵魂提问，天命回答。天命最容易令人联想到的是宗教，天命观念从诞生之日起就充满了宗教信息；天命的基因就是宗教，无论后人如何演变和释义，都摆脱不了宗教的缠绕。迄今为止，宗教还相伴着人类，世界上任何一个民族都有宗教或近似于宗教的信仰。人类之所以需要宗教，是因为世事无常，人生充满了不确定性，经常发生事与愿违的情况，令人无可奈何，"我求索我得不到的，我得到了我不求索的"[1]。人生的不确定性就是神秘性。对于这种不确定性和神秘

---

[1] ［印度］泰戈尔著，冰心译：《园丁集》，人民文学出版社1961年版，第17页。

性，科学无法解释，哲学语焉不详，人们只能到宗教那里寻找答案和寄托灵魂了。同时，人是心灵与肉体的统一体，肉体的有限性与心灵的无限性形成了巨大的矛盾，人们对肉体必将消失所引发的心灵上的焦虑，是人类必须解决的重大精神问题。而宗教建构了天堂，可以抚慰那些在忧愁和痛苦重压下的心灵，满足人们超越今生的渴望。无论人生多么艰难和不可确定，不管离人生的终点还有多远，只要一想到天堂在等着自己，终极目标在激励自己，人们就会感到极大的安慰，就会使自己的心灵归于安宁平静。

二、知性养性

　　在古希腊德尔菲神庙门楣上镌刻着一个神谕："人啊！认识你自己。"所谓认识你自己，就是认识人的本性和本质，回答我是谁、我从哪里来、我到哪里去，以及人性是善还是恶等千古之谜。古今中外思想家都重视人性的研究，因为人性论是人生哲学的基础，也是社会治理和政治运行的逻辑前提。不同的人性观点，会导致不同的人生哲学，更会推演出不同的社会政治管理模型。纵观人类历史，基于人性善的假设，会强调个体的觉悟自觉和自我约束，建构德治型社会模式；基于人性恶的假设，则主张对个体行为的外在规范和强制，建构法治型社会模式。孟子的性善论无疑是人性论中一朵绚丽的花朵和一颗成熟的果实，不仅为儒家思想提供了理论基础，而且深刻影响了中国传统社会的运行和政治统治。北宋二程认为："孟子有大功于世，以其言性善也。"（《二程遗书》）

（一）先秦人性论

　　孟子之性善源于先秦诸子关于人性的研究和讨论。春秋战国时期，周王朝统治日益衰微，使得人们怀疑天命、关注人事，先秦诸子都程度不同地开展对人性的研究，纷纷对人的本质、人性的生成与演化等一系列问题，提出各自不同的观点，展开激烈的论辩。先秦诸子运用善与恶的分析框架来认识人性的本质，围绕善与恶来作人性的文章，或曰性善，或曰性恶，或曰性无善无不善，或曰性有善有恶。先秦诸子"各著书言治乱之事以干世主"（《史记·孟子荀卿列传》），研究人性主要是为其政治目的服务，即为其政治主张和道德学说寻求来自人性的理论依据，使其思想学说更有说服力，以便君王认同接受和推而广之，进而作为普适标准来衡量社会运行、政治统治和人的活动的是非善恶。先秦诸子关注社会政治，不是纯粹的学术研究，由此形成了中华文化重人事轻自然的传统，烙上了鲜明的德性特征。

孔子具有性善倾向的人性论。"性相近也，习相远也"（《论语·阳货》），是孔子对于人性的基本判断。虽然只有八个字，内涵却十分丰富，一方面肯定了人作为一个类的社会存在，有着相近的本性，另一方面指出了人性的差异在于后天不同的社会环境和自身努力。一般认为，孔子最早提出了人性问题，却没有进行深入探讨，也没有明确人性是善还是恶。孔子确实没有说过人性的善与恶，却不能否认其强烈的性善倾向。仁是孔子思想的核心，仁的本质是爱人。仁者爱人从亲情开始，孝顺父母、恭敬兄长，是仁的根本；爱人则是一个动态的扩充过程，由亲而疏、由近及远、推己及人，把源自血缘的爱亲之情扩而充之、外而化之，将他人视为与自己一样有着共同的生理需求和心理情感的族类，当作亲人来对待，设身处地为他人着想，体谅、同情、善待他人，从而达到"四海之内皆兄弟"的境界。这实质就是善，充满着人道主义的光辉。孔子认为，仁者爱人是一个主体自我选择的过程，"为仁由己，而由人乎哉？"（《论语·颜渊》）仁是善，善在主体自身，表明孔子之仁蕴涵着人性善的内容，为孟子之性善奠定了理论基础。

老子的婴儿人性论。老子强调道法自然，认为婴儿的原始素朴状态才是人的本性，"专气致柔，能如婴儿乎？"（《老子·第十章》）在老子看来，婴儿是人的生命中最自然本真的阶段，就像一块没有雕琢的璞玉，浑厚淳朴、平和宁静。生命不可能停留在婴儿阶段，而是沿着从生到死的轨迹前行，由自然人转变为社会人。在人的社会化过程中，"五色令人目盲，五音令人耳聋，五味令人口爽，驰骋畋猎令人心发狂，难得之货令人行妨"（《老子·第十二章》）。王弼注云："夫耳、目、口、心，皆顺其性也。不顺性命，反以伤自然，故曰盲、聋、爽、狂也。"（《道德经注》）社会人丰富了心理活动，产生了思想和情感，思想有正确谬误之分，情感有喜怒哀乐之别，与婴儿的自然本真状态渐行渐远，导致了人与人、人与自然之间的冲突和紧张。老子呼吁人们回归到婴儿状态，"知其雄，守其雌，为天下溪。为天下溪，常德不离，复归于婴儿"（《老子·第二十八章》）。意思是，深知雄强重要，却甘居雌柔的地位，愿做天下的河溪。愿做天下的河溪，美德永不相离，复归如纯真的婴儿。当然，就生命状态而言，人不可能返回到婴儿阶段，而就精神状态而言，人是能够返璞归真和复归于婴儿状态的，人是能够在人生任何阶段都始终保持婴儿般的本真和天然的。复归于婴儿，关键是要"见素抱朴，少私寡欲"（《老子·第十九章》），不为名利所累，不为物欲所困，守住生命的原性，实现生命的超越。

墨子的染丝人性论。墨子对于人性的看法似乎是矛盾的。一方面，主张人性是恶的。墨子认为，古时人类刚刚诞生，还没有刑法政治的时候，"是以内者父子兄弟作怨恶，离散不能相和合；天下之百姓，皆以水火毒药相亏害。至有余力，不能以相劳；腐朽有余财，不以相分；隐匿良道，不以相教。天下之乱，若禽兽然"（《墨子·尚同》）。意思是，所以在家庭内父子兄弟常因意见不同而相互怨恨，使得家人离散而不能和睦相处。天下的百姓都用水火毒药互相残害，以致有余力的人不能帮助别人；有余财者宁愿让它腐烂，也不分给别人；有好的道理自己隐藏起来，不肯教给别人。天下之乱，有如禽兽一般。另一方面，主张人性之善恶是后天教育和环境熏陶的结果。墨子把人性与后天教育比作"素丝"与"染缸"的关系，指出素丝天生是白色的，经过不同染料的浸染，变成了不同颜色，人性如丝，通过后天和环境的影响，形成了不同的善性或恶性，"子墨子言见染丝者而叹曰：染于苍则苍，染于黄则黄，所入者变，其色亦变。五入必而已则为五色矣"。墨子认为："非独染丝然也，国亦有染"，虞舜、大禹、商汤、周武王"所染当，故王天下，立为天子，功名蔽天地"；夏桀、殷纣、周厉王、周幽王"所染不当，故国残身死，为天下僇"。墨子还认为："非独国有染也，士亦有染"，好的官员"其友皆好仁义，淳谨畏令，则家日益，身日安，名日荣，处官得其理矣"；坏的官员"其友皆好矜奋，创作比周，则家日损，身日危，名日辱，处官失其理矣"。墨子告诫："故染不可不慎也！"（《墨子·所染》）

荀子的性恶人性论。荀子批判孟子的性善论："孟子曰：'人之学者，其性善。'曰：是不然！是不及知人之性，而不察乎人之性伪之分者也。"在荀子看来："人之性恶，其善者伪也。"（《荀子·性恶》）荀子把人的本性与情感结合起来，认为性是天生的，情是性的实际内容，"性者，天之就也；情者，性之质也"（《荀子·正名》）。荀子用人之情欲来说明人性，认为人欲是无止境的，潜伏着引起社会冲突和人与人之间矛盾的因素。由人欲决定的人性自然是恶的，具体表现为对生活和财富的欲求："人之情，食欲有刍豢，衣欲有文绣，行欲有舆马，又欲夫余财蓄积之富也，然而穷年累世不知不足，是人之情也"（《荀子·荣辱》）。表现为感官生理的需要："夫人之情，目欲綦色，耳欲綦声，口欲綦味，鼻欲綦臭，心欲綦佚。此五綦者，人情之所不免也。"
（《荀子·王霸》）表现为心理的复杂变化："天职既立，天功既
成，形具而神生，好恶喜怒哀乐臧焉，夫是之谓天情。"（《荀
子·天论》）荀子区分了君子与小人，却认为两者在人性上是完
全相同的："材性知能，君子小人一也；好荣恶辱，好利恶害，是
君子小人之所同也。"（《荀子·荣辱》）荀子性恶论是人类关于
自身认识的一种观点，仍然有其合理性，深化了对人性的研究。
而宋朝理学家很反感荀子的性恶论，二程评价道："荀子极偏驳，
只一句'性恶'，大本已失。"（《二程遗书》）

韩非子的欲利人性论。韩非子没有明确肯定人性本恶，而是
主张人性欲利，这实际是性恶论的一种表现形式。韩非子从人的
生理机能入手，认为正是人的生理需求和生存需要造就了人的欲
利性，"人无毛羽，不衣则不犯寒；上不属天而下不着地，以肠胃
为根本，不食则不能活，是以不免于欲利之心"（《韩非子·解
老》）。在韩非子看来，人与人之间只有利害和算计，没有性善
和仁义礼智，"故舆人成舆，则欲人之富贵；匠人成棺，则欲人之
夭死也。非舆人仁而匠人贼也，人不贵则舆不售，人不死则棺不
买。情非憎人也，利在人之死也"（《韩非子·备内》）。意思是，
所以车匠造好车子，就希望别人富贵；棺材匠做好棺材，就希望
别人早死。并不是车匠仁慈而棺材匠狠毒，而是别人不富贵，车
子就卖不掉；别人不死，棺材就没人买。棺材匠的本意并非憎恨，
而是利益就在别人的死亡上。韩非子认为，父子、夫妻和君臣之
间也是利害关系。父母与子女主要是利益关系，"且父母之于子
也，产男则相贺，产女则杀之。此俱出父母之怀衽，然男子受贺，
女子杀之者，虑其后便，计之长利也"（《韩非子·六反》）。丈
夫与妻子只有亲疏关系，"夫妻者，非有骨肉之恩也。爱则亲，不
爱则疏"（《韩非子·备内》）。君臣之间仅仅是买卖关系，"臣尽

死力以与君市，君垂爵禄以与臣市。君臣之际，非父子之亲也，计数之所出也"（《韩非子·难一》）。韩非子的欲利人性论撕开了人世间温情脉脉的面纱，虽然不无社会之真实，却令人不寒而栗，"利之所在，则忘其所恶，皆为孟贲"（《韩非子·内储说》）。孟贲是古代的猛士，韩非子比喻人们为了追逐私利会像孟贲一样勇敢，无所顾忌，唯利是图。

（二）与告子的辩论

孟子所处的战国时代，是思想自由、百家争鸣的时代。百家争鸣意味着思想繁荣，也存在着思想混乱。孟子为了捍卫儒家思想的正统性和纯洁性，不得不进行辩论，"予岂好辩哉，予不得已也"（《滕文公下》）。好辩既要同各种非儒家思想言行论辩，又要同各种非正统儒家思想言行论辩。孟子似乎不太喜欢好辩的名声，而好辩却使孟子的思想得以确立和完善，好辩是孟子思想形成的重要环节。孟子之性善论主要是通过与告子的辩论而形成的。某种意义上可以说，没有与告子的辩论，就没有孟子的性善论。告子为何人，有的说是墨子的学生，有的说是孟子的学生，如为前者，就是和非儒家思想论辩；如为后者，则是和非正统儒家思想论辩。告子人性论的基本思想是"性无善无不善"，孟子不同意告子的观点，《孟子·告子上》详实记载了两人之间的四组辩论，这是中国哲学史上记录最完整的一次关于人性的辩论。

第一组是"杞柳杯棬"之辩。告子说："性犹杞柳也，义犹杯棬也；以人性为仁义，犹以杞柳为杯棬。"杞柳，属杨柳科植物，可用来编器物；杯棬，是用杞柳等树条编成的杯盘器物。两者既有联系又有区别，区别在于杞柳是原材料，杯棬是制成品；

联系在于杯棬是由杞柳编造而成的，没有杞柳，就没有杯棬。在告子看来，仁义不存在于人性之中，它们就像杞柳与杯棬一样，是两个东西，不能混同。孟子则强调杞柳与杯棬之间的联系，杯棬是顺杞柳之性而制成的，认为仁义与人性是一种顺向关系，两者联系密切，仁义是人性的组成部分。"子能顺杞柳之性而以为杯棬乎？将戕贼杞柳而后以为杯棬也？如将戕贼杞柳而以为杯棬，则亦将戕贼人以为仁义与？率天下之人而祸仁义者，必子之言夫！"意思是，你是顺杞柳树的本性来制作杯棬呢？还是残害它的本性来制作杯棬呢？如果要通过残害杞柳树的本性来制作杯盘，那么也要残害人的本性才能使人具有仁义吗？带领天下人来损害仁义的，一定是你的这种言论吧。

第二组是"以水喻性"之辩。告子说："性犹湍水也，决诸东方则东流，决诸西方则西流。人性之无分于善不善也，犹水之无分于东西也。"湍水是指急流着的水；决诸指打开缺口排水。在告子看来，人性没有固定的善或恶的性质，犹如湍水本身没有必然东流或西流，东边堤坝出现缺口，水就向东边流；西边堤坝出现缺口，水就向西边流。俗话说："人往高处走，水往低处流。"孟子却在水的比喻中发现了水之就下的本性，认为水虽然没有必然东流或西流，却具备"无有不下"的性质。人性之善如同水之就下，是不可改变的本性，"水信无分于东西，无分于上下乎？人性之善也，犹水之就下也。人无有不善，水无有不下"。孟子还用水比喻本性为善的人之所以会做不善之事，是因为后天环境的影响，"今夫水，搏而跃之，可使过颡；激而行之，可使在山。是岂水之性哉？其势则然也。人之可使为不善，其性亦犹是也"。意思是，假如拍打水让它飞溅起来，可以高过人的额头；堵住水道让它倒流，可以引上高山。然而，这难道是水的本性吗？是所处形势迫使它这样的。人之所以能够做坏事，是由于他的本性也像水一样受到了逼迫。

第三组是"生之谓性"之辩。如果说杞柳杯棬之喻和以水喻性，是辩论何为人性的问题，那么，生之谓性则是辩论对性的不同理解。"告子曰：'生之谓性。'孟子曰：'生之谓性也，犹白之谓白与？'曰：'然。''白羽之白也，犹白雪之白；白雪之白犹白玉之白与？'曰：'然。''然则犬之性犹牛之性，牛之性犹人之性与？'"在这段对话中，孟子没有正式阐述自己的观点，也没有从正面批判告子的观点，而是混淆告子使用的生与性以及白羽、白雪、白玉之白和犬之性、牛之性、人之性等概念，将其归谬，进而驳倒告子。在告子看来，"生之谓性"，凡是生来即有的东西都包含在性的范围之内，既包括人的社会性和道德品质，又包括人的自然性和感官欲望。孟子不同意告子的观点，认为告子对于性的笼统理解无法把人与其他存在区别开来，即无法区分人的社会性与自然性，就像以白为性，无法把白羽、白雪和白玉区别开来；以生为性，无法把犬、牛和人区别开来。在孟子看来，人的本性只包括社会性和道德品质，而不包括自然性和感官欲望。犬、牛虽然和人一样都有感官欲望和生理需求，而犬、牛却永远不会具备人的良心和道德品质。

第四组是"仁义内外"之辩。辩论的焦点不是仁之内外，而是义之内外，告子主张义外，孟子主张义内。告子说："食色，性也。仁，内也，非外也；义，外也，非内也。"孟子问告子为什么说仁内义外呢？告子回答："彼长而我长之，非有长于我也；犹彼白而我白之，从其白于外也，故谓之外也。"意思是，他年纪大所以我尊敬他，并不是我内心原本就尊敬他。正如白色的东西我认为它白，是根据它外表的白色，所以说义是外在的。从告子的回答可知，其所谓的义是指事实判断，而孟子对义的理解是价值判断。所以孟子问告子，你所谓的义在年长者的一方还是在尊敬年长者的一方呢，"异于白马之白也，无以异于白人之白也；不识长马之长也，无以异于长人之长与？且谓长者义乎？长之者义乎？"在孟子看来，义不存在于外在的年长者一方，而存在于尊敬年长者一方，即存在于以长者为长并由此产生恭敬之心的人之中，这好比是"耆炙"，可以"耆秦人之炙"，也可以"耆吾炙"，其根据不在"炙"上面，而在于我们具有的"耆炙之欲"。"曰：'吾弟则爱之，秦人之弟则不爱也，是以我为悦者也，故谓之内。长楚人之长，亦长吾之长，是以长为悦者也，故谓之外也。'曰：'耆秦人之炙，无以异于耆吾炙，夫物则亦有然者也，然则耆炙亦有外与？'"意思是，告子说，是我的弟弟就爱他，是秦国人的弟弟就不爱他，爱不爱是由我自己内心决定的，所以说仁是内在的。尊敬楚国的长者，也尊敬我自己的长者，尊敬与否，是由年长这个外在因素决定的，所以说义是外在的。孟子反驳说，喜欢吃秦国人的烤肉，和喜欢吃自己的烤肉没什么不同，事情也有这种情况，那么，喜欢吃烤肉的心也是外在的吗？

　　孟子与告子的辩论往往以气势取胜，从形式逻辑而言，并不严密，有时还偷换概念，强词夺理。而告子的观点确有许多疏漏之处，这为孟子驳倒告子提供了条件。宋儒陆九渊认为，孟子是在批驳告子的过程中建立起性善论的。"告子与孟子，并驾其说于天下，孟子将破其说，不得不就他所见处，细与他研磨。一次将杞柳来论，便就他杞柳上破其说。一次将湍水来论，便就他湍水上破其说。一次将生之谓性来论，又就他生之谓性上破其说。一次将仁内义外来论，又就他义外上破其说。穷究异端，要得恁地使他无语，始得。"①

————————

① 《陆象山全集》卷三十四，中国书店出版社1992年版，第274-275页。

（三）孟子之性善论

孟子继承发展了孔子的仁学，把孔子具有性善倾向的人性思想发展为性善论。"滕文公为世子，将之楚，过宋而见孟子。孟子道性善，言必称尧舜。"（《滕文公上》）朱熹注云："孟子之言性善，始见于此，而详具于《告子》之篇。然默识而旁通之，则七篇之中，无非此理。"（《四书章句集注》）孟子立足于天命，为性善论提供形而上根据。为了证明天是性善的终极原因，孟子引用了《诗经》："天生蒸民，有物有则。民之秉彝，好是懿德。"孟子立足于生命体验，为性善论确立事实依据。孟子通过观察和体验，认为人人都有不忍人之心，即对他人的怜悯、同情和仁爱之心。孟子立足于类的概念，为性善论导出理论依据。在孟子看来，人作为类的存在，必定具有同样的本性；无论是道德高尚的圣人，还是普通的老百姓，他们都属于人的范畴，既然圣人可以为善，具有善性，那普通人也有善性，能够向善为善，"故凡同类者，举相似也，何独至于人而疑之？圣人与我同类者"（《告子上》）。

在儒学发展史上，孟子是第一位全面系统论述人性问题的大儒，他建立的性善论，对后世影响深远而宽广，宋朝理学，原是孟子一脉；明朝心学，无非性善余波。心、性、命、情、才，是孟子之性善的主要概念。概念是思维的基本要素和单位，反映客观事物的一般属性和本质特征。心、性、命、情、才，既是孟子之性善的有机组成部分，又是理解和把握孟子之性善的前提。

在《孟子》一书中，心具有重要地位，基本涵义相当于头脑。古代社会，人们一般是以心为脑，认为心有认知功能和道德功能，对于性善论而言，是指心的道德功能，而非认知功能。在孟子看来，心的道德功能就是不忍人之心，"人皆有不忍人之心。先王有不忍人之心，斯有不忍人之政矣。以不忍人之心，行不忍人之政，治天下可运之掌上"（《公孙丑上》）。

在《孟子》一书中，性与命是联系在一起阐述的。性字由生字演化而来，傅斯年认为："先秦典籍中并无独立之性字，只有生字；《论语》《孟子》《荀子》之性字原本也是生字，由后人改动才为性字。"① 无论性字还是生字，都是指生而即有的属性，与生俱来的品质。孟子用性与命两个概念区分了生而即有的属性，一种是口目耳鼻和四肢的自然属性，另一种是仁义礼智的社会属性，自然属性为命不为性，社会属性为性不为命，并以人的社会属性和道德品质为人性善立论，"口之于味也，目之于色也，耳之于声也，鼻之于臭也，四肢之于安佚也，性也，有命焉，君子不谓性也。仁之于父子也，义之于君臣也，礼之于宾主也，智之于贤者也，圣人之于天道也，命也，有性焉，君子不谓命也。"（《尽心下》）孟子区分性与命，有着非常积极的意义，使人们明确道德根据就在自己心中，是人的本性固有的。

在《孟子》一书中，情与才都是指质性，情和才与性是相通的，"乃若其情，则可以为善矣，乃所谓善也。若夫为不善，非才之罪也"（《告子上》）。赵岐注解性与情是表里关系："性与情，相为表里，性善胜情，情则从之。《孝经》曰：'此哀戚之情。'情从性也，能顺此情，使之善者，真所谓善也。若随人而强作善者，非善者之善也。若为不善者，非所受天才之罪，物动之故也"（《孟子注疏》）。杨伯峻注释性与情、才为同一关系："情，才，皆谓质性。戴震《孟子字义疏证》云：'情犹素也，实也。'《说

---

① 刘梦溪主编：《中国现代学术经典·傅斯年卷》，河北教育出版社1996年版，第34—36页。

文》：'才，草木之初也。'草木之初曰才，人初生之性亦可曰
才。"（《孟子译注》）

要而言之，心、性、命、情、才既有联系又有区别，心是根
据；性是人的社会性，是心的表现；命是人的自然性，与社会性
共同构成人的存在；情是生命的最初状态；才是草木之初，意指
人的初生之质。这五个概念从不同角度论证了人性本善，建构起
孟子的性善论大厦，"尽其心者，知其性也。知其性，则知天矣。
存其心，养其性，所以事天也。夭寿不贰，修身以俟之，所以立
命也"（《尽心上》）。人性善的关键是要知性养性。

人性本善是孟子的基本观点。孟子以人有相同的自然性开展
论证，"口之于味也，有同耆焉；耳之于声也，有同听焉；目之于
色也，有同美焉"。所以，天下人都希望成为像易牙那样的美厨、
师旷那样的音乐家和子都那样的美男子，"至于味，天下期于易
牙，是天下之口相似也。惟耳亦然。至于声，天下期于师旷，是
天下之耳相似也。惟目亦然。至于子都，天下莫不知其姣也。不
知子都之姣者，无目者也"。在孟子看来，人的社会性如同自然性
一样，也有相同的内容，"至于心，独无所同然乎？心之所同然者
何也？谓理也，义也。圣人先得我心之所同然耳。故理义之悦我
心，犹刍豢之悦我口"。意思是，说到心，难道就单单没有什么相
同的了吗？人心所公认的东西是什么？是理，是义。圣人先于普
通人得知了我们心中共同的东西。因此，理义使我心愉悦，就像
牛羊猪狗的肉合我的口味一样。

孟子把人性善的内容概括提炼为"四心"，具体化为仁义礼
智。所谓仁义礼智，是指恻隐、羞恶、恭敬和是非之心，"恻隐之
心，仁也；羞恶之心，义也；恭敬之心，礼也；是非之心，智
也"。孟子认为，仁义礼智是人人共有的普遍现象，而不是个别人
拥有的品质，"恻隐之心，人皆有之；羞恶之心，人皆有之；恭敬

之心，人皆有之；是非之心，人皆有之"。孟子明确提出仁义礼智是先天固有、与生俱来的，而非后天形成的，"仁义礼智，非由外铄我也，我固有之也，弗思耳矣。故曰：'求则得之，舍则失之。'或相倍蓰而无算者，不能尽其才者也"（《告子上》）。意思是，仁义礼智，不是外人教我的，是我原本就有的，只是没深入思考过罢了。所以说，一经探求就会得到它，一经放弃就会失掉它。人们之间有相差一倍、五倍甚至无数倍的天赋资质，只是有的人不能全部发挥出天赋资质。

虽然孟子以人的自然性说明人性善是先天固有的本性，但孟子还是区分了人的自然性与社会性，认为人性善和人的社会性才是人的本质规定，是人与动物的根本区别，"人之所以异于禽兽几希，庶民去之，君子存之。舜明于庶物，察于人伦；由仁义行，非行仁义也"（《离娄下》）。朱熹注云："几希，少也。"（《四书章句集注》）人与动物在饥渴饮食等一般生理刺激反应上都是相同的，区别仅仅在于人性善，没有善性，就不是人。"由是观之，无恻隐之心，非人也；无羞恶之心，非人也；无辞让之心，非人也；无是非之心，非人也"（《公孙丑上》）。孟子不仅区分了人的自然性与社会性，而且认为人的社会性比自然性重要，为此提出了大体与小体的概念。大体是指仁义礼智等社会本质，小体是人的耳目口腹之欲等自然本性。在孟子看来，人人都爱惜自己的身体，爱惜身体的每一个部分，"人之于身也，兼所爱。兼所爱，则兼所养也。无尺寸之肤不爱焉，则无尺寸之肤不养也"。然而，身体每一部分并不是同等重要的，孟子强调要养其大体，勿以小失大，这是区分大人与小人的标准，也是区分人的道德品质高低的依据，"体有贵贱，有小大。无以小害大，无以贱害贵。养其小者为小人，养其大者为大人"。孟子不仅看到了人的社会性重于自然性，而且看到了两者之间的联系，认为人的自然性应当受到社会性的制约，人的自然性只有服从于社会性时才有意义，"饮食之人，则人贱之矣，为其养小以失大也。饮食之人无有失也，则口腹岂适为尺寸之肤哉？"（《告子上》）意思是，只在吃喝上下功夫的人，人们看不起他，因为他保养小的部分，而失掉了大的部分。如果讲究吃喝的那些人没有丢掉思想的培育，那么他们吃喝的目的难道是只为了保养口腹这些小的部分需要吗？如果人的自然本质不被社会性所约束，人就会退化为动物，正如马克思所言："诚然，饮食男女等等也是真正人类的机能。然而，如果把这些机能同其他人类活动割裂开来，并使它们成为最后的和唯一的终极目的，那么，在这样的抽象中，它们就具有动物的性质。"[①]

孟子强调了人性善是先天固有的，却没有否定后天的努力和环境的作用，"富岁，子弟多赖；凶岁，子弟多暴，非天之降才尔殊也，其所以陷溺其心者然也"。孟子以牛山草木的存否为例说明后天和环境的重要。牛山本来有很多草木，因为在城市旁边，不断有人砍伐，又放牧养牛养羊，导致牛山没有了草木，光秃秃的。孟子问，这难道是牛山本来的面目吗？孟子进而论证人性也和牛山一样，不能因为有的人像禽兽一样做坏事，泯灭善性，就认为他的本性是恶的，"人见其禽兽也，而以为未尝有才焉者，是岂人之情也哉？故苟得其养，无物不长；苟失其养，无物不消。孔子曰：'操则存，舍则亡；出入无时，莫知其乡。'惟心之谓与？"（《告子上》）孟子没有否定后天和环境的作用，是因为人性善并不是实然的人性，而是应然的人性，指人心中所含有的先天向善的倾向性和可能性。孟子把人性中向善的倾向称之为"端"："恻隐之心，仁之端也；羞恶之心，义之端也；辞让之心，礼之端也；是非之心，智之端也。人之有四端也，犹其有四体也。"（《公孙

---

① 马克思：《1844 年经济学哲学手稿》，人民出版社 1979 年版，第 51 页。

丑上》）朱熹将端解释为绪："端，绪也。因其情之发，而性之本然可得而见，犹有物在中而绪见于外也。"（《四书章句集注》）端也好，绪也好，都是萌芽的意思，萌芽要开花结果，长成参天大树，就必须有人为的培育和环境的影响，孟子称之为扩而充之，即将人心中处于细微状态的善性扩充为人的行动并外推至他人，"凡有四端于我者，知皆扩而充之矣，若火之始然，泉之始达。苟能充之，足以保四海；苟不充之，不足以事父母"（《公孙丑上》）。

怎样培育和扩充人之善性，孟子提出了思的修养原则，"诚身有道，不明乎善，不诚其身矣。是故诚者，天之道也；思诚者，人之道也"（《离娄上》）。孟子认为，思是人心的活动，而不是感官的活动；思是思人的社会性和仁义礼智，而不是思人的自然性和感官欲望，"耳目之官不思，而蔽于物。物交物，则引之而已矣。心之官则思，思则得之，不思则不得也"（《告子上》）。思的最大障碍是欲望过多过滥，孟子强调要寡欲，"养心莫善于寡欲。其为人也寡欲，虽有不存焉者，寡矣；其为人也多欲，虽有存焉者，寡矣"（《尽心下》）。孟子提出了反求诸己的修养方法，"爱人不亲，反其仁；治人不治，反其智；礼人不答，反其敬。行有不得者皆反求诸己，其身正而天下归之"（《离娄上》）。践行仁义和性善，有可能得不到别人的理解和认同，就要自我反省。当然，反躬自省是有一定限度的，再三反省后发现自己已经实践善性，并无不妥之处时，就要理直气壮指斥那些横逆之人，"自反而忠矣，其横逆由是也。君子曰：'此亦妄人也已矣。如此，则与禽兽奚择哉？于禽兽又何难焉？'是故君子有终身之忧，无一朝之患也"。意思是，自我反省之后认为自己是忠心耿耿的，那粗暴无理的人还是这样。君子就说，这是个狂妄的人罢了。既是这样，他和禽兽有什么区别呢？对于禽兽还有什么可责备的呢？因此，君子有终身的忧虑，而没有意外的痛苦。孟子提出了求其放心的修养路径。放心与存心相对立，意味着丢失了人的善性。存心是要保持内心所具有的善性，"君子所以异于人者，以其存心也。君子以仁存心，以礼存心"（《离娄下》）。存心是一个艰难修身养性的过程，并不是人人都能做到存心，每个人也不是任何时候任何情况下都能存心的。当人不能存心之日，就是放心之时，则要加强自我修身和道德修养，把丢失和放弃的人心寻找回来，"仁，人心也；义，人路也。舍其路而弗由，放其心而不知求，哀哉！人有鸡犬放，则知求之；有放心而不知求。学问之道无他，求其放心而已矣"（《告子上》）。

人是造物主的杰作和最完美的作品。造物主生发了宇宙万事万物，造就了无数作品，却没有一件作品能够与人媲美。生为人类的一员，确实应当感到荣幸。然而，人性问题一直困扰着人类。法国思想家卢梭认为："人类的各种知识中最有用而又最不完备的，就是关于'人'的知识。"① 古今中外所有思想家或从经验观察和生活体验的角度，或从逻辑思辨和理论设计的角度，都对人性进行思考和探究，提出了各自不同的人性论，至今仍没有统一的认识。也许人太复杂了，既是精神的又是物质的，既是灵魂的又是肉体的，既是理性的又是感性的，既有目的、道德和思想意识，又有情感、欲望和生理需求。苏东坡吟庐山诗云："横看成岭侧成峰，远近高低各不同。"对于人性的探索，地位有差异，看法就会不同；角度一变换，认识就难一致，人类可能很难对人性形成共识。这虽然有些悲观，却不否定前人已经作出的探索和取得的成就，也不妨碍人们继续探索人性的问题。只要人类存在，人

---

① 〔法〕让·雅克·卢梭著，李常山译：《论人类不平等的起源和基础》，商务印书馆 1997 年版，第 62 页。

们对人性的探索将永无止境。西谚说："人是什么，一半是野兽，一半是天使。"或许有些道理。我们憧憬人性善，却不能对人性恶的存在视而不见、听而不闻；我们知道人性恶，却要坚持不懈、持之以恒地追求人性善。

三、尽心存心

　　孟子能在儒家学派和先秦诸子中脱颖而出，成为亚圣和古代伟大的思想家，不仅在于他继承了孔子的思想，而且在于他发展完善了仁学；不仅在于他继承了仁学和德治理论，而且在于他创造性地提出了性善论、民本论和仁政论；不仅在于他继承了仁义礼智概念，而且在于他创新性地提出了心的概念，"人皆有不忍人之心"（《公孙丑上》）。围绕心的概念，建构了比较完整的心论，以心善言性善，与性善互为表里，相得益彰。

　　孟子之心论使心成为传统文化的关键词和核心概念，对后世儒学产生了重大影响，宋朝理学的基础是"心具万理"，其源头则是孟子之心论，朱熹认为："心包万理，万理具于一心，不能存得心，不能穷得理。不能穷得理，不能尽得心。"（《朱子语类》）与朱熹同时的陆九渊提出了"心即理"的观点。明朝王阳明是心学集大成者，统一了心、良知、天理诸范畴，"天下之事虽千变万化，而皆不出于此心之一理；然后知殊途而同归、百虑而一致"（《阳明全传·博约说》）。在先秦人性论思潮中，诸子百家可以言性言善言恶，却没有人言心的，张岱年认为："孔墨老都没有论心的话；第一个注重心的哲学家，当说是孟子。"[1] 蒙文通甚至认为，孟子之心论是划分言性与言心的时代标志，改变思想学术的

---

　　① 张岱年：《中国哲学大纲》，中国社会科学出版社 1982 年版，第 233 页。

方向，"故孟子虽以性善为说，而言性之说少、言心之事多，正以济说之难而易之以本心也。殆亦有所困而不得不然者也。由是世硕、告子以来争言性，变而为《管》书、荀卿以后之争言心，此孟子之所以截然划分时代者也。"[1]

（一）心与脑

在中国古代，心的概念驳乱复杂，既是人体生理上的重要器官，又能像大脑一样具有思维功能，当它与天地万物相配时还具有本体意义。《说文解字》释为："人心，土藏，在身之中。象形。博士说以为火藏。凡心之属皆从心。"意思是，人的心脏，属土的脏器，在身躯的中部。象形字。依博士的学说，把心当作属火的脏器。大凡心的部属都从心。对于土藏，徐灏《说文段注笺》引"五行"学说："古《尚书》说：脾，木也；肺，火也；心，土也；肝，金也；肾，水也。"饶炯《部首订》认为："古《尚书》说为土藏者，五行土位于中，举五藏之部位言之。"如果不去评论"五行"学说，那么古人对心的基本认识是正确的，即心是人体内推动血液循环的器官，是人体中最重要的器官，人的死亡标志就是心脏停止跳动。

然而，对于心的功能认识，古人与今人有着明显差异，涉及心与大脑的关系，思维到底是心的功能还是大脑的功能。古人一般把心看成是思维的器官，《黄帝内经·素问》认为："心者，君主之官也，神明出焉""心者，五脏六腑之大主也""故悲哀愁忧则心动，心动则五脏六腑皆摇。"《类经》说得更具体："心为五脏六腑之大主，而总统魂魄，并该意志。故忧动于心则肺应，思

---

① 《中国现代学术经典·廖平、蒙文通卷》，河北教育出版社 1966 年版，第 520 页。

动于心则脾应，怒动于心则肝应，恐动于心则肾应，此所以五志惟心所使也。"孟子也持类似的观点："心之官则思。"（《告子上》）不独中国古人这样认识，古希腊亚里士多德也把心脏看作是精神活动的器官。当然，大多数古希腊学者认为思维属于大脑的功能。毕达哥拉斯认为，一个人分为灵魂与肉体两部分，理性、智慧、情欲属于灵魂范畴，理性、智慧发生于脑，情欲则发生于心。医学之父希波克拉底指出，人的精神现象是大脑的产物，心脏不具有心理活动的功能。柏拉图认为大脑是精神活动的器官。这和现代医学的研究基本相符，即大脑是中枢神经最大和最复杂的结构，由左、右两个半球组成，两半球间有横行纤维相联系；大脑主导机体内一切活动过程，调节机体功能，是意识、精神、语言、学习、记忆和智能等高级神经活动的物质基础。

心与脑尤其是心，不仅是医学和自然科学的话题，而且是哲学的话题。从医学和自然科学看待心与脑，比较简单，就是人体的两个不同器官，而从哲学的角度分析，心就不仅仅是心脏，更是心理、灵魂、意识、精神。对于心理、灵魂、意识和精神，能否仅仅归结为大脑的思维活动，古今中外都很关注，也存在着不同认识。中国传统文化主要是中医文化就有"心主神志"与"脑为元神之府"的不同看法。心主神志，是《黄帝内经》的基本观点，"心者，生之本，神之变也"；"精神之所舍也"。《黄帝内经》认为心主神志，源于"心主血脉"的生理功能，即心是推动血液在脉道中循行，以涵养全身的脏腑器官，维持正常的生理活动，进而为神志活动提供物质基础，"心藏脉，脉舍神"。脉为血脉，说明人的心理活动和精神现象，与心所营运的血液是分不开的，血脉充盈，则神志清晰，思考敏捷，精神旺盛，"血者，神气也"；"血脉和利，精神乃居"。反之，如果心血不足，脉道空虚，则会导致心神的病变，发生心悸失眠、精神不宁、多疑、健忘等症状。脑为元神之府，是李时珍在《本草纲目》中提出的观点："肺开窍于鼻，而阳明胃脉环鼻而上行，脑为元神之府，鼻为命门之窍；人之中气不足，清阳不升，则头为之倾，九窍为之不利。辛夷之辛温走气而入肺，能助胃中清阳上行通于天，所以能温中，治头面目鼻九窍之病。"李时珍似在阐述辛夷这味药时顺便提及的看法，却引发了中医界和传统文化到底是心还是脑主神志的激烈讨论，一般学者主张心脑共主神志，"脑中为元神，心中为识神。元神者，藏于脑，无思无虑，自然虚灵也；识神者，发于心，有思有虑，灵而不虚也"（张锡纯：《医学衷中参西录·人身神明诠》）。

无独有偶，现代科学主要是心理学界也一直在讨论心与脑的关系，或者说意识及其脑本体的关系，可分为三种不同倾向的观点，一种倾向是强调意识分析或意识研究，像构造主义心理学、格式塔学派和精神分析学派，都关注研究以及怎样研究心理和意识现象，而不太关注心理和意识的脑生理基础；另一种是倾向脑本体的研究，像实验心理学、机能心理学派都强调心理和意识的脑基础研究，特别是谢切诺夫—巴甫洛夫学派建立的条件反射理论，把一切心理意识现象都归之于脑的反射活动，"脑是这样一种机构，当它因任何原因引起运动时，最终的结果是产生一系列表征心理活动的外部现象。"[1] 还有一种是行为主义心理学派的观点，他们认为人类除了行为，根本不存在什么意识现象；心理学的任务和目的是研究发现人究竟如何由刺激产生反应的行为变化规律，而不是研究人的心理和意识，更谈不上研究意识及其脑本体的关系。人的思维是一个复杂的精神组合与心理计较的过程，很难单一地归结为心理活动或大脑思维。当代脑科学通过对脑神经元、神经元联结的神经网络以及人脑整体的研究，认为要对心

---

① 《谢切诺夫选集》，人民卫生出版社1957年版，第138页。

与脑进行综合研究，既不能忽视脑本体的作用，又不能忽视心理活动对脑本体的反作用，最为科学的研究是探讨心与脑的互相作用，及其产生的感觉、表象、记忆、思维、激情、意志等各种心理和意识现象。

（二）先秦儒家的心性

孟子之心论源于西周以来对人性的认识和探索。任何认识和探索都是演进和逐步深化的，具体表现为不断提出新的范畴。范畴是反映现实中各种事物和现象的最一般和最本质的特征、方面和关系的逻辑概念，帮助人们更深刻地认识把握客观对象和周围世界。某种意义上可以说，人类认识进步的历史也就是范畴演进的历史，每当新的范畴出现，都表明人类对客观现象和周围世界有了新的认识和进步。而且，人类的认识总是由浅入深、由表及里、由初级阶段向更高阶段不断发展的过程，也是新的范畴不断涌现的过程，永无止境，永不停息。孟子之前对人性的探索，凝结为德、仁、性三个范畴，在西周初期，德的范畴是对人性的基本认识；春秋时期，孔子把德的认识发展演进为仁的范畴；战国时代，思孟学派则把仁的认识升华为性的范畴。如果说德与仁是在社会实践层面对人性认识的结晶，那么，性则是在形而上的范围探索人性问题；如果说德与仁是伦理道德范畴，那么，性则是哲学范畴。

西周之德。德的思想大概滥觞于殷商时期，甲骨文有类似的字形，含义为行正、目正。西周时，金文有德字，比甲骨文多了一个心，意指行正、目正外，还要心正，具有伦理道德意义；引申为直视所行之路的方向，遵循本性本心，顺应自然便是德。西周统治者重视德的概念，不仅因为德是对人性的认识，而且因为殷周王朝更替，传统的天命观受到质疑，急需新的观念对西周王朝的建立作出合理性和合法性解释；需要有新的观念为新王朝政治统治建立价值规范。德的观念因此进入了西周统治者尤其是周公的视野，被纳入西周王朝的政体和治道之中，发展成为重要的政治伦理范畴。周公以德为指导，将德外化为礼乐，制礼作乐，严格规定了社会等级秩序和人的行为准则。在周公那里，首先提出了以德配天，以说明新王朝的合理性和合法性。西周统治者没有否定天命，却认为天命是会变化的，变化的根据在于统治者是否有德；天命只授予有道德的统治者，"皇天无亲，惟德是辅。民心无常，惟惠之怀。为善不同，同归于治"（《尚书·蔡仲之命》）。殷商的灭亡在于商纣王失德，西周的建立则在于周文王有德，"我道惟宁王德延，天不庸释于文王受命。"（《尚书·君奭》）同时提出了敬德保民，以作为维护周王朝长期统治的指导思想。《尚书·召诰》明确："王敬所作，不可不敬德。"《尚书·梓材》强调："欲至于万年，惟王子子孙孙永保民。"敬德与保民互相联系，敬德是保民的内容，保民是敬德的形式。王国维对此给予高度评价，认为敬德保民是文武周公平治天下的精髓，"其所以祈天永命者，乃在德与民二字，……文武周公所以治天下之精义胥在于此。"[1] 此外，周公还提出了明德慎罚的观点，以处理和平衡德与刑两种统治手段；提出了任德尚贤的用人观，强调将德作为选人用人的标准，实现有其德者有其位。周公告诫成王："立政，用憸人，不训于德，是罔显在厥世。继自今立政，其勿以憸人，其惟吉士，用励相我国家。"（《尚书·立政》）意思是，假如设立官员，任用贪利奸佞的人，不依循于德行，君王终其一世都不会有光彩。从今之后设

立官员，千万勿用贪利奸佞之人，而要任用善良贤能之人，努力帮助我们治理好国家。

孔子之仁。春秋时期，周王朝衰败，按照德的标准建立的礼乐制度既弊端丛生又摇摇欲坠，很多人把周王朝的衰败归结为政治伦理之衰败，即"天厌周德"（《左传·隐公十一年》）。孔子却认为周朝的礼乐制度是好的，"郁郁乎文哉！吾从周"（《论语·八佾》）。春秋时发生的礼崩乐坏局面，主要原因在于人们对德的信仰产生了动摇；恢复周礼，就要把德的理念从政治范畴转变为道德范畴，从外在要求转变为人们的内心约束。孔子在西周之德的基础上提出了仁的范畴，联结仁与德的重要概念是孝。西周王朝适应宗法等级社会结构的需要，既重视德的范畴，又重视孝的观念，经常是孝与德并称，"天子明德，显孝于神"（西周金文《克鼎》）。《论语·学而》则强调："君子务本，本立而道生。孝弟也者，其为仁之本与！"在孔子看来，仁的本质是爱人，而且，仁与礼紧密相关，爱人就是要遵守相应的礼义制度和道德规范。"颜渊问仁。子曰：'克己复礼为仁。一日克己复礼，天下归仁焉。为仁由己，而由人乎哉？'颜渊曰：'请问其目。'子曰：'非礼勿视，非礼勿听，非礼勿言，非礼勿动。'颜渊曰：'回虽不敏，请事斯语矣。'"（《论语·颜渊》）孔子认为，爱人是由亲及疏、由己及人、由近而远的逐步扩充过程，最基本的是要爱家庭亲人，"仁者，人也，亲亲为大"（《中庸·第二十章》）。在家庭内要父慈子孝，孝敬父母；兄友弟恭，友爱兄弟姐妹。有了家庭之爱后，就要爱宗族和邻里，弟子问怎样才能算一个合格的读书人："何如斯可谓之士矣？"孔子回答："宗族称孝焉，乡党称弟焉。"（《论语·子路》）意思是，宗族里称赞他孝顺，乡里的人称赞他友悌。有了宗族和邻里之爱后，还要"泛爱众"，现代语言则是要爱国家、爱民族、爱人类，进而实现"四海之内，皆兄弟也"（《论语·颜渊》）。孔子之仁是对西周之德的继承和超越，而不是抛弃和否定，杨向奎认为："没有周公就不会有传世的礼乐文明，没有周公就没有儒家的历史渊源""以德、礼为主的周公之道，世世相传，春秋末期遂有孔子以仁、礼为内容的儒家思想。"①

子思之性。子思是孔子的孙子，子思的门人再传孟子，形成了孔子之后的思孟学派。子思作《中庸》，上承孔子的中庸思想，下启孟子的心性之论，极大地影响了后世儒家思想。子思继承了孔子仁的思想，抽象升华为性的范畴，既为先秦儒家的人性认识提供了形而上依据，又使儒家的人性认识从道德范畴转化为哲学范畴。在子思看来，人的本性禀赋源于天，天命成了人之为人的根源，遵循天命率性而为是为人处世的大道，"天命之谓性，率性之谓道，修道之谓教。道也者，不可须臾离也，可离，非道也"（《中庸·第三十一章》）。在子思看来，联结天命与人道的中介是诚，诚上通天命，下括万物，既是天地之当然，又是人道之应然；既是宇宙的运行法则，又是做人的主要原则，"诚者，天之道也；诚之者，人之道也"（《中庸·第二十章》）。朱熹释诚为"真实无妄"（《四书章句集注》）。徐复观解释为"仁心之全体呈现，而无一毫私念入其中的意思"②。在子思看来，人性的基本内容是仁与知，"诚者，非自成己而已也。所以成物也。成己，仁也；成物，知也；性之德也，合外内之道也，故时措之宜也"（《中庸·第二十五章》）。意思是，真诚并不是自我完善就够了，而是还要完善其他事物。自我完善是仁，完善事物是智。仁与智是出于人之本性的德行，是融合自身与外物的准则，所以在任何时候施行都是适宜的。在子思看来，由于诚贯通了天、地、人、

---

① 杨向奎：《宗周社会与礼乐文明》，人民出版社 1992 年版，第 136、239 页。
② 徐复观：《中国人性论史（先秦篇）》，上海三联书店 2001 年版，第 131 页。

物，人生就可以通过不同的修身路径来认识人的本性，显现人的本性和实践人的本性，"自诚明，谓之性；自明诚，谓之教。诚则明矣，明则诚矣"（《中庸·第二十一章》）。所谓自诚明，是指人从觉悟自身的本性入手，逐步向外扩充，最后通达万物；自明诚，则要求人通过道德践履来体悟人性，最后通达天命。无论自诚明还是自明诚，都是以至诚为目的，充分显现人的本性，达到天人合一的境界，"唯天下至诚，为能尽其性；能尽其性，则能尽人之性；能尽人之性，则能尽物之性；能尽物之性，则可以赞天地之化育；可以赞天地之化育，则可以与天地参矣"（《中庸·第二十二章》）。

（三）孟子之心论

一般认为，孟子言性善，肯定会较多地运用性的范畴，实则不然，《孟子》一书中更多的是运用心的范畴，有 121 次，而运用性的范畴则少得多，只有 37 次。在人性的认识上，孟子更重视心的范畴。孟子之心是从子思之性发展出来的，如果说子思之性还是一个抽象性的范畴，对人性的认识还停留在形而上层面，那么，孟子之心论则是一个具体性的思辨体系；如果说子思之性联系天命与人道的中介是诚，那么，孟子则以心为中介，联系着天命与人道，"诚者，天之道也；思诚者，人之道也"（《离娄上》）。孟子之心论逻辑地综合德、仁、性范畴，既有形上之道的抽象，又有形下之器的具体，继承了孔子之仁，又从形上的高度超越了孔子之仁；继承了子思之性，又从形下的角度丰富了子思之性。孟子之心论是集先秦儒家人性认识之大成，也是先秦诸子关于人性认识所能达到的高峰，从而使孟子及其思想卓尔不群，雄视千古。

　　心是孟子之心论的基本范畴。在《孟子》一书中，心具有多种含义，有时相当于认知功能，指思维和思考。《孟子·公孙丑下》记载：孟子因与齐王不合而离开齐国，多停留了三天。有个叫尹士的齐国人不满地说，既然与齐王不合，为什么不赶快离开呢？孟子回答时用了心的概念，表示思考和想问题："夫尹士恶知予哉？千里而见王，是予所欲也；不遇故去，岂予所欲哉？予不得已也。予三宿而出昼，于予心犹以为速，王庶几改之！"有时相当于心理活动，指情感和志愿。《孟子·公孙丑上》记载：公孙丑与孟子的对话，用了好几次心字，表示志向和愿望："公孙丑问曰：'夫子加齐之卿相，得行道焉，虽由此霸王，不异矣。如此，则动心否乎？'孟子曰：'否；我四十不动心。'"有时从政治的角度指民意："仁言不如仁声之入人深也，善政不如善教之得民也。善政，民畏之；善教，民爱之。善政得民财，善教得民心。"（《尽心上》）

　　总体而言，孟子之心是一颗博大的道德之心，内含道德理念、规范和情感，而不仅仅是大脑的知识，也不仅仅是心理的情感情绪。道德之心是心之全体，融合了大脑知识与心理情感，是由心与脑共同建构而又超越于心和脑的整体精神概念；道德之心是性之全体，汇集了自然之性与社会之性，是由身体与心灵共同建构而又超越于身体和心灵的全部心理活动，"故曰，口之于味也，有同耆焉；耳之于声也，有同听焉；目之于色也，有同美焉。至于心，独无所同然乎？心之所同然者何也？谓理也，义也。圣人先得我心之所同然耳。故理义之悦我心，犹刍豢之悦我口"（《告子上》）。唐君毅认为，孟子的刍豢之喻说明心不仅能统摄生命之欲，而且能统摄义理之性，"唯曰此'心'之能统摄'自然生命之欲'，孟子之'即心言性'之说，乃能统摄告子及以前之'即生言性'之说；而后孟子之以'即心言性'代'即生言性'，乃有其决定之理由可说也。"①

本心是孟子之心论的前提。没有本心，就没有孟子之心论。本心在《孟子》一书只出现了一次，却是孟子心论的基础和基本概念。还有一个类似的概念为良心，也出现了一次："虽存乎人者，岂无仁义之心哉？其所以放其良心者，亦犹斧斤之于木也，旦旦而伐之，可以为美乎?"（《告子上》）良心与本心是同一概念，可以互通互换。

在孟子看来，当生与义二者不可得兼时，能够舍生取义的人，是能够保持本心的人，否则，就是丧失本心。这就像有的人为了住上华丽的住宅，为了有娇妻美妾的侍奉，为了得到贫穷和困乏者的恭维，而不辩礼义地接受了往昔怎么也不肯接受的万钟之禄，以致失去了本心，"万钟则不辩礼义而受之。万钟于我何加焉？为宫室之美、妻妾之奉、所识穷乏者得我与？乡为身死而不受，今为宫室之美为之；乡为身死而不受，今为妻妾之奉为之；乡为身死而不受，今为所识穷乏者得我而为之，是亦不可以已乎？此之谓失其本心。"孟子认为，本心是人先天所固有的仁义礼智四心，"乃若其情，则可以为善矣，乃所谓善也。若夫为不善，非才之罪也。恻隐之心，人皆有之；羞恶之心，人皆有之；恭敬之心，人皆有之；是非之心，人皆有之。恻隐之心，仁也；羞恶之心，义也；恭敬之心，礼也；是非之心，智也。仁义礼智，非由外铄我也，我固有之也，弗思耳矣。故曰：'求则得之，舍则失之。'"（《告子上》）朱熹注曰："恻隐、羞恶、辞让、是非，情也，仁、义、礼、智，性也。心，统性情者也。"（《四书章句集注》）此心不是心脏，也不是大脑，而是本心，情之善或性之善的源头，处于本然状态，属于形而上层面。本心是一种善的存在，具有道

---

① 唐君毅：《中国哲学原论》，台北学生书局1989年版，第39页。

德情感指向，发而为情为性。人心本善，自然人性本善，性善正是本心的直接体现。孟子举了儿童的例子，从两个方面说明本心是与生俱来的，不学而知，不虑而能，对于儿童而言，是良知良能，"人之所不学而能者，其良能也；所不虑而知者，其良知也。孩提之童无不知爱其亲者，及其长也，无不知敬其兄也。亲亲，仁也；敬长，义也；无他，达之天下也。"（《尽心上》）对于成人而言，是恻隐之心。所谓恻隐之心，是成年人在儿童将要掉入井里的紧迫情境中，自然而然、情不自禁产生的心理情感，"所以谓人皆有不忍人之心者，今人乍见孺子将入于井，皆有怵惕恻隐之心，非所以内交于孺子之父母也，非所以要誉于乡党朋友也，非恶其声而然也"（《公孙丑上》）。这既使人性本善在本体层面得到验证，也说明在"四心"中，恻隐之心是根本；在"四德"中，仁具有更基础的地位。

存心是孟子之心论的关键。人心本善，孩提阶段的心是善的，而人生却不能停留在孩提阶段，是不断地向少年、青年、中年、老年阶段成长进步的。在成长进步过程中，任何人都会不断地遇到物欲和功名利禄的诱惑。能否经受住诱惑，保持住本心，是任何人都面临的大问题。在孟子看来，能保持住本心的人是有德行的人，"大人者，不失其赤子之心者也"（《离娄下》）。赵岐注云："赤子，婴儿也。少小之心，专一未变化。人能不失其赤子时心，则为贞正大人也。"（《孟子注疏》）针对人生成长过程中不可避免的诱惑和烦恼，孟子提出了存心的观点，以区别君子与一般人，"君子所以异于人者，以其存心也。君子以仁存心，以礼存心。仁者爱人，有礼者敬人。爱人者，人恒爱之；敬人者，人恒敬之"（《离娄下》）。君子与一般人同时成长，而能够高于一般人，主要是因为君子能够存心，保持住本心。

孟子认为，存心要先养其大。大是指人的社会性和义理之性，小是指人的自然性和生物之性。人是义理之性与生物之性的结合体，两者不可分割。存心不是要抛弃人的生物性，而是要先立人的义理之性，先养人的义理之性，"人之于身也，兼所爱。兼所爱，则兼所养也。无尺寸之肤不爱焉，则无尺寸之肤不养也。所以考其善不善者，岂有他哉？于己取之而已矣。体有贵贱，有小大。无以小害大，无以贱害贵。养其小者为小人，养其大者为大人"。这段话中大人与小人之分，如同前述的君子与一般人之区别。孟子进一步举例说明："今有场师，舍其梧槚，养其樲棘，则为贱场师焉。养其一指而失其肩背，而不知也，则为狼疾人。饮食之人，则人贱之矣，为其养小以失大也。"意思是，如果有一个园艺家，把梧桐、楸树丢在一边，而去养护酸枣、荆棘，那他是一个不称职的园艺家。如果有人只保养他的一根手指，而失掉了肩头、后背的功能，自己却还不知道，那便是个糊涂虫。只在吃喝上下功夫的人，人们看不起他，因为他保养小的部分，而失掉了大的部分。同时，存心要求其放心。放心也就是失其本心和放其良心。对于人生修养而言，存心最令人担忧的是放心。放心之后，不仅存不住仁义之本心，而且还会有人生的灾祸，孟子叹息："仁，人心也；义，人路也。舍其路而弗由，放其心而不知求，哀哉！人有鸡犬放，则知求之；有放心而不知求。"孟子强调修身养性，就是要把丢失了的善心找回来、存起来，"学问之道无他，求其放心而已矣"（《告子上》）。作为修身的实践途径，求其放心具有重要意义，只有找回丢失的本心和良心，回到心的本然状态，使之获得自觉的呈现，其内在的仁义价值才能有实践的基础和实现的前提。

养心是孟子之心论的方法。养心与存心密切相关，养心是为了存心，保持住善良的本性和赤子之心。在孟子看来，养心要寡欲。物欲有害于养心，功名利禄和感官欲望最容易侵蚀本心，养心则必须减少欲望，"养心莫善于寡欲。其为人也寡欲，虽有不存焉者，寡矣；其为人也多欲，虽有存焉者，寡矣"（《尽心下》）。意思是，修养心性没有比减少欲望更好的办法。他的为人如果欲望少，即使善性有所缺失，也不会失去很多；他的为人如果欲望很多，那么即使善性有所保留，保留得也不会很多。寡欲不是禁欲，孟子承认"食色，性也"（《告子上》），食色等欲望是不可能禁止的，却可以减少，控制在合理的范围内。朱熹则对"饮食之间，孰为天理，孰为人欲"作出了明确界定："饮食者，天理也；要求美味，人欲也。"（《朱子语类》）

养心要养气，"我善养吾浩然之气"。心领气，气随心，互相配合，共同保持本心。"夫志，气之帅也；气，体之充也。夫志至焉，气次焉；故曰：'持其志，无暴其气。'"养浩然之气，既要合乎正义和道德要求，又要发自内心的努力，持之以恒地坚守，"其为气也，至大至刚，以直养而无害，则塞于天地之间"（《公孙丑上》）。养心要反求诸己。所谓反求诸己，是指事物发展变化的原因，在己不在人，在内不在外。事物发展变化的主动权，完全取决于主体自身的认识、行动和选择。反求诸己是贯穿孟子思想的重要观点，"仁者如射：射者正己而后发；发而不中，不怨胜己者，反求诸己而已矣"（《公孙丑上》）。意思是，实行仁，就好比射箭，射箭的人先端正自己的姿势然后才发射；发射而没有射中，不要埋怨胜过自己的人，反过来找自己的问题就行了。反求诸己是普遍的思想方法，这就要求个人行为要反求诸己，国家和家庭也要反省自己的行为。"孔子曰：'小子听之！清斯濯缨，浊斯濯足矣。自取之也。'夫人必自侮，然后人侮之；家必自毁，而后人毁之；国必自伐，而后人伐之。《太甲》曰：'天作孽，犹可违；自作孽，不可活。'此之谓也。"反求诸己是养心的重要方法，当遇到爱人时，别人不理解；管理别人时，别人不服管理；礼敬别人时，别人无动于衷，都要反过来检讨自己的行为是否适宜。只要自己行为端正了，别人自然会有回报，"爱人不亲，反其仁；治人不治，反其智；礼人不答，反其敬。行有不得者皆反求诸己，其身正而天下归之"。孟子还引用《诗经》激励反求诸己的行为，"永言配命，自求多福"（《离娄上》）。意思是，永远配合上天的命令，自然寻求更多的福分。

尽心是孟子之心论的目的。"尽其心者，知其性也。知其性，则知天矣。存其心，养其性，所以事天也。夭寿不贰，修身以俟之，所以立命也"（《尽心上》）。这段话内涵丰富，内聚着心、性、天、命四个范畴，汇集了尽心、知性、知天、存心、养性、事天、修身、立命八个课题。马一浮认为："天也，命也；心也，性也，皆一理也。就其普遍言之，谓之天；就其禀赋言之，谓之命；就其体用之全言之，谓之心；就其纯乎理者言之，谓之性；就其自然而有分理言之，谓之理；就其发用言之，谓之事；就其变化流行言之，谓之物。"（《复性书院学规》）无论怎样理解和诠释，心都是最重要的范畴，知性知天的基础是尽心；事天立命的前提是存心。

在孟子看来，尽心要成为君子。俗话说，做事先做人，做官先做人。作为理想人格，君子是尽心的首要目标，是主体通过存心养心，塑造理想人格，使人的身体与心灵、言语与行为洋溢着性善的光芒，一见就知有大人之象，一望即晓有君子之貌，"君子所性，仁义礼智根于心，其生色也睟然，见于面，盎于背，施于四体，四体不言而喻"（《尽心上》）。尽心要扩而充之。人之善性最初只是道德萌芽，说明人存在着向善为善的基因和趋向。萌芽能否开花结果，长成参天大树，在于后天的百般呵护和精心培育；善性必须经过自我修养和扩而充之，才能发展成为完美的道德。自我修养是为了塑造君子人格，扩而充之则是在君子人格的基础上入孝出悌、平治天下，"凡有四端于我者，知皆扩而充之矣，若火之始然，泉之始达。苟能充之，足以保四海；苟不充之，不足以事父母"（《公孙丑上》）。尽心要施行仁政。从本质上说，孟子的全部思想都是为政治服务的，其心论也不例外。孟子坚持人性本善，说到底是为良政善治提供终极依据。当齐宣王祭祀以羊易牛时，孟子肯定齐宣王有仁爱之心，"无伤也，是乃仁术也，见牛未见羊也。君子之于禽兽也，见其生，不忍见其死；闻其声，不忍食其肉。"同时，孟子要求齐宣王将仁爱之心用于治理国家，"老吾老以及人之老，幼吾幼以及人之幼，天下可运于掌"（《梁惠王上》）。尽心要无愧于心，"君子有三乐，而王天下不与存焉。父母俱存，兄弟无故，一乐也；仰不愧于天，俯不怍于人，二乐也；得天下英才而教育之，三乐也"（《尽心上》）。能否做到无愧于天和人，关键在心，赵岐注云："不愧天，又不怍人，心正无邪也"（《孟子注疏》）。

雨果有言：世界上最大的是海，比海还要大的是天空，比天空还要大的是人心。在这个世界上，人心最大，真是充满诗意、想象和哲理。这是对人心的礼赞，也是对人心的期盼。诗意，在于把人心与碧波荡漾的大海和蔚蓝明净的天空联系在一起，给人以审美享受。想象，在于人心之大竟然可以超过辽阔的大海和无远弗届的天空，既出人意外又入人意中，感到妙不可言。哲理，在于人心囊括了中国传统文化的真谛。心是儒、释、道三家的逻辑起点和归宿，王弼认为儒道皆以心为本，其注《易·复象》："复者，反本之谓也。天地以本为心者也。"《老子·第三十八章》："是以天地虽广，以无为心，圣王虽大，以虚为主。"佛教则是"三界唯心"，"三界虚妄，但是心作；十二缘分，是皆依心。"（《华严经》）更重要的是，在儒、释、道三家中，心的观念意味着人人平等，人人都可以实现理想人格。理想人格的具象各不相同，却是所信仰者共同认可的，儒家是"人皆可以为尧舜"；释家是"一切众生皆有佛性，皆得成佛"；道家是人人都能"羽化而登仙"。然而，在现实生活中，人心之大、人性之善只是一种可能和倾向，能否由可能转变为现实、由倾向发展为大势，则完全取决于主体的选择和人自身的修养。由此想到孟子的"不能"与"不为"之辩："挟太山以超北海，语人曰：'我不能。'是诚不能也。为长者折枝，语人曰：'我不能。'是不为也，非不能也。"（《梁惠王上》）对于任何人而言，实现人性之善，追求人心之大，不是能不能的问题，而是为不为的问题。

四、父子有亲

　　百善孝为先。孝是中华民族的传统美德，孝文化源远流长。甲骨文和金文中都有"孝"字。在甲骨文中，"孝"字的上半部分是个老人，弯腰弓背，白发飘拂，手拄拐杖，一副老态龙钟的模样，下半部分是个孩子，两手朝上伸出，托着老人，作服侍状。在金文中，"孝"是会意字，由一个"子"字和一个"老"字组成，像是孩子用头承老人之手，扶持老人之貌。"孝"字上为老，下为子，上一代与下一代融为一体，书尽了父母与子女血浓于水的亲情爱意。孝的内涵是赡养和敬重父母长辈，是子女对父母的一种善行和美德。《说文解字》释孝为："善事父母者。从老省，从子，子承老也。"字形从老、从子，应用省略了"匕"的老和子的含义，表示子能承其亲、顺其意。

　　孝是儒家的重要思想范畴。孔子适应传统宗法社会结构的需要，以仁为核心构筑起思想大厦，其实践基础则是推己及人、由家而国的孝。孟子继承并扩充到社会范围阐述孝的思想，"君子之于物也，爱之而弗仁；于民也，仁之而弗亲。亲亲而仁民，仁民而爱物"（《尽心上》）。由于儒家思想是传统文化的主体，孝自然成了传统文化的象征，钱穆称中国文化为"孝的文化"；黑格尔认为："中国这个文化大国是纯粹建筑在孝敬这一道德基础之上的，国家最为本质的特征便是客观的家庭孝敬。"①

（一）孔子孝的思想

《论语》中孝字出现了 19 次，涉及孝的言论和内容有 20 多处。孔子对孝的重视，实际是对人际关系的重视，最重要的人际关系是父子、君臣和朋友关系，"贤贤易色，事父母能竭其力，事君能致其身，与朋友交言而有信。虽曰未学，吾必谓之学矣"（《论语·学而》）。父子和君臣不是平等关系，而有辈分之别和等级之差，所以子对父、臣对君的行为规范是"事"，即服从和服侍；朋友之间是平等关系，其行为规范则是"信"，即诚信守信。父子和君臣也有着明显差异，父与子是血缘和家庭关系，君与臣是政治和社会关系。在父子、君臣和朋友的关系中，首要的关系是父母与子女的关系。父母是人生的第一任老师，家庭是人生的第一所学校，父母与子女的关系是人生的第一种关系。孔子认为，子女在家庭中的行为规范是孝悌。孝悌是对具有血缘关系的父母和兄弟姐妹的爱，是仁在父母和兄弟姐妹关系中的反映。孔子重视和凸显孝悌，是因为血缘亲情具有现实的社会基础和长久的生命底蕴，可以顺应和反映人的真实情感，满足人的心理需求，为仁的实践启动良好开局。

孔子之孝在敬。"子游问孝。子曰：'今之孝者，是谓能养。至于犬马，皆能有养。不敬，何以别乎？'"这段对话简短而意味隽永，令人深思。人能养，犬马有养，都是指物质上的奉养。对于父母之养，人与犬马存在着三种不同的组合，如果不能在物质上奉养父母，那是人不如犬马，就是大不孝；如果只能在物质

---

① 〔德〕黑格尔著，王造时译：《历史哲学》，上海书店出版社 2006 年版，第 172 页。

上奉养父母，那是人等同于犬马，不是真正的孝；如果能够把养与敬结合起来，那是人高于犬马，才是对父母真正的孝。子女孝顺父母不仅要养，核心在敬，养是物质上孝顺父母，敬是精神上孝顺父母。没有养，父母就不能存在，敬也失去了对象；只有养而没有敬，就很难区分奉养父母与犬马有养，人与犬马也就没有差别。无敬则无孝，敬是子女对父母感恩心理的自然流露，是区别人与动物的主要标志。敬的形式是和颜悦色。"子夏问孝。子曰：'色难。有事，弟子服其劳；有酒食，先生馔，曾是以为孝乎？'"（《论语·为政》）意思是，子夏向孔子请教孝道。孔子说，子女在父母面前保持和颜悦色很难。有了事情，年轻人替他们去做；有了酒饭，让长辈首先享用，难道这就可以认为是孝了吗？子女对父母有敬爱之心，脸上必定是温和阳光的，《礼记》说："孝子之有深爱者，必有和气。有和气者，必有愉色。有愉色者，必有婉容。"

孔子之孝在无违。"孟懿子问孝，子曰：'无违。'樊迟御，子告之曰：'孟孙问孝于我，我对曰：无违。'"孟懿子是鲁国大夫，在短短的对话中，孔子针对不同对象，都明确了无违要求，说明无违对于孝敬父母很重要。无违是遵守孝的礼制，不要违背礼制。当樊迟问无违是什么意思时，孔子回答："生，事之以礼；死，葬之以礼，祭之以礼。"（《论语·为政》）生礼如前所述，重在孝敬父母。春秋时期，丧礼和祭礼对不同的身份，有着不同的要求，而相同的礼仪要求，不同的身份都应共同遵守，没有贵贱差别，"斯礼也，达乎诸侯大夫，及士庶人。父为大夫，子为士，葬以大夫，祭以士。父为士，子为大夫，葬以士，祭以大夫。期之丧，达乎大夫；三年之丧，达乎天子；父母之丧，无贵贱，一也"（《中庸·第十八章》）。弟子宰我曾与孔子讨论三年之丧，认为三年守丧的时间太长了，会生疏礼仪，荒废音乐，改为守丧一年就可以了。孔子听后，很不满意地指责说："予之不仁也！子生三年，然后免于父母之怀。夫三年之丧，天下之通丧也。予也有三年之爱于其父母乎？"（《论语·阳货》）孔子反复强调要遵守丧礼，"父在，观其志；父没，观其行。三年无改于父之道，可谓孝矣"（《论语·学而》）。宋代儒者叶适在《习学记言》中指出："此当以'三年无改'为句。终三年之间而不改其在丧之意，则于事父之道，可谓孝矣。"

孔子之孝在几谏。孔子强调孝敬父母，并不主张盲从，也反对无原则、无选择的顺从。对待父母的缺点和错误，要进行谏诤和劝阻；谏诤劝阻不听时，仍然要恭敬、不怨恨，"事父母几谏，见志不从，又敬不违，劳而不怨"（《论语·里仁》）。几谏是一件复杂而敏感的事情，涉及情与义的关系。钱穆认为："父子家人相处，情义当兼尽。为子女者，尤不当自处于义，而伤父母之情。若对父母无情，则先自陷入大不义，故必一本于至情以冀父母之终归于义。如此，操心甚劳，然求至情大义兼尽，则亦惟有如此。"① 孔子的几谏可说是既有情又有义。所谓情，是指谏诤父母要注意方式方法，态度要诚恳，语气要委婉，劝谏不听要反复进行；义是指对父母的过错不能视而不见、听而不闻，必须进行谏诤。孔子甚至从治国、齐家、交友的高度强调谏诤的重要性。《孝经》记载：曾子"敢问子从父之令，可谓孝乎？"孔子回答："是何言与！是何言与！昔者天子有争臣七人，虽无道，不失其天下；诸侯有争臣五人，虽无道，不失其国；大夫有争臣三人，虽无道，不失其家；士有争友，则身不离于令名；父有争子，则身不陷于不义。故当不义，则子不可以不争于父，臣不可以不争于君。故当不义，则争之。从父之令，又焉得为孝乎！"显然，面对父母的

① 钱穆：《论语新解》，生活·读书·新知三联书店2002年版，第102页。

错误，子女不给予谏诤劝阻，就是不义，也是不孝。

孔子之孝在相隐。如果说几谏涉及情与义关系，相隐则涉及孝与法关系，是一个很难说清楚、辩明白的悖论。"叶公语孔子曰：'吾党有直躬者，其父攘羊，而子证之。'孔子曰：'吾党之直者异于是，父为子隐，子为父隐，直在其中矣。'"（《论语·子路》）意思是，叶公对孔子说，我的家乡有个正直的人，父亲偷了人家的羊，他告发了父亲。孔子说，我家乡正直的人不一样，父亲为儿子隐瞒，儿子为父亲隐瞒，正直就在其中了。叶公站在法的角度，认为父亲偷羊，儿子告发是正直。孔子站在孝的角度，按照亲情至上的原则，认为父子之间相互揭发，是不慈不孝，也是不正直；父子之间互相隐瞒，才符合人情事理，是正直的表现。古今中外都存在孝与法的悖论，一般是采取维护亲情、回避守法的方式。《韩诗外传》说楚国有一个叫石奢的官员，在国法与亲情之间无法选择时，最后以自杀了结，"楚昭王有士曰石奢，其为人也，公正而好直，王使为理。于是，道有杀人者，石奢追之，则其父也，还反于庭，曰：'杀人者，臣之父也。以父成政，非孝也；不行君法，非忠也；弛罪废法，臣之所守也。'遂服斧锧"。古希腊苏格拉底曾面临同样的难题，当有人问他："若是我父亲犯了法，我应不应出庭做证人，让法律去制裁他？"苏格拉底给予了否定回答①。至今西方一些国家法律仍然规定，直系亲属是没有举证责任的。

孔子之孝在为政。"学而优则仕"，孔子之孝说到底是为其政治主张服务的。在孔子看来，在家孝悌是为政；推行孝道也是为政治作出贡献。"或谓孔子曰：'子奚不为政？'子曰：'《书》云：孝乎惟考，友于兄弟，施于有政。'是亦为政，奚其为为政？"

---

① 〔古希腊〕柏拉图著，严群译：《游叙弗伦 苏格拉底的申辩 克力同》，商务印书馆 1983 年版，第 16 页。

（《论语·为政》）意思是，有人问孔子，你为何不参与政治呢？孔子认为，《尚书》中说，孝敬父母，友爱兄弟，将这种风气影响到卿相大臣，也是参与政治。为什么一定要做官才是参与政治呢？在孔子看来，孝悌是国家稳定的基础，一个人在家孝顺父母、友于兄弟，在外就会讲信用、施仁爱。"弟子入则孝，出则弟，谨而信，泛爱众而亲仁。"（《论语·学而》）在孔子看来，孝与忠是统一的，一个人在家孝顺父母，为官从政就能忠于君王。"齐景公问政于孔子。孔子对曰：'君君、臣臣、父父、子子。'公曰：'善哉！信如君不君、臣不臣、父不父、子不子，虽有粟，吾得而食诸？'"（《论语·颜渊》）孔子认为君与臣、父与子有着相对平衡的权利与义务关系，而不是简单的孝敬、忠诚和服从关系，这就是君礼臣忠、父慈子孝，"君使臣以礼，臣事君以忠"（《论语·八佾》）。

（二）舜为孝的典范

孟子继承发展了孔子之孝，最大特点是树立了舜的典范。《孟子》一书多次论及舜的孝行，既为儒家所倡导的孝道提供事实依据，又为人们事亲尽孝提供学习敬仰的榜样。舜是三皇五帝之一，传说中的中国古代帝王，号有虞氏，史称虞舜，"舜生于诸冯，迁于负夏，卒于鸣条，东夷之人也"（《离娄下》）。据《史记·五帝本纪》记载，舜的主要经历是"年二十以孝闻，年三十尧举之，年五十摄行天子事，年五十八尧崩，年六十一代尧践帝位。践帝位三十九年，南巡狩，崩于苍梧之野。葬于江南九疑，是为零陵。"舜的帝位是禅让而得，即尧传位于舜，舜传位于禹。"自黄帝至舜、禹，皆同姓而异其国号，以章明德。故黄帝为有熊，帝颛顼为高阳，帝喾为高辛，帝尧为陶唐，帝舜为有虞。帝禹为

夏后而别氏。"舜得到帝位，是尧多年考察和培养的结果。"舜年
二十以孝闻。三十而帝尧问可用者，四岳咸荐虞舜，曰可。于是
尧乃以二女妻舜以观其内，使九男与处以观其外"；"舜入于大
麓，烈风雷雨不迷，尧乃知舜之足授天下。尧老，使舜摄行天子
政，巡狩。舜得举用事二十年，而尧使摄政。摄政八年而尧崩。"
舜是中华美德的创始人之一，也是华夏文明的重要奠基人，"四海
之内咸戴帝舜之功。于是禹乃兴《九招》之乐，致异物，凤皇来
翔。天下明德皆自虞帝始"。意思是，四海之内共同称颂帝舜的功
德。于是禹创制《九招》乐曲歌颂舜，招来了祥瑞之物，凤凰也
飞来随乐声盘旋起舞。天下清明的德政都从虞帝开始。舜之所以
能够明德，与他的孝悌有着密切关系。孟子认为，舜是大孝，是
真正的孝子。所谓大孝，是"不得乎亲，不可以为人。不顺乎亲，
不可以为子"。所谓大孝，是"舜尽事亲之道而瞽瞍厎豫，瞽瞍
厎豫而天下化，瞽瞍厎豫而天下之为父子者定"。意思是，舜尽心
尽力侍奉父亲瞽瞍而瞽瞍终于高兴，瞽瞍终于高兴而天下的风俗
为之潜移默化，天下做父亲、做儿子的伦常也由此确定。所谓大
孝，是孝道重于王位、高于天下，"天下大悦而将归己，视天下悦
而归己，犹草芥也，惟舜为然"（《离娄上》）。

舜之大孝首先表现在能够正确对待不好的家庭成员，始终坚
持孝道和孝行。舜的家庭环境是够险恶的，父亲很不像样，经常
想杀掉舜。"舜父瞽瞍盲，而舜母死，瞽瞍更娶妻而生象，象傲。
瞽瞍爱后妻子，常欲杀舜。"舜的父亲继母和弟弟都想杀掉舜，而
舜却以孝悌精神对待如此凶顽的父母兄弟，一方面是甘愿被虐待，
防止被杀害，"舜避逃；及有小过，则受罪"；"欲杀不可得；即
求，尝在侧"。另一方面是孝敬父母，友爱弟弟，"顺事父及后母
与弟，日以笃谨，匪有解"；"顺适不失子道，兄弟孝慈"（《史
记·五帝本纪》）。《孟子·万章上》具体记载了父母和弟弟杀舜

的行为。一次是父母打发舜修粮仓，等舜上了屋顶，就撤掉梯子，放火烧粮仓，"父母使舜完廪，捐阶，瞽叟焚廪"。另一次是让舜挖井，以为舜在井下，就用土把井填埋，"使浚井，出，从而掩之"。弟象填埋井后，想入非非，"谟盖都君，咸我绩，牛羊父母，仓廪父母；干戈朕，琴朕，弤朕，二嫂使治朕栖"。意思是，谋害舜都是我的功劳，牛羊归父母，仓廪归父母；干戈归我，琴归我，弤归我，两位嫂嫂要为我铺床叠被。两次谋杀舜的阴谋都没有得逞，"象往入舜宫，舜在床琴"。这时，象有点惭愧地对舜说："郁陶思君尔！"舜却高兴地对象说："惟兹臣庶，汝其于予治。"意思是，我想念这些臣下和百姓，你帮我治理吧。万章问孟子，舜是不是不知道谋害之事，"不识舜不知象之将杀己与？"孟子回答："奚而不知也？象忧亦忧，象喜亦喜。"万章又问，那舜一定是伪装成高兴的，"然则舜伪喜者与？"孟子答曰："故君子可欺以其方，难罔以非其道。彼以爱兄之道来，故诚信而喜之，奚伪焉？"意思是，所以君子是可以用合乎常情的方式欺骗他，却不能用违背常理的办法欺罔他。象假装敬爱兄长，而舜就真心诚意地相信并为之喜悦，怎么是假装的呢？

舜之大孝表现在"终身慕父母"，任何富贵荣华、功名利禄都比不上对父母的孝敬。《孟子·万章上》第一章记录了万章与孟子关于舜之孝的对话，万章问："舜往于田，号泣于旻天。何为其号泣也？"孟子回答："怨慕也。"万章不理解舜怎么会对父母有怨呢，"父母爱之，喜而不忘；父母恶之，劳而不怨。然则舜怨乎？"孟子认为舜内存孝子之心，是不会抱怨的，只会努力做好事情。"以孝子之心，为不若是恝，我竭力耕田，共为子职而已矣。父母之不我爱，于我何哉？"但是，如果没有得到父母的欢心，即使得到帝尧的赏识和读书人的向往，舜也不会高兴，仍旧像一个无家可归的人，"帝使其子九男二女，百官牛羊仓廪备，以事舜于畎亩之中。天下之士多就之者，帝将胥天下而迁之焉。为不顺于父母，如穷人无所归"。舜对于父母之情，是名不可夺，色不可移，爱不可代，富不可动，贵不可抵，只有得到父母欢心，才能解除忧愁，"天下之士悦之，人之所欲也，而不足以解忧；好色，人之所欲，妻帝之二女，而不足以解忧；富，人之所欲，富有天下，而不足以解忧；贵，人之所欲，贵为天子，而不足以解忧。人悦之、好色、富贵，无足以解忧者，惟顺于父母可以解忧"。在孟子看来，一般人经常有的爱好欲望都取代不了舜对父母的孝敬之情，"人少，则慕父母；知好色，则慕少艾；有妻子，则慕妻子；仕则慕君，不得于君则热中。大孝终身慕父母。五十而慕者，予于大舜见之矣"。朱熹赞叹地注云："此章言舜不以得众人之所欲为己乐，而以不顺乎亲之心为己忧。非圣人之尽性，其孰能之？"（《四书章句集注》）

舜的大孝表现在"孝大于天下"，为了父亲可以放弃天下，对于弟弟表示宽容，典型的例子就是"窃负而逃"和"封之有庳"。"窃负而逃"，是弟子桃应给孟子出的一个假设性两难问题，即如果舜的父亲杀了人，执法者皋陶要秉公执法，那舜在孝道与公正执法之间如何选择，"桃应问曰：舜为天子，皋陶为士，瞽瞍杀人，则如之何？"孟子首先回答："执之而已矣。"当桃应追问，舜会出面干涉禁止吗？孟子回答舜是不会干涉禁止的，因为皋陶逮捕瞽瞍有法可依："夫舜恶得而禁之？夫有所受之也。"桃应再问："然则舜如之何？"孟子提出了"窃负而逃"的办法，以解决孝道之情与执法之公之间的矛盾。"舜视弃天下犹弃敝蹝也。窃负而逃，遵海滨而处，终身䜣然，乐而忘天下。"（《尽心上》）意思是，舜把抛弃天子的位置看得如同丢弃破了的鞋子。他会偷偷背上父亲逃跑，沿着海边住下来，一生都高高兴兴的，快乐得忘掉了天下。"封之有庳"，是指舜当了帝王，把有庳国分封给象。

万章认为，舜的做法是以权谋私，将不利于有庳的老百姓，"象至不仁，封之有庳，有庳之人奚罪焉？仁人固如是乎？在他人则诛之，在弟则封之"。孟子煞费苦心地给予解释，一方面是由于舜称帝后对弟弟的宽厚亲爱之情，"仁人之于弟也，不藏怒焉，不宿怨焉，亲爱之而已矣。亲之，欲其贵也；爱之，欲其富也"。另一方面说象实际是被流放，舜另派官员治理有庳，象没有权力，不可能为所欲为，"象不得有为于其国，天子使吏治其国而纳其贡税焉，故谓之放。岂得暴彼民哉？"（《万章上》）后人对"窃负而逃"和"封之有庳"很有争议，认为是典型的徇私枉法行为，也是导致政治腐败的思想根源。而这是孟子所能想到的解决情与法矛盾的最好办法，充分显示了对舜的尊重。在孟子看来，舜受了父母弟弟许多委屈和迫害，依然能够做到孝悌而无怨无悔，"此之谓大孝"（《离娄上》）。

（三）孟子之孝道思想

《孟子》一书孝字出现了 29 次，涉及孝的言论和内容有 50 多处。孟子推崇舜，其意义在于宣扬和阐述孝道思想。孟子之孝道思想是在批判不孝行为中展开的。战国时期，政治混乱，社会失序，基于血缘亲情的孝道受到了很大冲击，子女不仅不顾父母之养，而且还使父母蒙羞，甚至受到危害，"世俗所谓不孝者五：惰其四支，不顾父母之养，一不孝也；博弈好饮酒，不顾父母之养，二不孝也；好货财，私妻子，不顾父母之养，三不孝也；从耳目之欲，以为父母戮，四不孝也；好勇斗狠，以危父母，五不孝也"（《离娄下》）。孟子反对不孝行为，谴责人之不孝是禽兽。

孟子之孝道思想与孔子孝的思想一脉相承，譬如，强调以敬为主赡养父母，提出"养志"与"养口体"的概念。又如，肯定父子相隐的思想，认为"父子之间不责善。责善则离，离则不祥莫大焉"（《离娄上》）。意思是，父子之间不用善的道理来责备对方。如果用善的道理来责备对方，就有了隔阂，一有隔阂，那就没有什么比这更不好的了。再如，坚持孝敬父母的礼制，"生，事之以礼；死，葬之以礼，祭之以礼，可谓孝矣"，几乎是孔子原话的重复，反映了孟子之孝道源于孔子。更重要的是，孟子之孝道思想完善了孔子孝的思想，在理论上为孝的思想提供了人性善依据；在范围上把孝从个体行为拓展为社会行为，强调"父子有亲，君臣有义，夫妇有别，长幼有序，朋友有信"（《滕文公上》）；在实践上丰富了孝的内容，提出了得亲、顺亲、悦亲的要求，进一步增强了孝悌的操作性和具体动作。

性善是孟子之孝道思想的灵魂。孟子从人性善角度论证阐述孝道，给予儒家之孝以理论说明和形上依据。在孟子看来，人性本善是与生俱来的，"仁义礼智，非由外铄我也，我固有之也，弗思耳矣"（《告子上》）。孝也是与生俱来的天性，孩童时期就充分表现出来了，天生就知道爱自己的亲人，"孩提之童无不知爱其亲者，及其长也，无不知敬其兄也。亲亲，仁也；敬长，义也；无他，达之天下也"。孟子把这种天性称为良知良能，"人之所不学而能者，其良能也；所不虑而知者，其良知也"（《尽心上》）。

在孟子看来，孝实际是人性善的内核和初心，人性善最直接、最为内在的流露就是对父母的孝敬之情，"仁之实，事亲是也；义之实，从兄是也"；智、礼、乐都是围绕"事亲"和"从兄"展开的，"智之实，知斯二者弗去是也；礼之实，节文斯二者是也；乐之实，乐斯二者，乐则生矣；生则恶可已也，恶可已，则不知足之蹈之手之舞之"（《离娄上》）。意思是，智的实质，就是懂得孝悌的道理而不可离弃；礼的实质，就是对孝悌加以调节和修饰；乐的实质，在于高兴地践行了孝悌，于是快乐就产生了。只要一产生快乐，那怎么能抑制得住，怎么能停下来，于是不知不觉地手舞足蹈起来。在孟子看来，尧舜之道的基本精神就是孝悌；人皆可以为尧舜，也就是学习尧舜，做孝悌之人。有一个叫曹交的人问孟子，怎样才能成为尧舜？孟子鼓励地答道："徐行后长者谓之弟，疾行先长者谓之不弟。夫徐行者，岂人所不能哉？所不为也。尧舜之道，孝弟而已矣。子服尧之服，诵尧之言，行尧之行，是尧而已矣。"（《告子下》）

治国是孟子之孝道思想的目的。孟子强调孝道是为了平治天下，这就是"老吾老，以及人之老；幼吾幼，以及人之幼。天下可运于掌"（《梁惠王上》）。在孟子看来，仁政是平治天下的关键，夏商周三代得到天下依靠施政发仁，失去天下是由于不行仁政，"三代之得天下也以仁，其失天下也以不仁。国之所以废兴存亡者亦然"。与仁一样，孝也具有平治天下的意义，"道在迩而求诸远，事在易而求诸难：人人亲其亲、长其长，而天下平"（《离娄上》）。意思是，道就在近处，却往远处去找它；事情本来容易，却往难处去做它——其实只要人人爱自己的双亲，尊敬自己的长辈，天下就太平了。

在孟子看来，周文王能够推翻商纣王，建立西周王朝，就在于他施行孝道，善养老人。《孟子·离娄上》记载了孟子一段话，先是说伯夷和姜子牙两位贤人为了逃避商纣王的残暴统治，一个居住在北海之滨，一个居住在东海之滨，他们皆"闻文王作，兴曰：'盍归乎来！吾闻西伯善养老者。'"意思是，伯夷、姜太公听说文王兴起，认为之所以归附文王，是因为西伯是个善养老人的人。尔后感叹道，连伯夷、姜太公这样的贤人都归附文王，天下怎能不归文王呢？"二老者，天下之大老也，而归之，是天下之父归之也。天下之父归之，其子焉往？"最后告诫诸侯，只要像文

王那样善养老人，七年之内就能平定天下，"诸侯有行文王之政
者，七年之内，必为政于天下矣"。那么，周文王是如何养老的？
就是让老者吃饱穿暖，没有挨冻受饿的情况，"所谓西伯善养老
者，制其田里，教之树畜，导其妻子使养其老。五十非帛不暖，
七十非肉不饱。不暖不饱，谓之冻馁。文王之民无冻馁之老者，
此之谓也"（《尽心上》）。在孟子看来，不能尊老养老的国家必
定灭亡，讨伐不能尊老养老的国家必定胜利。在《孟子·梁惠王
上》中，孟子一方面告诫梁惠王要推行孝悌忠信和尊老养老，另
一方面要求讨伐不尊老养老的诸侯国："彼夺其民时，使不得耕耨
以养其父母。父母冻饿，兄弟妻子离散。彼陷溺其民，王往而征
之，夫谁与王敌？故曰：'仁者无敌。'王请勿疑！"意思是，别
的国家妨碍老百姓适时生产，使他们不能靠耕作来奉养父母。父
母饥寒交迫，兄弟妻儿离散。这样的国家使老百姓陷于深渊之中，
王去讨伐它们，谁能抵抗你？所以说，仁德之人是无敌的。请王
不要怀疑。

　　敬亲是孟子之孝道思想的基础。孟子忠实地继承了孔子事亲
要敬的思想，"孝子之至，莫大乎尊亲"（《万章上》）。具体区分
为养志和养口体两种情况，养志不仅要在物质上满足父母的生理
需要，而且要在精神上满足父母的心理需要；养口体就是只满足
父母的生理需要。

　　孟子很喜欢树立典型，在他看来，养志的典型是曾子，养口
体的典型则是曾元。曾子孝养父亲曾皙，很注重曾皙的心理感受，
在撤去酒肉的时候，必定问曾皙还有什么需要，而曾元则不管父
亲曾子的心理感受，撤去酒肉时，就不问曾子的想法。孟子认为，
如能像曾子那样孝敬父母，就没有什么可指责的了。"曾子养曾
皙，必有酒肉；将彻，必请所与；问有余，必曰：'有。'曾皙
死，曾元养曾子，必有酒肉；将彻，不请所与；问有余，曰：'亡

矣。'——将以复进也。此所谓养口体者也。若曾子,则可谓养志也。事亲若曾子者,可也。"在孟子看来,敬亲要得亲、顺亲和悦亲。得亲是得到父母的欢心,顺亲是顺从父母。"不得乎亲,不可以为人。不顺乎亲,不可以为子。"所谓悦亲,就是使父母在精神上得到愉悦和快乐。孟子认为,悦亲不仅是敬亲的有机组成部分,而且是取得领导信任和取信于朋友的基础,不能悦亲的人,就不可能得到领导和朋友的信任,"居下位而不获于上,民不可得而治也。获于上有道,不信于友,弗获于上矣。信于友有道,事亲弗悦,弗信于友矣"。悦亲的实质是心诚和性善,没有心诚和性善,就不能让父母得到精神上的愉悦,"悦亲有道,反身不诚,不悦于亲矣。诚身有道,不明乎善,不诚其身矣"。孟子强调,能够敬亲、得亲、顺亲和悦亲,就是天人合一,与天命在一起,"是故诚者,天之道也。思诚者,人之道也。至诚而不动者,未之有也。不诚,未有能动者也"(《离娄上》)。

葬祭是孟子之孝道思想的重要内容。如果说敬亲是对子女在父母生前的要求,那么,葬祭则是对子女在父母死后的要求。孟子和孔子一样,坚持遵循礼制办理父母的丧事,坚持守丧三年的规定。对于守丧三年,要在内心表示哀戚,生活朴素,"齐疏之服,飦粥之食,自天子达于庶人,三代共之"(《滕文公上》)。

在孟子看来,父母死后的丧葬和祭礼是一件非常重要的事情,郑重办好父母的丧事,某种程度上可以说超过对父母生前的敬养,"养生者不足以当大事,惟送死可以当大事"(《离娄下》)。孟子反对墨子的兼爱和薄葬,"墨之治丧也,以薄为其道也"。为了教育墨子的弟子,孟子举了上古没有埋葬父母而使父母尸体受辱、子女蒙羞的例子:"盖上世尝有不葬其亲者,其亲死,则举而委之于壑。他日过之,狐狸食之,蝇蚋姑嘬之。"子女见后很惭愧,"其颡有泚,睨而不视。夫泚也,非为人泚,中心达于面目,盖归反虆梩而掩之。"意思是，子女的额上出了汗，只敢斜视而不敢正视了。出汗呢，不是出给别人看的，是心里的悲痛流露在脸上。大概子女会回去取来簸箕、铁锹掩埋好父母的尸体。孟子肯定了掩埋的做法，"掩之诚是也，则孝子仁人之掩其亲，亦必有道矣"（《滕文公上》）。孟子强调厚葬父母，自己也是这样实践的，厚葬了自己的母亲。弟子充虞不理解，认为孟母的棺木似乎太好了，过于奢侈。孟子认为这不是奢侈，而是为了尽孝心，"自天子达于庶人，非直为观美也，然后尽于人心"。孟子辩解："得之为，有财，古之人皆用之，吾何为独不然？且比化者无使土亲肤，于人心独无恔乎？吾闻之，君子不以天下俭其亲。"（《公孙丑下》）意思是，礼制规定可以用，又有钱，古人都这样用了，为什么就我不行？而且为死者考虑，不使泥土挨着肌肤，对于孝子来说不是可以少些遗憾吗？我听说过，君子不会因为天下的缘故而在父母身上节俭。

权变是孟子之孝道思想的组成部分。所谓权变，是指正确处理经与权的关系，权宜应变，灵活应对随时变化的情况。孔子和孟子都是权变大师，孔子认为权变是最难学习的，"可与共学，未可与适道；可与适道，未可与立；可与立，未可与权"（《论语·子罕》）。孟子指出："执中无权，犹执一也。所恶执一者，为贼其道也，举一而废百也。"（《尽心上》）意思是，坚持中庸之道而缺乏变通，就是执着于一个极端。厌恶执着于一个极端的人，是因为它损害道义，抓住一点就不管其他了。

在孟子看来，孝的原则是必须遵守的，而孝的具体情况是复杂的，要具体情况具体分析和具体应变。孟子举了例子加以说明，第一个是"嫂溺援手"。"淳于髡曰：'男女授受不亲，礼与？'孟子曰：'礼也。'曰：'嫂溺，则援之以手乎？'曰：'嫂溺不援，是豺狼也。男女授受不亲，礼也；嫂溺，援之以手者，权也。'"（《离娄上》）这段对话充分展示了孟子之人性光辉，认为礼制规范的道德原则固然重要，而生命更重要。当拯救生命与遵守礼制道德发生矛盾时，行为主体可以为了拯救生命而违背礼制规定。另一个例子是"不告而娶"。上古时期要求娶妻必须告知父母，而舜娶尧之女却没有告诉父母。万章问，舜为什么会违背礼制，不告诉父母？孟子认为男女结婚是人之大伦，重于父母与子女的关系。如果因告诉父母而不能结婚，是废大而留小，弃重而保轻，因而可以举重放轻，保大弃小，不告而娶，"告则不得娶。男女居室，人之大伦也。如告，则废人之大伦，以怼父母，是以不告也"（《万章上》）。在孟子的思想深处，舜的不告而娶不是不孝，而是大孝，原因在于"不孝有三，无后为大"（《离娄上》）。赵岐注曰："于礼有不者三事：谓阿意曲从，陷亲不义，一也；家贫亲老，不为禄仕，二也；不娶无子，绝先祖祀，三也。三者之中，无后为大。"（《孟子注疏》）

研读孟子之孝道，心潮起伏，感慨良多，胸臆间不时涌动对父母虔诚的孝敬之心和浓烈的感恩之情。对于每个人来说，父母把自己带到人间且抚养长大，无疑是世上最大的恩人。一个人如果对父母都没有孝敬和感恩之心，就不可能泛爱众，更谈不上对他人存有感恩之心。胸臆间不时想起"乌鸦反哺"和"羔羊跪乳"的故事。乌鸦反哺，出自《本草纲目》："慈鸟：此鸟初生，母哺六十日，长则反哺六十日。"羔羊跪乳，出自《增广贤文》："羊有跪乳之恩。"意指一只母羊生了一只小羊羔，百般呵护，小羊羔问母羊如何报答养育之恩。母羊说，只要你有一片孝心就心满意足了。小羊羔听后不觉下泪，以后每次吃奶都跪着，表示难以报答慈母的一片深情。乌鸦反哺和羔羊跪乳的故事告诉人们，动物都有孝心，人怎么能没有孝心呢？清人邓钟岳由此感慨，书曰："鹁鸽呼雏，乌鸦反哺，仁也；鹿得草而鸣其群，蜂见花而聚其众，义也；羊羔跪乳，马不欺母，礼也；蜘蛛罗网以为食，蝼蚁塞穴以避水，智也；鸡非晓而不鸣，燕非社而不至，信也。禽兽尚有五常，人为万物之灵，岂无一得乎！"① 胸臆间不时念及孝与忠的关系。孝有狭义与广义之分，狭义是对父母的孝，广义是对国家、民族和人民的孝，这就是忠。韩愈诗云："谁言臣子道，忠孝两全难。"当忠与孝难以两全时，要以忠代孝，为国家、民族和人民献出忠心，这是大孝，是孔孟之孝的真谛。

---

① 参见山东聊城依绿园《晚晴书屋》。

五、仁义与利

义与利是中国传统文化的重要概念。义指伦理规范和道德原则，《说文解字》释为："己之威仪也，从我羊。"我为兵器，从我，意指军队威武出征的仪式；羊为祭品，与善同义，故从羊。《中庸》认为："义者，宜也。"即适宜的道德言行。最好的解释出自朱熹："义者，心之制，事之宜也。"（《四书章句集注》）利指功利和物质利益，《说文解字》释为："銛也。从刀。和然后利，从和省。《易》曰：'利者，义之和也。'"意思是，利是一种金属农具，字形采用"刀"作偏旁。谐和而后多有所利，所以采用省略了口的和。《易经》认为利益是道义相和的结果。

义利之辩发轫于先秦时期，是中国思想史上的一件大事情。义利关系既涉及个人的道德与利益关系，又涉及社会公利与个人私利关系，先秦思想家从不同角度探索义利关系，分别提出了不同的观点。要而言之，儒家重义轻利，墨家义利兼重，法家崇利简义，道家义利双弃，真正对传统社会产生至大至远影响的是儒家义利思想。孔子之"杀身成仁"，孟子之"舍生取义"，磅礴于中华大地，流布于历史长河。

（一）墨、法、道的义利观

义利关系，是人类社会普遍存在着的一种价值关系。先秦乱世，诸侯争霸、战国林立，社会动乱纷争，人民水深火热，使得义利关系进一步凸显出来。在义利之辩中，诸子百家纷纷亮明自己的身份，或代表没落的奴隶主阶级，或代表新兴的地主阶级，或代表势单力薄的小生产者。而且，认识差异很大，或重义或重利或义利并重，有些甚至是对立冲突的，从而形成了儒家、墨家、法家、道家各具特色的义利观。即使对义利两字，也存在着不同理解，义既可指高尚的道德品质，又可指处理君臣关系、国家与人民关系的政治准则，还可指远大的社会理想。作为道德品质，有时指君王的道德，"君义臣行"；有时指父母之德，"父义母慈""母义子爱"；有时指丈夫的品德，"夫和而义，妻柔而正"（《左传》）。对于利，一般认为是个人私利，然而在不同场景中又可以作不同解释。在与义相对立时，泛指物质需求和经济利益；利本身可区分为大利与小利，大利指社会公利和集体利益，小利指小集团利益和私人利益。如此丰富多彩的义利内容，必然催生不同的诸子之论。

墨家论义利。墨家重视义的概念，《墨子》一书有《贵义》篇，认为义比生命还贵重。"万事莫贵于义，今谓人曰：'予子冠履而断子手足，子为之乎？'必不为，何故？则冠履不若手足之贵也。又曰：'予子天下而杀子之身，子为之乎？'必不为，何故？则天下不若身之贵也。争一言以相杀，是贵义于其身也。故曰：'万事莫贵于义也。'"墨子的主张是兼相爱、交相利。"今天下之士君子，忠实欲天下之富，而恶其贫；欲天下之治，而恶其乱，当兼相爱、交相利。此圣王之法，天下之治道也，不可不务为也。"围绕兼相爱、交相利，墨子混同了义与利："义，利也。"

墨子把利区分为天下之利与自我之利，天下之利相对于天下之害而言，天下之害就是家庭不和、社会动乱，以及国与国之间的战争。"今若国之与国之相攻，家之与家之相篡，人之与人之相贼，君臣不惠忠，父子不慈孝，兄弟不和调，此则天下之害也。"
针对天下之害，仁者的职责是兴利除害。"仁人之所以为事者，必
兴天下之利，除去天下之害，以此为事者也。"具体而言，就是
"视人之国，若视其国；视人之家，若视其家；视人之身，若视其
身。是故诸侯相爱，则不野战；家主相爱，则不相篡；人与人相
爱，则不相贼；君臣相爱，则惠忠；父子相爱，则慈孝；兄弟相
爱，则和调"。在墨子那里，自我之利则蕴含着一种对等互报的观
念，"夫爱人者，人必从而爱之；利人者，人必从而利之。恶人
者，人必从而恶之；害人者，人必从而害之"（《墨子·兼爱》）。
善恶对等互报表明，人皆有自利之心，而自我利益的实现存在于
爱人和利人之中，反之则实现不了自我利益。

　　墨子所言之利，一般不是私利和利己，而是利人和利天下，
但以利界定义，义利兼重，容易推论出"爱人不外己，己在所爱
中"，致使义的功利主义色彩过于浓厚。义固然可以有功利的内
容，而作为社会道德力量和人的价值准则，又具有超越功利的特
征。一个社会如果过于强调义的功利性，就容易失去完整健全的
价值追求，导致人本身的工具化，使人与人之间不可避免地出现
矛盾和冲突。

　　法家论义利。法家强调法、术、势，而没有忘记义利问题。
韩非子是法家义利观的集大成者，他不否定义的存在，却强调利
的作用。在韩非子看来，重利轻义是人之本性，一方面，"义者，
君臣上下之事，父子贵贱之差也。知交朋友之接也，亲疏内外之
分也。臣事君宜，下怀上宜，子事父宜，贱敬贵宜，知交朋友相
助也宜，亲者内而疏者外宜。义者，谓其宜也，宜而为之"（《韩
非子·解老》）。另一方面，韩非子举了父母与子女的例子，说
明父母与子女之间更根本的关系是利益和利害，"人为婴儿也，父
母养之简，子长人怨。子盛壮成人，其供养薄，父母怒而诮之"。

父母与子女之所以互相埋怨，是因为人人都有利益之心和利害算计，"故人行事施予，以利之为心，则越人易和；以害之为心，则父子离且怨"（《韩非子·外储说左上》）。意思是，所以人们办事给人好处，如果考虑到人的利益，那么疏远的人也容易和好；如果从有害处着想，那么父子间也会分离和相互埋怨。父母与子女是人世间最亲密的关系，尚且以利害为主，那么任何人在人与人交往过程中都会重点考虑利害关系，即"不免于欲利之心"（《韩非子·解老》）。

在韩非子看来，不同的人在社会中有着不同的角色，因而有着不同的利益。以君臣为例，"君臣之利异，故人臣莫忠。故臣利立而主利灭。是以奸臣者召敌兵以内除，举外事以眩主，苟成其私利，不顾国患"。由于君臣之间有着不同利益，君王就要运用赏罚的手段驾驭臣下，以致构成君臣之间的利益买卖关系。"赏罚者，利器也，君操之以制臣，臣得之以拥主。故君先见所赏，则臣鬻之以为德；君先见所罚，则臣鬻之以为威。故曰：'国之利器，不可示人。'"（《韩非子·内储说下六微》）在韩非子看来，利有公利与私利之分，"匹夫有私便，人主有公利。不作而养足，不仕而名显，此私便也；息文学而明法度，塞私便而一功劳，此公利也"（《韩非子·八说》）。公利与私利必须区分清楚，不能因私利而害公利，而公私不分，因私害公，只会导致政权不稳，社会动乱，"明主之道，必明于公私之分。明法制，去私恩。夫令必行，禁必止，人主之公义也；必行其私，信于朋友，不可为赏劝，不可为罚沮，人臣之私义也。私义行则乱，公义行则治，故公私有分"。

法家以利为立论基础，以利为价值导向，突显人的好利自私，必然主张严刑峻法，忽视甚至反对以仁义治理天下，给人们冷酷无情的感觉，"夫严刑者，民之所畏也；重刑者，民之所恶也。故圣人陈其所畏以禁其邪，设其所恶以防其奸，是以国安而暴乱不起。吾以是明仁义爱惠之不足用，而严刑重罚之可以治国也"（《韩非子·难一》）。

道家论义利。先秦道家以超然的态度对待义利，认为人世间的义与利都没有意义，甚至是有害的，主张取消和超越义利，以道来统摄天下万事万物。老子从道法自然出发，认为仁义是人为的产物，有百害而无一益。对于天道而言，有悖自然无为的原则；对于社会而言，导致纷争不止、动乱不已；对于人自身而言，扭曲自然本性，成为追名逐利之辈，"大道废，有仁义；智慧出，有大伪。六亲不和，有孝慈；国家混乱，有忠臣"（《老子·第十八章》）。老子以辩证思维看待名利，认为利与害是相互依存、互相转化的，人们追求功名利禄，实际上是在追求祸害。"持而盈之，不如其已；揣而锐之，不可长保。金玉满堂，莫之能守；富贵而骄，自遗其咎。功遂身退，天之道也。"（《老子·第九章》）

庄子和老子一样，崇尚自然，视素朴为人的本性，把无知无欲看成是道德，认为素朴和无知无欲是理想社会，"夫至德之世，同与禽兽居，族与万物并。恶乎知君子小人哉！同乎无知，其德不离；同乎无欲，是谓素朴。素朴而民性得矣"。在庄子看来，倡导仁义，是圣人的过错。"及至圣人，屈折礼乐以匡天下之形，县跂仁义以慰天下之心，而民乃始踶跂好知，争归于利，不可止也。此亦圣人之过也。"（《庄子·马蹄》）意思是，后代出了圣人，制礼作乐以匡正天下人的形态，标榜仁义来安慰天下人的心，使得人民开始矜夸智能，追逐利益，争斗不已。这是圣人的过错。庄子极为鄙视那些不顾人格尊严而贪图利禄之辈，《庄子·列御寇》记载：宋王派曹商出使秦国，曹商到了秦国，很会说话，秦王很高兴，赏赐了他一百辆车。回到宋国，曹商见到庄子时甚为得意，庄子则辛辣地嘲笑挖苦道："秦王有病召医，破痈溃痤者得车一乘，舐痔者得车五乘，所治愈下，得车愈多。子岂治其痔邪？何得车之多也？子行矣！"

道家对义利的概念没有作过正面界定，却是否定义利，批判义利在维系社会人心的实践中的弊端，主张抛弃义利观及其实践，促使社会和人生返朴归真、顺应自然、崇尚自由，"绝圣弃智，民利百倍；绝仁弃义，民复孝慈；绝巧弃利，盗贼无有"（《老子·第十九章》）。

（二）孔子之义利观

在儒家谱系中，孔子首先提出义利概念，回应义利之辩，奠定了儒家义利观的基本格局。《论语》多次运用义的概念，内容比较丰富，其主体则落脚在个人的伦理道德范围，构成君子人格的本质规定，"君子义以为质，礼以行之，孙以出之，信以成之。君子哉！"（《论语·卫灵公》）孔子对利持比较谨慎的态度，甚至是贬低的，"子罕言利"（《论语·子罕》）。即使言利，一般与义对立起来，作为一对伦理道德矛盾以区分君子与小人，"君子喻于义，小人喻于利。"（《论语·里仁》）

先秦诸子都回应了义利之辩，随着时间的推移和历史的演进，只有儒家的义利思想传承下来，并在社会伦理道德领域广为流传，逐渐积淀为中华民族精神的组成部分。这主要得益于孔子，他对义的概念以及义利关系进行改造和升华，由普适性的社会观念转变为相对单一的个体伦理范畴，由外在的强制约束内化为人心的主动自觉，从而成为塑造君子人格的精神力量。更重要的是，孔子是在矛盾对立运动中充分展示义与利的丰富内容和实践品格。

重义轻利，是孔子义利观的价值取向。孔子认为，判别一个人是否有正确的义利观，集中表现在他对待贫困和物质匮乏的态度，"饭疏食饮水，曲肱而枕之，乐亦在其中矣"（《论语·述而》）。意思是，正确看待义利的人，即使吃粗饭、喝白水，弯着胳膊当枕头，也会感到其中的快乐。他称赞最得意的弟子颜回，"贤哉！回也。一箪食，一瓢饮，在陋巷，人不堪其忧，回也不改其乐"（《论语·雍也》）。孔子始终把义放在比物质利益重要的位置，"君子谋道不谋食。耕也，馁在其中矣；学也，禄在其中矣。君子忧道不忧贫"（《论语·卫灵公》）。而且，君子不会过分关注温饱和舒适安逸，"君子食无求饱，居无求安，敏于事而慎于言，就有道而正焉，可谓好学也已"（《论语·学而》）。

孔子认为，义与利是区分君子与小人的重要标志，特别是在困难和贫穷的时刻，两者分野更为明显，更能看出差别。有一次孔子带领弟子游学，先到卫国。卫灵公问军事阵法，孔子说："俎豆之事，则尝闻之矣；军旅之事，未之学也"。因为孔子没有满足卫灵公的提问和要求，大概没有得到什么物质补偿，也不受欢迎，第二天就离开卫国前往陈国。他们在陈国路上断了粮，跟随的人都饿病了，没有人站得起来。这时，子路很不高兴地说，君子也会陷入困境吗？孔子回答："君子固穷，小人穷斯滥矣"（《论语·卫灵公》）。意思是，君子与小人由于义利观不同，在困境的时候就表现出不同状态，君子陷入困境，还能坚持住操守；小人陷入困境，就要乱来了，什么偷盗、抢劫、杀人越货的事都会干。孔子认为，只重视利益和利害关系，对于个人而言，就会招来很多怨恨，是不会有好结果的，"放于利而行，多怨"（《论语·里仁》）；对于政治而言，则会不利于国家管理，"无欲速，无见小利。欲速则不达，见小利则大事不成"（《论语·子路》）。

见利思义，是孔子义利观的现实手段。人虽然应该追求精神生活，追求终极价值，但人毕竟是血肉之躯，不能没有五谷杂粮给予补充，不能没有物质条件给予保障。概言之，人不能不食人间烟火。孔子是现实主义者，认识非常清醒，承认追求物质利益是人之常情，却强调要以义来节制利，以伦理道德来规范追求利益的行为；君子不会接受用不正当方法得到的富贵，也不会接受用不正当方法摆脱的贫贱。"子曰：'富与贵，是人之所欲也；不以其道得之，不处也。贫与贱，是人之所恶也；不以其道得之，不去也。'"（《论语·里仁》）最为经典的表述是："不义而富且贵，于我如浮云。"（《论语·述而》）这一经典表述豪气干云，掷地有声。

在孔子看来，获取物质财富要见利思义。有一次子路问孔子，什么样的人才是成人？孔子回答：成人要有智慧、克己、勇敢、才艺和礼乐修养，"若臧武仲之知，公绰之不欲，卞庄子之勇，冉求之艺，文之以礼乐，亦可以为成人矣"。孔子可能感到这一要求太高了，他接着说："今之成人者何必然？见利思义，见危授命，久要不忘平生之言，亦可以为成人矣。"（《论语·宪问》）《论语·子张》对于读书人的描述，也表达了同样的意思："士见危致命，见得思义，祭思敬，丧思哀，其可已矣。"意思是，读书人看到危难敢于献身，看到有所得就想到是否符合道义，祭祀的时候严肃，居丧的时候悲哀，也就可以了。在孔子看来，如何为官从政，最能体现义利的境界以及对待富贵与贫贱的态度。孔子主张"学而优则仕"，却不是什么官都能当的，既不能不择手段追求官位、官迷心窍，也不能饥不择食地谋求官职，以至为虎作伥、助纣为虐。为官从政要有原则和底线，即统治者是明君而不是昏君。"邦有道，谷；邦无道，谷，耻也。"（《论语·宪问》）意思是，国家政治清明，可以出来做官领取俸禄，这就是见利思义；国家政治黑暗，也去做官领取俸禄，这是见利忘义，就是耻辱。孔子还认为："邦有道，贫且贱焉，耻也。邦无道，富且贵焉，耻也。"（《论语·泰伯》）

先义后利，是孔子义利观的重要内容。孔子重义轻利，却希望老百姓生活富裕，认为富裕是教化的前提，物质是精神活动的基础。"子适卫，冉有仆。子曰：'庶矣哉！'冉有曰：'既庶矣，又何加焉？曰：富之。'曰：既富矣，又何加焉？'曰：'教之。'"（《论语·子路》）他主张读书人应入仕朝廷，为国效力，以获得收入和利益。子张问怎样求官职得俸禄，孔子回答："多闻阙疑，慎言其余，则寡尤；多见阙殆，慎行其余，则寡悔。言寡尤，行寡悔，禄在其中矣。"（《论语·为政》）他不反对弟子经商致富，甚至予以赞扬："回也其庶乎，屡空。赐不受命，而货殖焉，亿则屡中。"（《论语·先进》）意思是，颜回了解我的学问差不多了，可是生活却常常贫穷。端木赐还不很了解我的学问，而他从事商业活动，猜测行情，竟然都猜对了。

孔子不否认利益和物质需求，却强调要先义后利，先付出后得到，先耕耘后收获。《论语·宪问》记载，孔子问公明贾，卫国大夫公叔文子真的是不说不笑，一毫不取吗？公明贾告诉孔子："夫子时然后言，人不厌其言；乐然后笑，人不厌其笑；义然后取，人不厌其取。"意思是，公叔文子是在该说话的时候说话，所以别人不讨厌他说话；在快乐的时候才笑，所以别人不讨厌他的笑；在该得到的时候去获取，所以别人不讨厌他的获取。孔子听后表示了由衷的赞叹："其然，岂其然乎？"孔子把先义后利看成是加强道德修养的重要途径。樊迟问孔子如何提高人的道德品质，孔子说问得好，认为先义后利就是提高道德品质。"善哉问！先事后得，非崇德与？"（《论语·颜渊》）孔子倡导先义后利，正确地解决了道德理想与物质利益的平衡问题。在一般情况下，人们难以做到放弃利益，却能做到先义后利，既不失义又不失利，给重义轻利的价值观念补上了实践操作的短板。

（三）孟子之义利观

孟子很大程度继承了孔子的义利观，孔子是"罕言利"，孟子也是"何必曰利"。孔孟都不否定利益和利害的存在，孔子是"富而可求也，虽执鞭之士，吾亦为之"（《论语·述而》）。意思是，如果天下有道，财富可求，即使是做一个执鞭的低级官吏，我也不推辞。孟子也有类似看法，认为"不孝有三"（《离娄上》）。其中"家贫亲老，不为禄仕"是不孝之一，孝顺之人则在家贫、双亲年老时，应到朝中做官，获取俸禄，以赡养父母和家人。孔孟都重义轻利，仅以文本为例，《论语》中义字出现了24 次，利字只出现 11 次；《孟子》中义字出现了 98 次，利字只出现 38 次。同时，孟子创新地发展了孔子的义利观，首先是升华了义的概念，提高了义的重要性。在孔子那里，仁高于义，义由仁统领，受仁观照；在孟子那里，则是仁义并举，两者紧密相连，"居恶在？仁是也；路恶在？义是也。居仁由义，大人之事备矣"。在孔子那里，义与君子品格相联系，属于形下的道德范畴；在孟子那里，义是人性本善的内容，属于形上的心性范畴。在孔子那里，义是区分君子与小人的依据；在孟子那里，义是区分人与动物的标准。更重要的是，孟子扩充了义与利的范围，健全完善了儒家的义利观，使义利之辩由道德修身行为演进为政治伦理学说，涵盖政治经济社会人生各个领域，成为孟子思想的重要组成部分和理论基础。

先义后利，是孟子在政治领域的义利观点。孟子思想属于政治学说，孟子的愿望是教导君王实施仁政，而君王能否实施仁政，除了要有不忍人之心外，还要有正确的义利观。如果说，不忍人之心是实施仁政的形上依据，那么，正确的义利观则是实施仁政的指导思想。

《孟子》首卷首章就提出义与利的问题，义不是一般的义，而是与仁结合在一起的义；利不是一般的利，而是与国家联系在一起的利。该章可分为四个层次，第一层次表明孟子与梁惠王对待义利的不同态度，孟子重仁义，梁惠王重利益。"孟子见梁惠王。王曰：'叟！不远千里而来，亦将有以利吾国乎？'孟子对曰：'王！何必曰利？亦有仁义而已矣。'"第二层次是孟子的观点，认为大家只讲利不讲义，国家就危险了。"王曰：'何以利吾国？'大夫曰：'何以利吾家？'士庶人曰：'何以利吾身？'上下交征利而国危矣。'"第三层次是指明有利无义是国家的危险所在。"万乘之国，弑其君者，必千乘之家；千乘之国，弑其君者，必百乘之家。"第四层次论证先义后利的正确。"万取千焉，千取百焉，不为不多矣。苟为后义而先利，不夺不餍。未有仁而遗其亲者也，未有义而后其君者也。"意思是，在一万辆兵车的国家里，拥有一千辆兵车，在一千辆兵车的国家里，拥有一百辆兵车，不算不富有了。但如果把义放在后头而把利放在前头，那他不争夺是不会满足的。从来没有讲仁的却遗弃自己父母的，也没有讲义的却轻慢自己君王的。"后义而先利"的顺向表述就是先义后利，这是孟子政治思想的价值取向和基本原则。朱熹注释："循天理，则不求利而自无不利；殉人欲，则求利未得而害已随之。所谓毫厘之差、千里之谬。此孟子之书所以造端托始之深意，学者所宜精察而明辨也。"（《四书章句集注》）

孟子曰"王！何必言利"，似乎对君王而言是义利对立，不容利的存在，实则不然。孟子既没有否认君王的个人利益，又没有否认君王的国家利益。在《梁惠王下》中，孟子承认君王有个人利益。齐宣王说自己爱好音乐，自己是"寡人好货"，自己有狩猎场地，"寡人之囿方四十里"，孟子都没有否认，只是建议齐宣王要与百姓同乐、同猎。甚至齐宣王说自己好色，孟子也没有反对，还说"昔者大王好色，爱厥妃。《诗》云：'古公亶父，来朝走马。率西水浒，至于岐下。爰及姜女，聿来胥宇。'当是时也，内无怨女，外无旷夫。王如好色，与百姓同之，于王何有？'"在《梁惠王上》中，孟子承认君王有国家利益。《梁惠王上》首章所言之利属国家利益，朱熹注释："王所谓利，盖富国强兵之类。"（《四书章句集注》）梁惠王被齐、秦、楚三国打败。他见孟子时，一心想富国强兵复仇。对于梁惠王的富国强兵，孟子并没有明确否定，而是认为要有适当的名分，不能简单地冠以利的名称。赵岐理解孟子的观念，注云："孟子知王欲以富国强兵为利，故曰何必以利为名乎，亦惟有仁义之道者，可以为名。以利为名，则有不利之患矣，因为王陈之。"（《孟子章句》）

　　孟子不否认君王的个人利益和国家利益，却否认以利治国的理念和方略。在孟子看来，治国理念必须以仁义为指导，"君仁，莫不仁；君义，莫不义"（《离娄上》）。当时，秦楚二国将打仗，有一个叫宋牼的人将去秦国和楚国，以利劝说秦楚罢兵。孟子反对以利劝说，主张以仁义劝说："先生以仁义说秦、楚之王，秦、楚之王悦于仁义，而罢三军之师，是三军之士乐罢而悦于仁义也。为人臣者怀仁义以事其君，为人子者怀仁义以事其父，为人弟者怀仁义以事其兄，是君臣、父子、兄弟去利，怀义以相接也，然而不王者，未之有也。何必曰利？"（《告子下》）具体方略是施行仁政，"王如施仁政于民，省刑罚，薄税敛，深耕易耨，壮者以暇日修其孝悌忠信，入以事其父兄，出以事其长上，可使制梃以挞秦楚之坚甲利兵矣"（《梁惠王上》）。意思是，王如果向老百姓施行仁政，减轻刑罚，减少赋税，使其深耕细作，及早除草；年轻人在闲暇时修养孝顺父母、敬爱兄长、忠诚守信的道德，在家便侍奉父兄，在外便侍奉上级。这样就算让他们手执木棒，也可以抗击拥有坚实盔甲与锋利兵器的秦楚军队。

义利并存，是孟子在社会领域的义利观。政治之义利关注统治理念和方略，主要是规劝和告诫统治者，而社会之义利则涵盖统治者与老百姓两部分群体。对于统治者管理民众而言，要先利后义，重视民生问题，关注老百姓的生老病死、衣食住行。这就需要统治者正确判断老百姓的心理和基本诉求，孟子强调首先要考虑老百姓的利益，"若民，则无恒产，因无恒心"（《梁惠王上》）。春秋时期，民分为四个层次，"士农工商四民者，国之石民也"（《管子·小匡》）。而孟子所说之民，包括农工商之民，不包括士人。对于老百姓而言，要见利思义，立身处世乃至日常生活都要遵循礼的制度和义的规范，不能一味地求利逐利，更不能背义取利，以利害义。

先利后义是对统治者管理民众的要求，强调统治者要优先考虑老百姓的物质利益和生存需要。孟子认为，老百姓没有生活利益保障，就没有恒心和良好的道德品质，而无恒心，则容易惹是生非，给社会带来不稳定。在孟子看来，要使老百姓有恒心，明智的统治者要让老百姓有恒产，保证基本生活，满足生存需要，满足养家糊口的需要。《孟子》一书多次以同样的笔调描绘制民之产的具体做法："五亩之宅，树之以桑，五十者可以衣帛矣。鸡豚狗彘之畜，无失其时，七十者可以食肉矣。百亩之田，勿夺其时，八口之家可以无饥矣。"为了制民之产，孟子要求统治者使民以时，推行王道，遵循农作物生长规律，不妨碍老百姓适时耕种，确保春种夏耘秋收冬藏，生老病死皆有依靠，"不违农时，谷不可胜食也；数罟不入洿池，鱼鳖不可胜食也；斧斤以时入山林，材木不可胜用也。谷与鱼鳖不可胜食，材木不可胜用，是使民养生丧死无憾也。养生丧死无憾，王道之始也"。在孟子看来，不仅要让老百姓有恒产，而且要让老百姓有恒心。某种意义上说，有恒产不是目的，目的是要有恒心，促进老百姓吃饱穿暖以后能够去追求仁义，养成良好品质。而培育恒心的主要途径是教育教化，"谨庠序之教，申之以孝悌之义，颁白者不负戴于道路矣。"老百姓有了恒心之后，才能形成和谐祥和的社会环境，"老吾老以及人之老，幼吾幼以及人之幼"（《梁惠王上》）。综合分析孟子先利后义的思想，实际是孔子"富之""教之"思想的延续。差别在于，针对战国中期更加混乱的社会现实，孟子比孔子更加重视富的问题，以保障和维持老百姓的基本生活需求。

见利思义是对老百姓的要求，也是对不同阶级所有阶层的共同要求。先利后义仅仅适用于主体与客体、统治者与老百姓的关系，一旦主体与客体关系不成立，无论统治者还是老百姓都要遵循见利思义的道德底线。作为道德主体，老百姓在日常生活中不能以先利后义作为行为规范，而必须见利思义。在孟子看来，人们喜爱财物和利益，必须取之有道，这是基本的义利准则。"非其义也，非其道也，禄之以天下，弗顾也；系马千驷，弗视也。非其义也，非其道也，一介不以与人，一介不以取诸人。"（《万章上》）老百姓日常生活中的义利内容十分宽泛，既可以指财物，又可以指官位，还可以指嫁娶之事。

孟子要求按照礼义对待别人的馈赠。《公孙丑下》记载，陈臻问为什么接受宋国和薛国国君的馈赠，而不接受齐王的馈赠？孟子回答，宋国和薛国的馈赠有正当理由，宋国是因为我远行，薛国是让我防范匪盗，而齐王馈赠没有正当理由。"若于齐，则未有处也。无处而馈之，是货之也。焉有君子而可以货取乎？"意思是，至于齐国的馈赠，就没有什么理由了，没有理由而送钱给我，这是收买我。哪有君子可以被收买的呢？孟子要求按照礼义对待入仕为官。孟子主张读书人为官从政，却强调要通过正常的程序和规范，而不能使用非正当手段，像青年男女钻洞爬墙私通那样去谋取官职，"古之人未尝不欲仕也，又恶不由其道。不由其道而往者，与钻穴隙之类也"。孟子要求按照礼义对待婚配嫁娶。孟子认为父母都希望自己的子女成家娶亲，而婚配嫁娶应遵守礼义，这就是父母之命、媒妁之言。如果没有父母之命、媒妁之言，男女私自约会、私定终身，就会被父母和其他人瞧不起，甚至难以立身处世，"丈夫生而愿为之有室，女子生而愿为之有家。父母之心，人皆有之。不待父母之命、媒妁之言，钻穴隙相窥，逾墙相从，则父母国人皆贱之"（《滕文公下》）。

舍生取义，是孟子在人生领域的义利观。孟子以读书人为荣，"无恒产而有恒心者，惟士为能"（《梁惠王上》）。读书人能够无恒产而有恒心，是因为读书人有理想、有抱负、有信仰，孟子将其具体化为尚志和行道殉道。所谓尚志，就是崇尚道义。王子垫问读书人该做什么，孟子回答尚志。又问什么是尚志，孟子曰："仁义而已矣。杀一无罪非仁也，非其有而取之非义也。"行道殉道，就是以道德道义为终极目标，不为物欲所惑，不为身外之物所累，终身行道，必要时可以殉道，"天下有道，以道殉身；天下无道，以身殉道。未闻以道殉乎人者也"（《尽心上》）。以身殉道，是孟子对孔子的超越。在孔子那里，政治清明，可以为官从政；政治黑暗，则可以退隐而不问政治，"直哉史鱼！邦有道，如矢；邦无道，如矢。君子哉蘧伯玉！邦有道，则仕；邦无道，则可卷而怀之"（《论语·卫灵公》）。史鱼和蘧伯玉都是卫国的大夫，孔子虽然肯定史鱼的正直，却更赞赏蘧伯玉的退隐，退隐意味着在政治黑暗的时候可以保全自己。

孟子强调读书人无恒产而有恒心，却不否认利的存在和作用。

义与利是价值取向，一般情况下两者是一种选择关系，而不是对立关系。在价值选择关系中，义与利没有绝对的排他性，即选择义必须放弃利，选择利必然违背义。一般人有恒产才有恒心，可以先义后利，甚或义利兼重，而读书人则必须义重于利，只有在符合道义的前提下，义与利才可以兼而得之。《滕文公下》记载，弟子彭更看到孟子出行"后车数十乘，从者数百人，以传食于诸侯"，问孟子是否太过分了，"不以泰乎？"孟子回答不能这样看问题，而要看是否符合道义。符合道义，利再大也不为过；不符合道义，利再小也不能接受。"非其道，则一箪食不可受于人；如其道，则舜受尧之天下，不以为泰。——子以为泰乎？"孟子还举陈仲子的例子，说明道义与利益可以兼顾，极端地否定利益，连生命都保不住，是不值得倡导的。陈仲子是齐国的宗族大家，享有世代禄田。其兄的俸禄有几万石之多，而陈仲子却认为那俸禄是不义之物而不去吃，那房屋是不义之产而不去住。有人送给他哥哥一只活鹅，母亲杀了给他吃。他知道真相后，跑出门去，硬是把吃的鹅肉吐出来。有人赞许陈仲子为廉洁之士，孟子却不以为然，说我尊重陈仲子，"于齐国之士，吾必以仲子为巨擘焉"，而陈仲子不能算廉洁之士，"虽然，仲子恶能廉"。陈仲子属于蚯蚓的行为，不可能推而广之，"充仲子之操，则蚓而后可者也。夫蚓，上食槁壤，下饮黄泉"。意思是，要扩充陈仲子的操守，那一定得当蚯蚓才可以。蚯蚓，在地上就吃干土，在地下就饮黄泉。孟子不同意陈仲子的极端行为，认为孤立地看待利益，是分不出义还是不义，因而不能简单地否定物质利益，"仲子所居之室，伯夷之所筑与？抑亦盗跖之所筑也？所食之粟，伯夷之所树与？抑亦盗跖之所树与？是未可知也"。

孟子不否认读书人有物质利益，却认为读书人必须具备大丈夫精神，始终坚持以道德仁义导引功名利禄，以信仰志向约束物质欲望。大丈夫精神是仁义礼的综合观,大丈夫精神是得意淡然,失意坦然,无论顺境还是逆境,都要遵循仁义礼的原则,顺境时与老百姓一起坚守仁义礼;逆境时则是一个人自觉自愿地坚守仁义礼,"得志,与民由之;不得志,独行其道"。大丈夫精神是"富贵不能淫,贫贱不能移,威武不能屈"(《滕文公下》)。孟子设想自己得志时,绝对不会被物质享乐所诱惑,面对金钱美女、锦衣玉食,"我得志,弗为也"(《尽心下》)。孟子的气势硬朗阳刚,令人高山仰止、景行行止。当义与利发生严重冲突和对抗时,孟子喊出震烁千古的永恒声音,这就是舍生取义。"鱼,我所欲也,熊掌,亦我所欲也,二者不可得兼,舍鱼而取熊掌者也。生,亦我所欲也;义,亦我所欲也。二者不可得兼,舍生而取义者也。"(《告子上》)舍生取义仍然是道德仁义、信仰志向,而利的内涵却大大拓展了,是人的不可重复的生命。

孔孟义利观产生于春秋战国时期,在中华民族的发展历史上产生了强大而深远的影响,塑造了无数志士仁人,激励他们为民请命、奔赴国难,挽狂澜于既倒,拯黎民于水火。时至今日,孔孟义利观仍然充满生机和活力,具有不可替代的积极意义。对于个人而言,孔孟义利观有利于塑造良好人格。作为心灵与肉体的统一体,人的一生会经常遇到义与利的矛盾和困惑,如何在义与利的矛盾中作出正确选择,却是对人心灵的考量。那些能够重义轻利、舍生取义的人,就是志士仁人和英雄豪杰;那些能够见利思义、先义后利的人,就具备了美好的心灵。对于社会而言,孔孟义利观有利于维护良好秩序。社会运行和人与人交往最容易发生的矛盾就是义与利冲突,多想一些义,少逐一些利,人与人的矛盾就能减少到最低限度,社会就能在秩序范围内运行。对于政治而言,孔孟义利观有利于推进良政善治。政治说到底是处理好统治者与被统治者的关系，而统治者是关系的主要方面。只有统治者坚持正确的义利观，才会以整体利益、长远发展和百姓冷暖为重，发政施仁，造福人民；为官一任，造福一方，进而构建良政善治与和谐社会。孔孟义利观光辉永存，现代社会不能忘却孔孟义利观。

仁政论

- 理想国
- 民贵
- 王道
- 君臣

一、保民而王

　　孟子所处战国中期是一个变革的时代，西周王朝建立的分封奴隶制已是"无可奈何花落去"，新兴的郡县封建制呼之欲出，犹如清晨的太阳，跃升在东方地平线上。战国中期又是一个混乱的时代，诸侯互相争战，百姓生灵涂炭，社会秩序颠倒黑白、是非不分。面对变革与乱局，孟子首先想到的是为官从政，直接实施其仁政学说和王道思想，变乱为治，平治天下，"士之仕也，犹农夫之耕也"（《滕文公下》）。孟子甚至信心满满地说："如欲平治天下，当今之世，舍我其谁也？"（《公孙丑下》）然而，天不从人愿，历史没有给孟子为官从政、平治天下的机会。退而求其次，孟子周游列国，拟以王者师推行其政治理想，教导君王发政施仁，"有王者起，必来取法，是为王者师也"（《滕文公上》）。结果还是不能如愿，"游事齐宣王，宣王不能用。适梁，梁惠王不果所言，则见以为迂远而阔于事情"。孟子只好"退而与万章之徒序《诗》《书》，述仲尼之意，作《孟子》七篇"（《史记·孟子荀卿列传》）。尽管孟子未能为官从政，其所思所想却是平治天下的事情。无论是时代的要求，还是孟子的愿望，无论是孟子的志向，还是孟子的经历，孟子都是一个政治性人物，孟子思想的实质是政治哲学，《孟子》一书的最大特色是政治。政治是理解孟子思想的关键，也是打开孟子学说大门的钥匙。

　　现代政治学认为，政治是人类历史发展到一定时期产生的重要社会现象，是上层建筑领域中各种权力主体维护自身利益的特定行为以及由此构成的特定关系。古代社会，东西方对政治有着不同的认识。在古希腊，亚里士多德认为："人类在本性上，也正是一个政治动物。"① 政治是人类社会的正常现象；政治的主体是公民，意指城邦中的公民参与统治、管理、竞争等各种公共生活行为。在中国，先秦诸子更多的是把政与治分开使用，政是指国家的权力、制度、秩序和法令，治则是管理和教化民众，实现社会安定；在政与治的关系中，先秦诸子们关心的是治，帮助统治者出谋划策，安邦定国，"各著书言治乱之事以干世主"。先秦诸子的政治主体是君王和统治者。

孟子政治思想的源头，一是孔子的德治思想。"为政以德，譬如北辰，居其所而众星共之。"（《论语·为政》）二是孟子教导君王的实践和思考。孟子教导过梁惠王、齐宣王、滕文公、邹穆公，指出"君行仁政，斯民亲其上，死其长矣"（《梁惠王下》）。孟子反复强调仁者无敌，他对梁惠王说："彼陷溺其民。王往而征之，夫谁与王敌？故曰：'仁者无敌。'王请勿疑。"（《梁惠王上》）孟子还引用"孔子曰：'仁不可为众也。夫国君好仁，天下无敌'"；进一步指出："今也欲无敌于天下而不以仁，是犹执热而不以濯也"（《离娄上》）。意思是，如今有人想无敌于天下却不依靠仁德，这就像要解除炎热却不洗浴一样。三是孟子同各种非儒家学说的辩论，尤其是与杨朱和墨翟的激烈辩论。"圣王不作，诸侯放恣，处士横议，杨朱、墨翟之言盈天下。天下之言不归杨，则归墨。杨氏为我，是无君也；墨氏兼爱，是无父也。无父无君，是禽兽也。"（《滕文公下》）孟子的政治思想系统完备，既有时代性又有超越性，是一座储量大、品位高的富矿。探寻这

---

① 〔古希腊〕亚里士多德著，吴寿彭译：《政治学》，商务印书馆1997年版，第7页。

座富矿，人们可以发现闪闪发光的民本思想，充满爱心的仁政学
说，以德服人的王道理念，比较平等的君臣关系。首先需要探寻
的是孟子的政治理想，这是孟子一生的奋斗目标，也是孟子行为
的原生动力。

（一）理想国

无论是政治家还是政治学家，一定会有自己的政治理想，差
别在于政治学家设计政治理想，政治家则实践政治理想。对于政
治家而言，政治理想是前进的方向和行动的依据；对于政治学家
而言，政治理想是研究的成果，也是心向往之的精神乐园。古今
中外，设计政治理想的不乏其人，有的政治理想经过科学认识和
严密论证推导，具有一定的现实可能性；有的是想象愿景或文学
虚构，则不具有现实可能性；有的政治理想具有部分的现实可能
性，有的则完全没有现实可能性，关键在于政治家们的甄别、选
择和取舍。一般而言，对人类社会发展影响比较大的政治理想，
中国有大同世界、小国寡民和世外桃源，西方主要是古希腊柏拉
图设计的理想国。

柏拉图的哲学观点是理念世界，认为理念世界高于现实世界，
先于现实世界，是现实世界追求的目的；善为最高理念，是一切
事物、一切属性所共同追求的目标。柏拉图的理念论在政治领域
和城邦国家中的体现是理想国，善在理想国中的体现是正义。所
谓正义，就是每个人履行其本职工作和不干预他人履行本职工作
的义务，亦即每个人只应做与其天职相适应的事情和每个人在国
家内做好自己的工作。柏拉图认为，理想国的道德是智慧、勇敢、
节制和正义。与之相对应，人分为三个等级：第一等级是管理国
家的统治者，他们的道德是智慧；第二等级是保卫国家的武士，

他们的道德是勇敢；第三等级是从事手工业、商业和农业的自由民，他们的道德是节制，就是安于自己所处的地位，服从统治者的管理。在柏拉图看来，只要各个等级的人都做好自己分内的工作，互不干扰和越位，就是一个正义的国家，也就是理想国。令人感兴趣的是，柏拉图非常重视统治者的智慧和理性，力求把政治与哲学结合起来，认为国家最高统治者应是哲学王，"哲学王成为我们这些国家的国王，或者我们目前称之为国王和统治者的那些人物，能严肃认真地追求智慧，使政治权力与聪明才智合而为一"。如果没有哲学王的统治，"对国家甚至我想对整个人类都将祸害无穷，永无宁日"①。

大同世界是孔子的理想社会。"大道之行也，天下为公。选贤与能，讲信修睦。故人不独亲其亲，不独子其子，使老有所终，壮有所用，幼有所长，矜、寡、孤、独、废疾者，皆有所养。男有分，女有归。货恶其弃于地也，不必藏于己；力恶其不出于身也，不必为己。是故谋闭而不兴，盗窃乱贼而不作，故外户而不闭，是谓大同。"大同世界总的原则是天下为天下人所共同享有，政治上是德才兼备的人治理天下；人与人之间平等友爱。经济上是物质丰富；社会福利完备健全；没有弱势群体和贫困人口。社会上是人人品德高尚，大公无私；社会安定和谐，没有丑恶现象；路不拾遗，夜不闭户。人人热爱劳动，各尽其力；分工明确，各司其职。在孔子看来，尧舜治理的时代就是大同世界，就是理想社会。

后来社会的发展，使得公天下变成了家天下，以致大道既隐，人心不古，世风日下。身处礼崩乐坏的春秋末期和家天下的历史现实，孔子不敢奢望大同世界，提出了小康社会的理念，"禹、

---

① 〔古希腊〕柏拉图著，郭斌和、张竹明译：《理想国》，商务印书馆1996年版，第215页。

汤、文、武、成王、周公，由此其选也。此六君子者，未有不谨
于礼者也。以著其义，以考其信，著有过，刑仁讲让，示民有常。
如有不由此者，在执者去，众以为殃，是谓小康"（《礼记·礼
运》）。意思是，在大道既隐的情况下，夏禹，商汤，周文王、
武王、成王和周公是佼佼者。这六位君子，没有一个不把礼当做
法宝，用礼来表彰正义，考察诚信，指明过错，效法仁爱，讲究
礼让，向百姓展示一切都是有规可循。如有不遵守礼制的，当官
的要被撤职，民众都会把他当作祸害。这就是小康。在孔子看来，
公天下的政治理想是大同世界，家天下的政治理想是小康社会。
无论大同世界还是小康社会，虽然在两千多年的传统社会中并没
有得到真正实践，而作为一种理想却有着积极意义，对统治者形
成了某种约束，对老百姓形成了某些保护。

　　小国寡民是老子的理想社会。小国寡民源于老子对原始氏族
社会的深情回忆，寄托着不可实现的梦想。老子认为，在小国寡
民社会里，先进的器械以及交通工具，甚至连文字都可以弃而不
用，更没有战争杀戮，"使有什伯之器而不用，使民重死而不远
徙。虽有舟舆，无所乘之；虽有甲兵，无所陈之；使人复结绳而
用之"。在小国寡民社会里，生活自给自足，人民过着淳朴自然的
村社生活，"邻国相望，鸡犬之声相闻，民至老死不相往来"。在
小国寡民社会里，人民安居乐业，生活幸福，"甘其食，美其服，
安其居，乐其俗"（《老子·第八十章》）。如果说，小国寡民带
有浓厚的原始氏族色彩和无法实现的梦幻图景，那么，这四句话、
十二字则是老子理想社会的价值所在，具有时空超越性，也是任
何一个正常的统治者都会追求的政治理想。

　　对于小国寡民社会，老子还要求绝圣弃智和绝仁弃义，"大道
废，有仁义；智慧出，有大伪；六亲不和，有孝慈；国家昏乱，
有忠臣"（《老子·第十八章》）。在智慧方面，老子既看到了智

慧与大伪的区别，又看到了两者之间的联系。智慧的出现和不断发展，既增加了人们认识世界和改造世界的能力，随之也出现了虚伪狡诈和阴谋诡计。老子反对的不是知识和智慧，而是虚伪狡诈和阴谋诡计，"古之善为道者，非以明民，将以愚之。民之难治，以其智多。故以智治国，国之贼；不以智治国，国之福"（《老子·第六十五章》）。河上公注"明"为"知巧诈也"，"愚"为"使朴质不诈伪也"。在仁义方面，老子不仅看到了大道之废与仁义兴起之间的联系，倡导仁义是因为社会上存在着大量不仁不义的行为，而且看到了仁义的负面作用，成为野心家和阴谋家文饰自己、沽名钓誉的手段以及攻击他人的武器，"故失道而后德，失德而后仁，失仁而后义，失义而后礼。夫礼者，忠信之薄而乱之首也"（《老子·第三十八章》）。

世外桃源是陶渊明的理想社会。陶渊明面对东晋乱世，虚构了桃源世界以慰藉心灵的痛苦。据《桃花源记》记载：一个渔夫只身划船进入一山洞，发现一座桃源。这里与世隔绝，居民男耕女织，大人小孩参加劳动，没有赋税和徭役，人们的关系淳朴亲切，到处是安乐祥和的气氛，"复行数十步，豁然开朗。土地平旷，屋舍俨然，有良田、美池、桑竹之属。阡陌交通，鸡犬相闻。其中往来种作，男女衣着，悉如外人。黄发垂髫，并怡然自乐。见渔人，乃大惊，问所从来，具答之。便要还家，为设酒杀鸡作食。村中闻有此人，咸来问讯。自云先世避秦时乱，率妻子邑人来此绝境，不复出焉，遂与外人间隔。问今是何世，乃不知有汉，无论魏晋"。在世外桃源里，我们看到了一幅美好的政治图景：经济上自给自足，政治上自我管理，人际关系是友爱相处，社会氛围是和平安宁。当然，陶渊明的桃花源是不可能实现的空想世界。吊诡的是，这个虚拟的和平、纯净、安宁的世界竟成了无数志士仁人、文人墨客的心灵栖居地，他们从桃花源读出了崇高的理想，感受到了悲悯的情怀，体察到了生活的意义，甚至在濒于绝望之时，也能重新燃起生命的火焰，继续探寻人生的意义。刘禹锡《桃源行》诗云："渔人振衣起出户，满庭无路花纷纷。翻然恐迷乡县处，一息不肯桃源住。桃花满溪水似镜，尘心如垢洗不去。仙家一出寻无踪，至今水流山重重。"

（二）法先王

建构政治理想，无非有两条途径，一条是理论推导，类似于柏拉图的做法；另一条是经验总结。先秦诸子一般不喜欢形上思维和抽象思辨，理论推导难以成为选项，只能做经验总结。比较而言，经验总结直观、生动又形象，而且有实践基础，更能吸引人，容易被大众接受。经验总结又有两种情况，既可以是直接经验总结，也可以是间接经验总结。先秦诸子虽然向往为官从政，却很少有人被委任为大臣高官；即使为官从政，时间也不长；至于君王和诸侯的位置，只能在梦中想想而已。先秦诸子所能做的总结是间接经验，主要是对历史的回溯和以往政治实践的研究，从而形成了法先王的政治观念。"巫马子谓子墨子曰：'舍今之人而誉先王，是誉槁骨也。譬若匠人然，智槁木也，而不智生木。'子墨子曰：'天下之所以生者，以先王之道教也。今誉先王，是誉天下之所以生也。可誉而不誉，非仁也。'"（《墨子·耕柱》）所谓法先王，就是学习效法古代圣王，以理想化的古代圣王道德观念和社会政治为标准，来设计现实的社会制度，规范现实的伦理道德。美国学者威廉·白瑞德在《非理性的人》中指出："古典学者中的人文传统把古人理想化，同时虚构了事实，这是一切理想主义观点无可避免的。"理想化是指古代圣王的伟大道德品质和完美社会政治制度，并不是真实的存在，而是后人的理想寄托和主观愿望观照。

儒家积极倡导法先王，法先王是儒家政治理想的有机组成部分，儒家从法先王中取得政治理想的历史依据和经验养料。孔子所法先王，主要有尧、舜、禹、文王、周公。在《论语》一书中，孔子赞誉尧，不吝溢美之词："大哉，尧之为君也！巍巍乎，唯天为大，唯尧则之。荡荡乎，民无能名焉。巍巍乎，其有成功也，焕乎，其有文章！"孔子认为舜和禹都很伟大："巍巍乎，舜禹之有天下也，而不与焉"；认为舜会用人："舜有臣五人，而天下治"（《论语·泰伯》）；认为舜会当君王："无为而治者，其舜也与？夫何为哉？恭己正南面而已矣。"（《论语·卫灵公》）无为而治是道家的治国方略，儒家则在坚持君王自身德行和举贤任能的前提下，认可无为而治。何晏《论语集解》注释："言任官得其人，故无为而治。"孔子认为禹不仅伟大，而且完美："禹，吾无间然矣。菲饮食而致孝乎鬼神，恶衣服而致美乎黻冕，卑宫室而尽力乎沟洫。"（《论语·泰伯》）意思是，对于禹，我没有批评了。他的饮食菲薄而祭祀鬼神的祭品却很丰盛；他穿的衣服很破烂而祭祀的礼服却很华丽；他住的宫室很简陋却尽力修治沟渠水利。孔子赞美文王的典章文物和治国之道，强调自己学习继承文王的使命感。"子畏于匡，曰：'文王既没，文不在兹乎？天之将丧斯文也，后死者不得与于斯文也；天之未丧斯文也，匡人其如予何？'"（《论语·子罕》）孔子赞美周公创立的西周制度和礼乐文明："周监于二代，郁郁乎文哉！吾从周。"（《论语·八佾》）他对周公倾心佩服，一旦长时间没有梦见周公，就会感叹自己衰老了："甚矣吾衰也，久矣吾不复梦见周公。"（《论语·述而》）朱熹解释："孔子盛时志欲行周公之道，故梦寐之间如或见之。至其老而不能行也，则无复是心而亦无复是梦矣，故因此而自叹其衰之甚也。"（《四书章句集注》）由于孔子思考的重点在社会伦理道德领域，主要讲为人之道，其法先王思想与其说是为了建构政治理想，不如说是因对现实社会不满和无奈而发思古之幽情。

比较而言，孟子更加重视法先王。据统计，在《孟子》260章中，论及尧的有 24 章，舜有 40 章，禹有 11 章，汤有 17 章，文王有 23 章，武王有 13 章，周公有 8 章。孔子是抽象地赞美古代圣王，孟子则具体而明确地赞颂了古代圣王的伟大品格和治国业绩。孔子相对单纯地谈论法先王，孟子则把法先王贯穿于他的整个思想体系，落实到政治、经济、社会、人生各个领域。孔子没有把法先王与其政治理想结合起来，孟子则把法先王作为建构政治理想的有机组成部分，具有明显的托古改制性质。法先王主要不是效法先王的道德理念和社会制度，而是要推行实施自己的仁政思想和王道学说。

孟子赞美最多的是尧舜。在孟子看来，尧舜是治国的典范，尧舜时代是政治理想的标本。尧舜治国以孝悌为本，"尧舜之道，孝弟而已矣"（《告子下》）。舜是孝悌的榜样，在舜的心目中，只有孝顺父母，才能解除忧愁。"天下之士悦之，人之所欲也，而不足以解忧；好色，人之所欲，妻帝之二女，而不足以解忧；富，人之所欲，富有天下，而不足以解忧；贵，人之所欲，贵为天子，而不足以解忧。人悦之、好色、富贵，无足以解忧者，惟顺于父母可以解忧。"（《万章上》）尧舜治国是纲举目张，选贤任能。"知者无不知也，当务之为急；仁者无不爱也，急亲贤之为务。尧舜之知而不遍物，急先务也；尧舜之仁不遍爱人，急亲贤也。"（《尽心上》）意思是，智者没有什么不想知道的，但急于知道当前该做的紧要事情；仁者没有什么不爱惜的，但急于先爱亲人和贤人。尧舜的智慧不能遍知所有的事物，是因为他们急于去做眼前的大事；尧舜的仁德不能遍爱所有的人，是因为他们急于去爱亲人和贤人。尧舜治国树立了君臣之道，尧为君，尽君之道，仁政爱民；舜为臣，尽臣之道，忠于君王。"规矩，方圆之至也；圣人，人伦之至也。欲为君，尽君道；欲为臣，尽臣道。二者皆法尧舜而已矣。不以舜之所以事尧事君，不敬其君者也；不以尧之所以治民治民，贼其民者也。孔子曰：'道二，仁与不仁而已矣。'"（《离娄上》）

尧舜治国以仁政为主旨，施行不忍人之政。孟子用正反句式加以论证，先是否定句式——"离娄之明，公输子之巧，不以规矩，不能成方圆；师旷之聪，不以六律，不能正五音；尧舜之道，不以仁政，不能平治天下"（离娄，相传是黄帝时目力极强的人；公输子即鲁班，为著名的巧匠；师旷，春秋时著名的音乐家）。后是肯定句式，既肯定先王行使仁政，又强调法先王——"圣人既竭目力焉，继之以规矩准绳，以为方圆平直，不可胜用也；既竭耳力焉，继之以六律正五音，不可胜用焉；既竭心思焉，继之以不忍人之政，而仁覆天下矣。故曰：为高必因丘陵，为下必因川泽，为政不因先王之道，可谓智乎？是以惟仁者宜在高位。不仁而在高位，是播其恶于众也。"（《离娄上》）意思是，圣人既已用尽了目力，又接着用规矩准绳，制定方的、圆的、平的、直的东西，这些东西用都用不完；既已用尽了耳力，又接着用六律来校正五音，这些音阶也就运用无穷；既已用尽了心思，又接着推行不忍心别人受苦的仁政，仁爱也就覆盖天下了。所以说，建高台一定要凭借丘陵，挖深池一定要凭借川泽，搞政治不凭借古代圣王之道，能说是明智吗？因此，只有仁人可以处在统治地位。不仁的人如果处在统治的地位，这就会在民众中散播他的罪恶。

孟子还赞美了大禹、商汤、文王、武王和周公。大禹的最大功绩是疏通九河，铸造九鼎。在这个过程中，夙夜在公，三过家门而不入。"禹疏九河，瀹济、漯而注诸海，决汝、汉，排淮、泗而注之江，然后中国可得而食也。当是时也，禹八年于外，三过其门而不入。"（《滕文公上》）禹还有先见之明，早已认识到美酒的危害，"禹恶旨酒而好善言"（《离娄下》）。焦循注旨酒为美酒，"仪狄作酒，禹饮而甘之，遂疏仪狄，而绝旨酒"（《孟子正义》）。商汤会用人，"汤执中，立贤无方"（《离娄下》）。意思是，商汤坚守中庸之道，选贤任能不照搬照套规矩。具体例子是商汤选用曾经是厨子的伊尹作为宰相，帮助治理国家，"故汤之于伊尹，学焉而后臣之，故不劳而王"（《公孙丑下》）。商汤和文王都坚守王道，以德服人，"以力假仁者霸，霸必有大国；以德行仁者王，王不待大。汤以七十里，文王以百里。以力服人者，非心服也，力不赡也；以德服人者，中心悦而诚服也"（《公孙丑上》）。商汤和文王还深谙外交之道，能处理好大国与小国的关系。"齐宣王问曰：'交邻国有道乎？'孟子对曰：'有。惟仁者为能以大事小，是故汤事葛，文王事昆夷。'"文王治岐有方，"昔者文王之治岐也，耕者九一，仕者世禄，关市讥而不征，泽梁无禁，罪人不孥"。文王关注照顾贫困群体，"老而无妻曰鳏，老而无夫曰寡，老而无子曰独，幼而无父曰孤。此四者，天下之穷民而无告者。文王发政施仁，必先斯四者"。武王不轻侮近臣，也不遗忘远方的贤人，"不泄迩，不忘远"（《离娄下》）。武王主持正义并且勇敢，能够安定天下，"一人衡行于天下，武王耻之。此武王之勇也。而武王亦一怒而安天下之民"（《梁惠王下》）。周公则是学习夏商周三代开国君王的思想和业绩，勤劳国事，一心为公，"周公思兼三王，以施四事，其有不合者，仰而思之，夜以继日。幸而得之，坐以待旦"（《离娄下》）。

（三）孟子之政治理想

孟子之政治理想在法先王中已经有了充分的展示，这就是要求君王以孝悌为本，选贤任能，施行仁政，以德服人，勤政爱民，关爱弱者，制定礼乐制度，传承文明。同时，在《梁惠王上》第七章中，孟子通过与齐宣王的对话，比较系统地阐述了他的政治理想。有的学者认为："本篇堪称是中国最早的原始'理想国'与'太阳城'吧！主要论述王道的根本在保民。"①

孟子与齐宣王的对话，沿袭了与梁惠王对话的套路，两人相见，先是对方提出似是而非的观点，然后孟子给予反驳和纠正。梁惠王提出利的观念，孟子则以仁义加以纠正。"孟子见梁惠王。王曰：'叟！不远千里而来，亦将有以利吾国乎？'孟子对曰：'王！何必曰利，亦有仁义而已矣。'"而齐宣王问是否知道齐桓公、晋文公的霸道，孟子则以孔子的弟子只关心王道给予回答。"齐宣王问曰：'齐桓、晋文之事可得闻乎？'孟子对曰：'仲尼之徒无道桓文之事者，是以后世无传焉，臣未之闻也。无以，则王乎？'"（《梁惠王上》）齐桓公为春秋五霸的首霸，是齐国第十五任国君，任用管仲为相，推行改革，实施军政合一、兵民合一的制度。公元前679年，与诸侯在鄄地会盟，自此成为天下诸侯的霸主。晋文公为第二霸，是晋国第二十二任国君，在位期间任用贤能，实行通商宽农、明贤良、赏功劳等政策，作三军六卿，使国力大增。公元前632年于城濮大败楚军，召集齐、宋等国于践土会盟，成为春秋第二位霸主。春秋时计有五霸，孟子认为其余三霸是宋襄公、秦穆公和楚庄王。孟子实际上知道齐桓、晋文

---

① 周殿富编译：《曾刻孟子要略译注》，安徽人民出版社2013年版，第218页。

之事，由于提倡王道，反对霸道，所以说不知齐桓、晋文之事，还称五霸为罪人，"五霸者，三王之罪人也"（《告子下》）。五霸之罪在于僭越周天子的权力，聚合一部分诸侯去攻打另一部分诸侯。

齐宣王接着问："德何如则可以王矣？"孟子鲜明地回答："保民而王，莫之能御也。"保民而王，多么响亮的口号，何等伟大的声音，这就是孟子的政治理想。

保民而王的前提是有不忍之心。孟子认为，不忍之心的依据是"今人乍见孺子将入于井，皆有怵惕恻隐之心"（《公孙丑上》）。齐宣王问孟子："若寡人者，可以保民乎哉？"孟子回答："可。"孟子肯定齐宣王能够保民而王，是因为他从以羊易牛祭祀的事例，看到了齐宣王有不忍之心。"曰：'臣闻之胡龁曰，王坐于堂上，有牵牛而过堂下者，王见之，曰："牛何之？"对曰："将以衅钟。"王曰："舍之！吾不忍其觳觫，若无罪而就死地。"对曰："然则废衅钟与？"曰："何可废也？以羊易之！"'"意思是，孟子说，我听胡龁说，有一次王坐在堂上，有人牵牛从堂下经过，王看到了问，牵牛去哪里？那人答道要宰了它祭钟。王说，放了它，我不忍心看它哆嗦的样子，它没有罪过却要进屠坊。那人反问道：是否需要废祭钟的仪式？王说，怎么能废除呢？用只羊替代它。

对于以羊代替牛去祭祀，老百姓认为是齐宣王吝啬，齐宣王感到委屈，孟子给予开导，认为不是吝啬，而是有不忍之心。"孟子曰：'是心足以王矣。百姓皆以王为爱也，臣固知王之不忍也。'王曰：'然，诚有百姓者。齐国虽褊小，吾何爱一牛？即不忍其觳觫，若无罪而就死地，故以羊易之也。'曰：'王无异于百姓之以王为爱也。以小易大，彼恶知之？王若隐其无罪而就死地，则牛羊何择焉？'王笑曰：'是诚何心哉？我非爱其财，而易之以羊也，宜乎百姓之谓我爱也。'"这段对话详细描述了孟子的循循善诱，惟妙惟肖地刻画了齐宣王的心理活动。孟子进一步鼓励齐宣王，不要计较老百姓的看法，而要强化不忍之心。"无伤也，是乃仁术也，见牛未见羊也。君子之于禽兽也，见其生，不忍见其死；闻其声，不忍食其肉。是以君子远庖厨也。"孟子的肯定和鼓励，使得齐宣王很高兴，认为孟子是他的知音。"《诗》云：'他人有心，予忖度之。'夫子之谓也。夫我乃行之，反而求之，不得吾心。夫子言之，于我心有戚戚焉。"（《梁惠王上》）意思是，《诗经》讲别人有心事，我来揣摩它。说的就是您老人家啊。我只是这样做了，反过来考虑为什么这样做，却不明白自己的内心。您老人家这么一说，说到我心里去了。

保民而王的途径是推恩于民。孟子认为："君子之于物也，爱之而弗仁；于民也，仁之而弗亲。亲亲而仁民，仁民而爱物。"（《尽心上》）当齐宣王问有不忍之心，就可以实行王道吗？孟子马上批评齐宣王，说他只把不忍之心用于禽兽，而没有恩及老百姓。他先是用了两个比喻让齐宣王陷于矛盾之中，一个比喻是力大到能够举起千斤，却拿不起一根羽毛；另一个比喻是眼睛明亮到可以看清鸟身上的细毛，却看不见一车柴木。"（孟子）曰：有复于王者曰：'吾力足以举千钧，而不足以举一羽；明足以察秋毫之末，而不见舆薪，则王许之乎？'曰：'否。'"接着孟子说："今恩足以及禽兽，而功不至于百姓者，独何与？然则一羽之不举，为不用力焉；舆薪之不见，为不用明焉；百姓之不见保，为不用恩焉。故王之不王，不为也，非不能也。"意思是，如今您的恩情足以使禽兽受惠，而您的功绩不能使百姓沾光，又是为什么呢？这么说来，拿不起一根羽毛，是因为不肯用力气；瞧不见一车柴木，是因为不肯用眼睛；老百姓得不到安抚，是因为王不肯施恩。所以王没有使天下归服，是不肯做，而不是不能做。孟子明确要求齐宣王扩而充之不忍之心，"老吾老以及人之老，幼吾幼以及人之幼；天下可运于掌"。孟子引《诗经》加以论证："《诗》云：'刑于寡妻，至于兄弟，以御于家邦。'言举斯心加诸彼而已。"意思是，《诗经》说，先给妻子做表率，然后推及于兄弟，继而推广到封邑国家。说的无非是把这种好心思推广到别的方面罢了。孟子告诫齐宣王："故推恩足以保四海，不推恩无以保妻子。"孟子强调："古之人所以大过人者，无他焉，善推其所为而已矣。"（《梁惠王上》）意思是，古代的圣贤之所以远远超过别人，没有别的奥妙，只是善于推广他的善行罢了。

保民而王的歧途是进行战争。孟子对战争持否定态度，认为发动战争的人应当受到最重的刑罚处置，"争地以战，杀人盈野；争城以战，杀人盈城，此所谓率土地而食人肉，罪不容于死。故善战者服上刑"（《离娄上》）。当孟子要求推恩于民、施行仁政时，齐宣王说他还有更大的愿望，孟子问是不是为了追求感官和物质享受："为肥甘不足于口与？轻暖不足于体与？抑为采色不足视于目与？声音不足听于耳与？便嬖不足使令于前与？王之诸臣皆足以供之，而王岂为是哉？"齐宣王回答不是追求这些享受，孟子明白齐宣王更大的愿望是开疆拓土，称霸天下，指出这是缘木求鱼，不会有好结果，"然则王之所大欲可知已，欲辟土地，朝秦楚，莅中国而抚四夷也。以若所为求若所欲，犹缘木而求鱼也"。齐宣王问有这么严重吗？孟子回答恐怕还要严重，而且一定会有祸患，"殆有甚焉。缘木求鱼，虽不得鱼，无后灾。以若所为求若所欲，尽心力而为之，后必有灾"。意思是，恐怕比这还严重呢。爬到树上去捕鱼，尽管得不到鱼，还没什么祸患。按照您的做法去寻求欲望的满足，尽心尽力去做，接着一定有祸患。祸患的原因在于开疆拓土，必然要进行战争，而齐国弱小，肯定会失败，就像邹人与楚人打仗那样，邹人因弱小而失败。孟子劝告齐宣王不要战争，而应施行仁政，"然则小固不可以敌大，寡固不可以敌众，弱固不可以敌强。海内之地方千里者九，齐集有其一。以一服八，何以异于邹敌楚哉？盖亦反其本矣"（《梁惠王上》）。

保民而王的关键是发政施仁。孟子的政治主张是仁政，认为只有推行仁政，才能治平天下，"君仁，莫不仁；君义，莫不义；君正，莫不正。一正君而国定矣"（《离娄上》）。孟子告诉齐宣王，如果实施仁政，天下的人都会跟着您，没有人能阻挡称王天下，"今王发政施仁，使天下仕者皆欲立于王之朝，耕者皆欲耕于王之野，商贾皆欲藏于王之市，行旅皆欲出于王之途，天下之欲疾其君者，皆欲赴愬于王。其若是，孰能御之？"齐宣王问怎样实施仁政？孟子回答仁政就是要富民和教民。在富民方面，要制民之产。孟子认为，老百姓是讲实际的，没有财产，就不会有道德之心；没有道德之心，就会为非作歹，犯上作乱，"若民，则无恒产，因无恒心。苟无恒心，放辟邪侈，无不为已。"这时，统治者如果处罚老百姓，那是在陷害百姓，有仁德的统治者是不会这样做的，"及陷于罪，然后从而刑之，是罔民也。焉有仁人在位罔民而可为也？"明智的君王是要让老百姓吃饱穿暖，富裕起来，"是故明君制民之产，必使仰足以事父母，俯足以畜妻子，乐岁终身饱，凶年免于死亡。然后驱而之善，故民之从之也轻"。孟子设想得很具体："五亩之宅，树之以桑，五十者可以衣帛矣。鸡豚狗彘之畜，无失其时，七十者可以食肉矣。百亩之田，勿夺其时，八口之家可以无饥矣。"在教民方面，要明人伦。"谨庠序之教，申之以孝悌之义，颁白者不负戴于道路矣。七十者衣帛食肉，黎民不饥不寒，然而不王者，未之有也。"（《梁惠王上》）朱熹注云：

"此章言人君当黜霸功，行王道。而王道之要，不过推其不忍之心，以行不忍之政而已。"（《四书章句集注》）概言之，孟子的政治理想就是仁政与王道。

　　研究孟子的政治理想和追求目标，不禁想起了英国政治哲学家哈耶克的《通向奴役之路》。哈耶克崇尚自愿自发秩序，即由人类行为而非人类设计产生的秩序。从这个意义上说，哈耶克是反对设计理想和目标的，"所有通往地狱之路，原先都是准备到天堂去的"；"通往地狱之路，都是由善意铺成的"；"在我们竭尽全力自觉地根据一些崇高的理想缔造我们的未来时，我们却在实际上不知不觉地创造出与我们一直为之奋斗的东西截然相反的结果，人们还想象得出比这更大的悲剧吗?"哈耶克实际是提醒人们，在肯定理想和目标的正面作用的同时，不能忽视其可能产生的负面影响。人类社会需要理想和目标，理想和目标永远是人类社会发展可以汲取的不竭动力。没有理想和目标，人类就会失去希望，社会就会停止前进。理想和目标的正面作用与负面影响并存，毫无疑义的是正面作用大于负面影响。同时，必须关注理想和目标的负面影响，尽力在理想与现实、目标与行动之间保持必要的平衡。具体而言，要防止理想发展为狂热。理想一旦变为狂热，就会失去理性，演变为不可控制的异己力量，使善良的动机演变为可恶的结局。哈耶克告诫人们："从纯粹的并且真心实意的理想家到狂热者只不过一步之遥。"要强化理想和目标的开放性。在实现理想和追求目标的过程中，允许自由讨论，鼓励根据变化了的情况和遇到的新情况进行微调或大的调整，只有"在共同目标对人们并非一种终极目标而是一种能够用于多种多样意图的手段的地方，人们才最可能对共同行动达成共识"。更重要的是，政治理想和目标与人的尊严和生命密切相关，这就要求思想家在演绎历史时，不要忘记是有生命的人组成了历史；政治家在推动历史时，不要忘记是人的尊严和生命在历史中行进。如果思想家、政治家们不是像棋盘上下棋那样，把鲜活的人当作冷冰冰的棋子，而是尊重人、尊重生命，那么，理想和目标就会有百益而无一害，充满深情地召唤着人们奔向美好的未来。

二、民贵君轻

　　我国传统政治思想犹如大花园，花木繁多，争奇斗艳，其中最艳丽的就是民本思想。民本思想发端于远古时期，形成于春秋战国时期，孟子是集大成者。一定意义上说，孟子政治的标志就是民本思想。二千多年前，孟子能比较正确地认识统治者与民众的关系，提出"民贵君轻"的政治理念，惊世骇俗，震撼人心，令人感佩莫名。

　　孟子的民本思想，不是无本之木、无源之水，首先源于孔子的仁学。孔子之"仁"含义丰富，本质却简单明了，就是"爱人"。爱人在政治领域的体现是爱民，"道千乘之国，敬事而信，节用而爱人，使民以时"（《论语·学而》）。爱民要惠民和济民，"博施于民而能济众"（《论语·雍也》）；还要惠而不费，"因民之所利而利之"（《论语·尧曰》）。孟子的民本思想，是对历史经验的总结，尤其是总结桀、纣失去天下的教训。夏桀是历史上有记载的第一个暴君，"桀不务德而武伤百姓，百姓弗堪"（《史记·夏本纪》）。孟子抨击夏桀："《汤誓》曰：'时日害丧，予及女偕亡。'民欲与之皆亡，虽有台池鸟兽，岂能独乐哉？"（《梁惠王上》）意思是，《汤誓》说，这个夏桀何时消亡，我和你一起去死。老百姓要和他一起去死，纵然他有台池鸟兽，难道能独自快活吗？商纣更是残酷，使得社会矛盾像开了锅一样："如蜩如螗，如沸如羹。"（《诗经·大雅》）孟子认为，夏桀、商纣失去天下的根本原因在于丧失民心。"桀纣之失天下也，失其民也；失其民者，失其心也。"孟子还总结了周幽王、厉王的行为，告诫统治者："暴其民甚，则身弑国亡；不甚，则身危国削，名之曰'幽''厉'，虽孝子慈孙，百世不能改也。"（《离娄上》）孟子的民本思想，是对春秋战国政治的反思。当时，一方面，社会生产力得到了空前发展，而主体是人民群众，没有人民群众的创造发明和辛勤劳作，社会生产力就不可能发展；另一方面，诸侯林立，战争频仍，统治者朝不保夕，"弑君三十六，亡国五十二，诸侯奔走不得保其社稷者不可胜数"（《史记·太史公自序》）。老百姓更是民不聊生，"族类离散，流亡为臣妾"，甚至"刳腹折颐，首身分离，暴骨草泽，头颅僵仆，相望于境"（《战国策·秦策》）。而诸侯的强弱、战争的胜负和新旧政权的更替，起决定作用的是民众和民心向背。无论生产力的发展，还是诸侯间战争的胜负，都使孟子意识到民众的伟力，"天时不如地利，地利不如人和"（《公孙丑下》）。孟子的民本思想，有着脉络清晰的历史渊源和坚实可靠的现实基础。

（一）民本源与流

民本是传统社会极为重要的政治思想，几乎和国家与政治同时产生，源远流长，蔚为壮观。最为经典的表述是："民惟邦本，本固邦宁。"（《尚书·五子之歌》）

民本思想最早可追溯到史前传说和三皇五帝时期，《史记·五帝本纪》记载：黄帝是"神农氏世衰，诸侯相侵伐，暴虐百姓，而神农氏弗能征，于是轩辕乃习用干戈，以征不享，诸侯咸来宾从"；"修德振兵，治五气，艺五种，抚万民，度四方"。颛顼"静渊以有谋，疏通而知事；养材以任地，载时以象天，依鬼神以制义，治气以教化，絜诚以祭祀"。帝喾"聪以知远，明以察微。顺天之义，知民之急。仁而威，惠而信，修身而天下服。取地之财而节用之，抚教万民而利诲之，历日月而迎送之，明鬼神而敬事之"。帝尧"其仁如天，其知如神"；"九族既睦，便章百姓。百姓昭明，合和万国"。帝舜"举八恺，使主后土，以揆百事，莫不时序"；"举八元，使布五教于四方，父义、母慈、兄友、弟恭、子孝"。

夏商周三代，尤其殷周之际，不仅有传说，更有文字可考，民本思想已破土出芽，"殷鉴不远，在夏后之世"（《诗经·大雅》）。殷鉴就是夏桀无道，导致夏朝灭亡；商纣不借鉴夏桀的教训，导致商朝灭亡。召公痛切地告诫："我不可不监于有夏，亦不可不监于有殷。"（《尚书·召诰》）周王朝已提出民本理念，《尚书·康诰》中提到"明德慎刑"，"敬德保民"；《酒诰》中提到"人无于水监，当于民监"；《泰誓》中提到"天视自我民视，天听自我民听"。我国传统的民本思想萌生于史前时期，夏商两朝有了新的发展，而西周则由初浅的感性认识逐渐步入理性认识门槛，这是上古先贤对政治关系最初的认识和思考，又是古代智慧对政治及其运行的直观感受和切身体会。

先秦时期，民本思想得到了普遍认同。《左传·桓公六年》记载随侯与大夫季梁的对话，将神依附于民，具有鲜明的民本意识。当时楚国侵略随国，以假败引随兵追赶。随侯欲追楚，季梁谏止："臣闻小之能敌大也，小道大淫。所谓道，忠于民而信于神也。上思利民，忠也；祝史正辞，信也。今民馁而君逞欲，祝史矫举以祭，臣不知其可也。"意思是，臣下听说小国之所以能够抵抗大国，是小国有道，而大国君王沉溺于私欲。所谓道，就是忠于百姓而取信于神明。上边的人想到对百姓有利，这是忠；祝史真实不欺地祈祷，这是信。现在百姓饥饿而国君放纵个人享乐，祝史浮夸功德来祭祀，臣下不知怎样行得通。随侯回答说，我祭祀丰富，祭品丰富，肯定可以取信于神。季梁则认为："夫民，神之主也。是以圣王先成民而后致力于神。"在君与民关系方面，《左传·文公十三年》记载邾文公迁都于绎的故事，邾文公强调先民后君、以君从民，实际就是民本思想，左丘明评价邾文公懂得天命。"邾文公卜迁于绎。史曰：'利于民而不利于君。'邾子曰：'苟利于民，孤之利也。天生民而树之君，以利之也。民既利矣，孤必与焉。'左右曰：'命可长也，君何弗为？'邾子曰：'命在养民。死之短长，时也。民苟利矣，迁也，吉莫如之！'遂迁于绎。五月，邾文公卒。君子曰：'知命。'"

民本思想不仅得到统治阶层的认同，而且得到先秦诸子的响应。道家贵无，主张无为而治，却不否认民众的作用，认为"贵以贱为本，高以下为基"（《老子·第三十九章》），反对统治者横征暴敛，"民之饥，以其上食税之多，是以饥"（《老子·第七十五章》）。墨家尚贤，主张兼相爱、交相利，却强调要遵道利民："故唯毋明乎顺天之意，奉而光施之天下，则刑政治，万民和，国家富，财用足，百姓皆得暖衣饱食，便宁无忧。是故子墨子曰：'今天下之君子，中实将欲遵道利民，本察仁义之本，天之意不可不慎也。'"（《墨子·天志中》）法家讲法治，重君王，却没有完全忘记民众，认为强国必须利民："圣人苟可以强国，不法其故；苟可以利民，不循其礼。"（《史记·商君列传》）在儒家那里，民本思想得到了系统而完备的阐述，孔子是首创者，孟子提出了民贵君轻的观点——"民为贵，社稷次之，君为轻。"（《尽心下》）荀子则提出了民水君舟的观点——"君者，舟也；庶人者，水也。水则载舟，水则覆舟。"（《荀子·王制》）民贵君轻与民水君舟各有侧重，前者强调民众在国家中的地位，后者重视民众在历史中的作用。这些观点深刻影响了传统社会的政治统治及其运行轨迹。

汉唐时期，实际运用了民本思想。比较而言，汉朝侧重于民贵君轻，唐朝更喜欢民水君舟。汉、唐都是借农民起义之势而建立起来的王朝，使得汉、唐初年的统治者认识到民众的力量和民心向背的历史作用，一方面，运用民本思想实行轻徭薄赋、与民休息的政策，产生了"文景之治"和"贞观之治"；另一方面，总结历史经验，发展完善民本思想。在汉朝，主要是贾谊著有《过秦论》，总结亡秦的经验教训："鄙谚曰：'前事之不忘，后之师也。'是以君子为国，观之上古，验之当世，参之人事。察盛衰之理，审权势之宜，去就有序，变化应时，故旷日长久而社稷安矣。"贾谊认为，秦始皇凭一柄利剑，削平六国，一统天下，却二世而亡，原因在于"取与、攻守不同术也"，取天下可以凭借武力，守天下不能凭借武力，而要施行仁义。"然后以六合为家，崤函为宫，一夫作难而七庙隳，身死人手，为天下笑者，何也？仁义不施，攻守之势异也。"在总结亡秦的经验教训中，贾谊肯定了民众的地位，"闻之于政也，民无不为本也。国以为本，君以为本，吏以为本，故国以民为安危，君以民为威侮，吏以民为贵贱，此之谓民无不为本也"；肯定了民众的历史作用，"闻之于政也，民无不为力也。故国以为力，君以为力，吏以为力"。对于战争而言，民众决定胜负，"故夫战之胜也，民欲胜也；攻之得也，民欲得也；守之存也，民欲存也……故率民而战，民不欲胜，则莫能以胜矣。故其民之为其上也，接敌而喜，进而不能止，敌人必骇，战由此胜也。夫民之于其上也，接而惧，必走去，战由此败也。故夫灾与福，非粹在天也，又在士民也。"对于国家而言，民众决定兴衰存亡，"故夫诸侯者，士民皆爱之则国必兴矣；士民皆苦之则国必亡矣。故夫士民者，国家之所树而诸侯之本也，不可轻也。"在总结亡秦的经验教训中，贾谊告诫统治者："夫民者，万世之本也，不可欺。凡居于上位者，简士苦民者，是谓愚，敬士爱民者，是谓智。夫愚智者，士民命之也。故夫民者，大族也，民不可不畏也。故夫民者，多力而不可适也。呜呼，戒之哉，戒之哉！与民为敌者，民必胜之。"（《贾谊新书·大政上》）

在唐朝，主要是李世民与魏徵君臣共同总结隋亡的经验教训。作为君王，李世民认为隋亡的根本原因在于隋炀帝骄奢淫逸，征伐不止，穷兵黩武，以致民不聊生，揭竿而起，初建的隋朝转瞬灭亡。李世民常以隋亡自警自戒，贞观初年，谓侍臣云："为君之道，必须先存百姓。若损百姓以奉其身，犹割股以啖腹，腹饱而身毙。"（《贞观政要·君道》）贞观六年，又谓侍臣云："天子者，有道则人推而为主，无道则人弃而不用，诚可畏也。"（《贞观政要·政体》）在"理政得失"的辩论中，李世民拒绝了封德彝等人提出的"任法律，杂霸道"的政治主张，采纳了魏徵等人提出的"王道仁政，安抚理国"的治国方略。作为人臣，魏徵则反复申述载舟覆舟的道理，贞观十一年，魏徵上疏曰："怨不在大，可畏惟人，载舟覆舟，所宜深慎，奔车朽索，其可忽乎？"（《贞观政要·君道》）贞观六年，魏徵呼应李世民的观点："今陛下富有天下，内外清晏，能留心治道，常临深履薄，国家历数，自然灵长。臣又闻古语云：'君，舟也，人，水也。水能载舟，亦能覆舟。陛下以为可畏，诚如圣旨。"（《贞观政要·政体》）贞观十四年，魏徵上疏曰："《书》曰：'抚我则后，虐我则仇。'荀卿子曰：'君，舟也，民，水也。水所以载舟，亦所以覆舟。'孔子曰：'鱼失水则死，水失鱼犹为水也。'故尧舜战战栗栗，日慎一日。安可不深思之乎？安可不熟虑之乎？"（《贞观政要·论礼乐》）史料记载，李世民十分赞赏魏徵的奏疏。由于李世民君臣以隋亡为戒，深知载舟覆舟的道理，遂使贞观年间政治稳定，百姓富足，安居乐业，造就了中国历史上少有的一大治世。

　　明清之际深化升华了民本思想。当时满洲贵族入主中原，社会剧烈变动，一些有识之士更为清醒地认识到民众的力量和历史作用，甚至提出了民主君客的观念。其代表人物有黄宗羲、王夫之、顾炎武以及稍后的唐甄和戴震。他们激烈批判封建专制主义，黄宗羲指出，君王把天下视为自己的私产，为害天下："是以其未得之也，屠毒天下之肝脑，离散天下之子女，以博我一人之产业，曾不惨然。曰：'我固为子孙创业也。'其既得之也，敲剥天下之骨髓，离散天下之子女，以奉我一人之淫乐，视为当然。曰：'此我产业之花息也。'然则为天下之大害者，君而已矣。"黄宗羲责问道："岂天地之大，于兆人万姓之中，独私其一人一姓乎？"（《明夷待访录》）唐甄批判君王自尊自贵："人君之尊，如在天上，与帝同体，公卿大臣罕得进见；变色失容，不敢仰视，跪拜应对，不得比于严家之仆隶。于斯之时，虽有善鸣者，不得闻于九天；虽有善烛者，不得照于九渊。臣日益疏，智日益蔽。伊尹、傅说不能诲，龙逢、比干不能谏，而国亡矣。"（《潜书·抑尊》）还骂帝王为贼："自秦以来，凡为帝王者皆贼也。……杀一人而取其匹布斗粟，犹谓之贼，杀天下之人而尽有其布粟之富，而反不谓之贼乎？"（《潜书·室语》）

　　同时，他们积极倡导民本思想，黄宗羲认为，古代社会是民主君客，君是为民服役的。所以，尧想把君位让给许由，汤想把天下让给务光，而许由、务光不肯接受，一一逃走。舜虽居天下之位，却一直想把它让出去，禹亦不愿为君，只是在无可奈何的情况下才接受了禅让。而后世君王，却以为天下利害之权皆出于我，以天下之利归于己，天下之害归于人，颠倒了民主君客的秩序。"此无他，古者以天下为主，君为客，凡君之所毕世而经营者，为天下也。今也以君为主，天下为客，凡天下之无地而得安宁者，为君也。"（《明夷待访录》）王夫之则从哲学高度论证了民本思想，指出天是理与势的统一："孟子于此，看得'势'字精微，'理'字广大，合而名之曰'天'。"（《读四书大全说》）强调"公天下"观念，"一姓之兴亡，私也，而生民之生死，公也"；认为生民之命高于一姓天下之兴亡："天下者，非一姓之私也，兴亡之修短有恒数，苟易姓而无原野流血之惨，则轻授他人而民不病。魏之授晋，上虽逆而下固安，无乃不可乎！"（《读通鉴论》）顾炎武则区分国与天下两个不同概念，"有亡国，有亡天下，亡国与亡天下奚辨？曰：易姓改号，谓之亡国。仁义充塞，而至于率兽食人，人将相食，谓之亡天下。"主张天下兴亡，匹夫有责，"是故知保天下，然后知保其国。保国者，其君其臣，肉食者谋之；保天下者，匹夫之贱，与有责焉耳矣"（《日知录》）。唐甄认为，国家的基础是民不是君，君王行兵、食、礼、刑四政，都要依靠民众，"国无民，岂有四政！封疆，民固之；府库，民充之；朝廷，民尊之；官职，民养之；奈何见政不见民也"（《潜书·明鉴》）。戴震一生"为民诉上天"，他从批判天理与人欲对立的观点入手论证民本思想，认为"国之本，莫重于民"（《送巡抚毕公归西安序》），要求"圣人治天下，体民之情，遂民之欲，而王道备"（《孟子字义疏证》）。

（二）民本与民主

孟子的民贵君轻思想，无疑是传统社会最完备最有震撼力的民本思想，而与民主思想的关系，却是一个有争议的话题。有的认为孟子民本思想截然不同于民主思想，陈独秀指出："民贵君轻与以人民为主体，由民主之民主政治，绝非一物。"① 有的认为属

---

① 《陈独秀文章选编》（上），生活·读书·新知三联书店 1984 年版，第 35 页。

于民主范畴，张岱年认为，孟子的"民为贵，可以说是民主思想"①。有的认为属于专制范畴，民贵君轻的名言必须放在实行和巩固宗法专制主义这个前提下理解才能获得它的本义，才能正确地理解。其内容为"王"是根本，保民是手段，王是为民作主②。有的认为属于封建君主制范畴，反对封建专制和虐政，"孟子提倡的是君权而不是民权，是君主统治而不是民主政治。这一基本思想在孟子那里十分明确，他的其他说法应该在与此不相矛盾的情况下才能成立"③。

如何理解孟子民本思想与民主思想的关系，首先要对民主思想有一个正确认识。只有正确认识了民主思想，才能正确地理解民本思想与民主思想的关系。

民主思想源于西方，意指由民作主，而不是为民作主。在西方，民主是历史的产物，可区分古代民主与现代民主。古代民主是指古希腊城邦民主，其典型是雅典的民主制度，恩格斯指出："雅典人国家的产生乃是一般国家形成的一种非常典型的例子，一方面，……因为它的形成过程非常纯粹，没有受到任何外来的或内部的暴力干涉，另一方面，因为它使一个具有很高发展形态的国家，民主共和国，直接从氏族社会中产生。"④ 雅典的民主主要体现在全体公民大会。公民大会是唯一的立法机关，具有人事、行政、执法、军事、财政以及宗教等多方面的决定权。古希腊政治家伯里克利阐述雅典民主政体的性质和特征时说："我们的政治制度之所以称为民主政治，是因为政权在全体公民手中，而不是在少数人手中……任何人，只要他能够对国家有所贡献，就绝对

---

① 《张岱年哲学文选》，中国广播电视出版社1999年版，第35页。

② 参见谭凤兰、吕文硕《论孟子民本思想的区别与联系》，载《前沿》2010年第18期。

③ 同上。

④ 《马克思恩格斯选集》（第四卷），人民出版社2012年版，第134页。

不会因为贫穷而在政治上湮没无闻。我们政治生活是自由而公开的……在我们私人生活中，我们是自由而宽恕的，但是在公家的事务中，我们遵守法律。这是因为这种法律使我们心悦诚服。"①

现代民主则缘于中世纪英国的议会制度，1215 年的《大宪章》是英国议会制度起点。《大宪章》反映了现代民主的重要原则，即国王必须服从国会的法律、无代表权不纳税以及分权制衡原则。1640 年英国革命爆发，1647 年为了建立新议会，在辩论中提出了"人民主权"理念，蕴含着多数决定的原则，从而建构了现代民主的两项基本原则，这就是分权制衡和多数决定。现代民主的源头虽然可追溯到古希腊城邦民主，而两者却有着重大区别，既有微观民主与宏观民主的区别，又有直接民主与间接民主的区别。在美国政治思想家萨托利看来，从古代民主到现代民主是一个漫长的历史过程，经历了多个发展环节，"西方文明用二千多年去丰富、调整和明确其价值目标，经历了基督教信仰、人文主义、宗教改革运动、自然法的天赋权利观念和自由主义等阶段"②。

那么，怎样认识现代民主呢？现代民主的核心是人民主权思想，即一切权力属于人民。与此相适应的观念有：人本身就是目的，而不是达到任何目的的手段；社会的基础是个人本位而非群体本位；个人的权利是天赋的，包括各种自由权、财产权和平等权，神圣不可侵犯；人民是最高的主权者，政府的权力由人民定期按一定程序和方式授予，人民有权监督政府，必要时可以收回其所授出的权力；宪法是人民建立政府、约束政府、管理政府的基本依据和最有力的武器；各部分公共权力之间处于互相制约之

---

① 刘军宁编：《民主二十讲》，中国青年出版社 2008 年版，第 1 页。

② 〔美〕乔·萨托利著，冯克利、闫克文译：《民主新论》，东方出版社 1998 年版，第 314 页。

中；多数决定和保护少数；通过妥协达到双赢，等等。现代民主的主要载体是代议制度。代议制度是指间接民主，公民通过其代表来治理国家，而不是直接管理全部公共事务。在代议制度中，公民通过选举出来的代表组成议会，掌握和行使立法与政治权。分权制衡是现代民主的基本结构。分权，就是把政府权力分为立法权、行政权和司法权；制衡，是根据宪法组成立法机关、行政机关和司法机关，由宪法分别授予立法权、行政权和司法权。三个机关具有同等的法律地位，独立地行使自己的权力。政党政治是现代民主的重要内容。政党政治意味着公民可以在不同的党派之间进行选择，而不同的政党及其不同的政治见解和政策方案的存在，也为公民提供了选择的可能。政党政治必然发生竞争和对立，只要各个政党遵循民主政治游戏规则参政议政，放弃用暴力的手段解决政治上的分歧，政党政治就不会导致国家分裂和武力对抗，反而会带来生机和活力、繁荣和稳定。公民权利是现代民主的基石。现代民主强调公民自由地决定自己命运的权利，要求政府必须能够保障生命权和财产权，必须能够保障言论自由、信仰自由、结社自由，必须能够保障自由公平、竞争性的选举，尊重个人和少数派不可剥夺的权利。

法治是现代民主的保障。法治的实质是要使宪法成为至高无上的权威，成为凌驾于一切人之上的权威，进而来维护和保卫现代民主，保护公民的权利不受到任何人为的侵犯，保障公民限制、监督甚至反对任何统治者的自由。概言之，现代民主是由代议制度、分权制衡、政党政治、公民权利和法治组成的集合体。

很明显，孟子的民本思想既不能划归古希腊城邦民主范围，更不能纳入现代民主范畴。孟子生活在一个以小农经济为基础、以君王集权为核心、以宗法关系为纽带的传统社会，他的民本思想不可能是一种论证民众政治权利的学说，只能以君王统治为起

点和归宿，主张重视民众的力量和民心的向背，维持民众的基本
生存条件，进而确保君王统治的长治久安。孟子不可能否定传统
社会的君与民关系，只能调和平衡君与民的关系，在维护君王统
治的前提下让君王的权力尽量小一些，民众的力量尽量大一些。
比较其他思想家，孟子对民众地位和作用的认识走得最远，民贵
君轻也是传统社会所能容忍的极限。超出这一极限，孟子就可能
被封杀，孟子思想就会被禁锢。朱元璋将孟子搬出文庙，就是一
个很好的例证。

比较孟子的民本思想与西方民主，完全不可同日而语。具体
表现在理论基础不同。孟子民本思想的渊源是性善论，"人皆有不
忍人之心，先王有不忍人之心，斯有不忍人之政矣"（《公孙丑
上》）。而西方民主认为统治者不可信任，会为了私利而不断扩
张手中的权力。英国思想家休谟指出："许多政治家已将下述主张
定为一条格言：在设计任何政府体制和确定该体制中的若干制约、
监控机构时，必须把每个成员都设想为无赖之徒，并设想他的一
切作为都是为了谋求私利，别无其他目标。"① 权力来源不同。孟
子主张"君权天授"，他引用《尚书》加以论证："《书》曰：
'天降下民，作之君，作之师，惟曰其助上帝宠之。四方有罪无罪
惟我在，天下曷敢有越厥志？'"（《梁惠王下》）意思是，上天
降生了民众，又为他们降生君王，又为他们降生师傅，他们只是
帮助天帝爱护人民。四方之内，有罪的我去征讨，无罪的我来保
护，责任都在我一人，天下有谁敢越过本分为非作歹？而西方民
主强调"主权在民"，人民是一切权力的来源；政府是由于人民
的委托才获得了权力，而且必须受到人民的监督。行政性质不同。
孟子认为君王和官员是民众的父母，他们的责任是爱护好百姓，

---

① 〔英〕大卫·休谟著，张若衡译：《休谟政治论文选》，商务印书馆1993年版，
第27页。

治理好国家，"为民父母，行政，不免于率兽而食人，恶在其为民
父母也?"（《梁惠王上》）为民父母是个比喻，却蕴含"为民作
主"的思想。而西方民主主张"由民作主"，认为政府的权力由
人民授予，只能按照人民的意志去管理国家，不能代替人民当家
作主。约束机制不同。孟子希望通过人治来约束权力，一方面是
统治者加强道德修养，用仁义礼智"四心"来约束自己的权力和
行为；另一方面是大臣和属下能够规劝和谏净君王的过失，以约
束权力运行，"人不足与适也，政不足间也。惟大人为能格君心之
非。君仁，莫不仁，君义，莫不义，君正，莫不正。一正君而国
定矣"（《离娄上》）。而西方民主强调以法治来约束权力，特别
是宪法监督和约束政府及其官员的权力。美国经济学家布坎南指
出："在'民主'一词之前必须冠以'宪法的'一词，这样才能
使'民主'一词在内部坚实的规范辩论中站得住脚。说得更具
体、详细一点，我的论点是，只有在个人自由本身具有价值，同
时在有效的政治平等（这是民主发挥作用的原则）得到保证的前
提下，'民主'才能具有评价的重大意义，而只有宪法的条文规
定能约束或限制集体政治行动的规模和程度，政治平等才能得到
保证。"[1]

（三）孟子之民本思想

孟子民本思想的核心是民贵君轻。民贵君轻是传统社会最美
丽的政治花朵，是传统社会关于君王与民众、统治者与被统治者
关系最清醒的认识，这表明孟子是传统社会最先进的政治思想家。
孟子首次在价值判断上把民众放在社稷和君王的前面，既是其性

---

[1] 刘军宁编：《民主二十讲》，中国青年出版社 2008 年版，第 307 页。

善论的必然结果，又是其政治学说的重要基础。在孟子看来，民贵君轻，国家才能长治久安，意味着得民心者得天下。反之，就会像桀纣那样，失民心者失天下。在孟子看来，民贵君轻，老百姓才能安居乐业，"是故明君制民之产，必使仰足以事父母，俯足以畜妻子，乐岁终身饱，凶年免于死亡。然后驱而之善，故民之从之也轻。"（《梁惠王上》）。在孟子看来，民贵君轻，君王与民众才能同心同德，政通人和，富国强兵。

民贵君轻的逻辑前提在于孟子朦胧认识到了国家的起源，是对公共事务的管理。而公共事务涉及的都是民众的切身利益，怎么能不以民为本呢？传统社会很少探讨国家起源问题，西方社会则作了较多的讨论，形成了阶级产生国家和契约建立国家的不同观点。恩格斯指出："国家是社会在一定发展阶段上的产物；国家是承认：这个社会陷入了不可解决的自我矛盾，分裂为不可调和的对立面而又无力摆脱这些对立面。而为了使这些对立面，这些经济利益相互冲突的阶级，不致在无谓的斗争中把自己和社会消灭，就需要有一种表面上凌驾于社会之上的力量，这种力量应当缓和冲突，把冲突保持在'秩序'的范围以内；这种从社会中产生但又自居于社会之上并且日益同社会相异化的力量，就是国家。"① 社会契约论者认为，人类最初生活在没有国家和法律的自然状态中，受自然法支配，享有自然权利。后来由于种种不便，人们就联合起来订立契约，建立国家，以便更好地实现自然权利。英国思想家洛克认为，国家的起源在于人们为了保护自己的财产，为了社会的安全、幸福和繁荣，互相签订协议，自愿放弃一部分自然权利，交由专门的人按照社会一致同意或授权的代表一致同意的规则来行使，"这就是立法和行使权

---

① 《马克思恩格斯选集》（第四卷），人民出版社 2012 年版，第 186—187 页。

力的原始权利和这两者之所以产生的缘由，政府和社会本身的起源也在于此"①。恩格斯与洛克关于国家起源的理论基础不同，他们却共同认可国家具有管理公共事务的职能，国家是运用公共权力对公共事务进行管理。

生活在两千多年前的孟子，不可能有如此明晰的国家起源认识，却在想象和猜测中意识到了国家起源的一些基本特征。在"言必称尧舜"的过程中，孟子认为，君王是那些为广大民众而生活和劳作的人，也就是管理公共事务的人。在孟子的想象中，尧所处时代的公共事务，既包括对自然灾害的处置，又包括对民众的教育教化。"当尧之时，天下犹未平，洪水横流，泛滥于天下，草木畅茂，禽兽繁殖，五谷不登，禽兽逼人，兽蹄鸟迹之道交于中国"。洪水泛滥、禽兽害人等自然灾害不是一人一力、一家一户所能处置的，只有在共同体的范围内举众人之力才能加以消除。"尧独忧之，举舜而敷治焉。舜使益掌火，益烈山泽而焚之，禽兽逃匿。禹疏九河，瀹济、漯而注诸海，决汝、汉，排淮、泗而注之江，然后中国可得而食也。"意思是，尧为此忧虑，选拔舜处理公共事务。舜命令伯益掌管火政，伯益在四野沼泽放火，焚掉草木，禽兽或逃跑或隐藏。禹又疏浚九条河道，疏导济水和漯水，使之入海；导引汝水和汉水，疏通淮水和泗水，使之流入长江，然后中国就可以种庄稼为生了。对于教育教化，尧选拔后稷教育训练民众的农业生产技能，"后稷教民稼穑，树艺五谷。五谷熟而民人育"。当民众吃饱穿暖以后，尧担心没有教化，会使民众混同于禽兽，又选拔契对民众进行道德教化，"人之有道也，饱食、暖衣、逸居而无教，则近于禽兽。圣人有忧之，使契为司徒，教以人伦：父子有亲，君臣有义，夫妇有别，长幼

---

① ［英］洛克著，叶启芳、瞿菊农译：《政府论》（下篇），商务印书馆1964年版，第78页。

有叙，朋友有信"（《滕文公上》）。尽管孟子所论是君王，而君王却是关心共同体和共同利益的那些人，这说明孟子基本把握住了国家的起源及其本质。国家的产生是为了满足人们共同生存和发展的需要，是为了行使公共权力和管理公共事务。君王是国家的象征和代表，不言而喻，其职责就是得民、保民，忧民之忧、乐民之乐。

民贵君轻的主要内容在于赋予民众比较多的权利，有的学者甚至将孟子的民本思想称为民权论。所谓民权，政治学解释为主权在民，其理论基础是自由、平等、博爱。从这个意义上说，孟子并没有民权思想，他只是在封建宗法等级结构下强调给予民众更多的参与国家管理的机会。

孟子认为，在选贤任能方面，民众应有参与的权力，君王要听取民众的意见，只有民众认可的人，才能为官从政。"左右皆曰贤，未可也；诸大夫皆曰贤，未可也；国人皆曰贤，然后察之。见贤焉，然后用之。"否则，就不能选拔使用。"左右皆曰不可，勿听；诸大夫皆曰不可，勿听；国人皆曰不可，然后察之。见不可焉，然后去之。"在司法刑罚方面，民众应有参与的权力，只有民众都认为犯罪了，才可以判刑乃至死刑。"左右皆曰可杀，勿听；诸大夫皆曰可杀，勿听；国人皆曰可杀，然后察之，见可杀焉，然后杀之。故曰，国人杀之也。"在重大决策方面，民众既应有参与的权力，也应有选择的权力，孟子举了周朝先祖太王迁徙的例子加以说明。当时，太王居于邠地，而狄人入侵，无法躲避。于是，太王召集德高望重的老人一起商量说："狄人之所欲者，吾土地也。吾闻之也：君子不以其所以养人者害人。二三子何患乎无君？我将去之。"意思是，狄人想要的是我们的土地。我听说过君子不把那些生养人的东西用来害人。你们何必担心没有君主呢？我准备离开这里。然后决定从邠地迁到岐地居住，"去邠，逾梁山，邑于岐山之下居焉"。民众是否一起迁徙，由民众自己决定，结果是大多数人随着太王离开，少部分留了下来。"邠人曰：'仁人也，不可失也。'从之者如归市。或曰：'世守也，非身之所能为也。'效死勿去。君请择于斯二者。"在进行战争方面，民众也应有参与的权利，只有民众乐意，才能进行战争。孟子与齐宣王讨论攻伐燕国时说："取之而燕民悦，则取之。古之人有行之者，武王是也。取之而燕民不悦，则勿取。古之人有行之者，文王是也。以万乘之国伐万乘之国，箪食壶浆以迎王师，岂有他哉？避水火也。如水益深，如火益热，亦运而已矣。"（《梁惠王下》）

民贵君轻的矛盾之处在于既有民主因素又有暴力倾向。孟子的民本思想不属于民主范畴，并不表明其中没有民主因素和火花。事实上，孟子民本思想中有着众多的民主因素，闪烁着星星点点的民主火花，尤其表现在对于君王存在的认识。

君王可以易位是民主因素。孟子认为，君王如果不称职，犯错误，就应该易位，或者臣下自己离职。当齐宣王问有关公卿之事，孟子回答，有与王室同宗族的公卿，还有与王室不同姓氏的公卿，"有贵戚之卿，有异姓之卿"。"王曰：'请问贵戚之卿。'曰：'君有大过则谏，反复之而不听，则易位。'王勃然变乎色。曰：'王勿异也。王问臣，臣不敢不以正对。'""王色定，然后请问异姓之卿。曰：'君有过则谏，反复之而不听，则去。'"（《万章下》）社稷和君王在一定条件下也是可以更换的，"诸侯危社稷，则变置。牺牲既成，粢盛既洁，祭祀以时，然而旱干水溢，则变置社稷"（《尽心下》）。君王之位不能私相授受是民主因素。在与万章对话中，孟子否定了君王之位的私相授受。"万章曰：'尧以天下与舜，有诸？'孟子曰：'否，天子不能以天下与人。'"君王的产生需要民众的认可和接受，是最耀眼的民主因素，似乎有点民主选举的味道。孟子认为，君王的产生是"天与之，人与之"。所谓人与之，就是要得到民众的赞同，具体例子是尧传位于舜的做法，"昔者，尧荐舜于天，而天受之；暴之于民，而民受之；故曰，天不言，以行与事示之而已矣。"天受之是"使之主祭，而百神享之"；民受之是"使之主事，而事治，百姓安之"（《万章上》）。与此同时，孟子的民本思想具有明显的暴力倾向。孟子认为，对于夏桀、商纣那样贼仁贼义的君王，臣下和民众可以杀掉他；杀掉夏桀、商纣，不是弑君，只是诛一独夫民贼。"齐宣王问曰：'汤放桀，武王伐纣，有诸?'孟子对曰：'于传有之。'曰：'臣弑其君，可乎?'曰：'贼仁者谓之'贼'，贼义者谓之'残'。残贼之人谓之'一夫'。闻诛一夫纣矣，未闻弑君也。'"（《梁惠王下》）在这段话中，孟子不仅肯定了暴力的做法，而且为暴力作了正名。

在两千多年的传统社会中，孟子思想中的民主火花，如果能够形成燎原之势，那么，民贵君轻就是民主思想。遗憾的是，孟子思想的民主因素没有得到重视，几乎被湮灭，暴力倾向却得到了发展，不断被强化；君王的产生没有沿着民主选举的方向进化，反而演变为暴力杀戮的循环。从秦朝到清朝，每个朝代最后一任皇帝大多被暴力推翻或杀戮。

政治的核心是权力，人类政治的历史是一部权力史，是一部权力扩张与制约的历史。孟子的民本思想说到底是想运用民众的力量约束君王的权力。在传统社会，民本思想确实对君王的权力形成了某种约束，尤其是对那些开明清醒的统治者，约束力会更大一些。从总体上分析，民本思想对于君王权力的约束却是失败的，传统社会也就成了封建专制社会。民本思想远不如民主思想的约束有力且有效，究其原因，一是要回归对人的认识。美国联邦党人麦迪逊认为："如果人都是天使，就不需要任何政府了。如

果是天使统治人，就不需要对政府有任何外来的或内在的控制
了。"① 我们与其认识人为天使，倒不如认识人不是天使，以符合
人在社会政治运行中的真实面目，更有利于加强对权力的管理和
监督。二是要回归对权力的认识，法国启蒙学者孟德斯鸠指出：
"一切有权力的人都容易滥用权力，它是万古不易的一条经验。有
权力的人使用权力一直到遇到界限的地方才休止。"② 我们与其认
识权力具有公共性，倒不如认识权力具有扩张性，以符合权力在
社会政治运行中的真实本质，更有利于加强对权力的控制和约束。
三是要回归对君王的认识，君王的现代名称一般为总统、首脑，
是一个国家内最有权力的人。作为人，君王可能不是天使，作为
权力的行使者，君王可能会滥用权力。我们与其认识君王是神，
倒不如认识君王是人，以符合君王在社会政治运行中的真实情况，
更有利于加强对君王行使权力的监督和制衡。

---

① 〔美〕汉密尔顿、杰伊、麦迪逊著，程逢如、在汉、舒逊译：《联邦党人文
集》，商务印书馆1980年版，第265页。

② 〔法〕孟德斯鸠著，张雁深译：《论法的精神》（上），商务印书馆1961年版，
第154页。

三、仁者无敌

　　孟子政治思想主体由民本、仁政和王道组成。其中，民本是思想前提。战国时期诸侯兼并、政权更迭和战争胜负，都和民心向背有着密切关系，孟子因而深刻认识到民众在历史中的重要作用，即得民心者得天下，失民心者失天下，提出"民贵君轻"观点，要求统治者保持清醒头脑，把民众放在比社稷和君王还重要的位置，以便为政治统治夯实执政基础。仁政是具体方略。民贵君轻需要有宏观的政治方略和微观的行政措施给予落实，孟子提出"发政施仁"的观点，要求统治者把仁政作为政治方略和行政措施的纲领，纲举目张，具体化为保民、养民和教民的各种举措，以确保民众基本的生存和生活条件。王道是目标理想。面对诸侯争霸只讲武力不讲仁义的乱局，孟子提出"以德服人"的观点，要求统治者高举仁义大旗，在走向国家统一的过程中实行王道，摒弃霸道，以赢得人心，平治天下。

　　民本和王道具有理论色彩，仁政具有实践品格。仁政是孟子政治思想的关键，没有仁政，孟子的政治思想就可能是空中楼阁，民本和王道就落不到实处。孟子的仁政思想既是治国之道，又是治国之方，目的是帮助统治者巩固政权，发展壮大力量，进而实现国家统一，给老百姓带来和平与安宁，"苟行王政，四海之内皆举首而望之，欲以为君"（《滕文公下》）。

（一）超越德治

德治是孔子政治思想的核心，"为政以德，譬如北辰，居其所而众星共之"。孔子通过比较政与德两种不同的为政方式，认识到政治统治和社会秩序重建，主要不能靠外力的强制，而应靠人们内心的道德意识和自觉行动，"道之以政，齐之以刑，民免而无耻；道之以德，齐之以礼，有耻且格"（《论语·为政》）。孔子承认政与刑也是治国手段，却以为德与礼是根本的治国手段。"道之以政"，用法制、禁令和刑罚等强制性手段治国，可以制约民众外在的行为，而不能养成内心的耻辱感和价值观；"道之以德"，运用道德的教化和礼乐的规范，可以使社会推崇的伦理意识和道德准则植入人的内心世界，培育良好的人格和行为习惯。治国应从德、礼入手，辅之以政、刑，真正做到标本兼治，长治久安。

在孔子看来，为政以德的典范是古代圣王，他赞扬唐尧："大哉，尧之为君也！巍巍乎，唯天为大，唯尧则之。荡荡乎，民无能名焉。巍巍乎其有成功也，焕乎其有文章！"赞扬虞舜："舜有臣五人，而天下治。"何晏注释五人为禹、稷、契、皋陶和伯益（《论语集解》）。赞扬大禹："禹，吾无间然矣。菲饮食而致孝乎鬼神，恶衣服而致美乎黻冕，卑宫室而尽力乎沟洫。"（《论语·泰伯》）赞扬周文王、武王和周公："周监于二代，郁郁乎文哉！吾从周。"（《论语·八佾》）在孔子看来，为政以德的关键是统治者要内圣外王。内圣是正己。"季康子问政于孔子。孔子对曰：'政者，正也。子帅以正，孰敢不正？'"（《论语·颜渊》）统治者正己，是因为统治者的德行是价值之源，在社会中发挥着表率作用。"君子之德风，小人之德草，草上之风，必偃。"（《论语·颜渊》）外王是爱民。"道千乘之国，敬事而信，节用而爱人，使民以时。"(《论语·学而》) 具体内容则为富民、教民。"子适卫，冉有仆。子曰：'庶矣哉！'冉有曰：'既庶矣，又何加焉？'曰：'富之。'曰：'既富矣，又何加焉？'曰：'教之。'"在孔子看来，为政以德的目的是正名，重建社会秩序。如果说正己是修身，那么，正名则是平治天下。"子路曰：'卫君待子而为政，子将奚先？'子曰：'必也正名乎！'"只有正名，才能言顺事成，"名不正，则言不顺；言不顺，则事不成；事不成，则礼乐不兴；礼乐不兴，则刑罚不中；刑罚不中，则民无所措手足。故君子名之必可言也，言之必可行也。君子于其言，无所苟而已矣！"(《论语·子路》) 正名是建立有序的等级制度。"齐景公问政于孔子。孔子对曰：'君君，臣臣，父父，子子。'"(《论语·颜渊》) 意思是，齐景公问孔子为政之事。孔子回答，做君的要像君的样子，尽力做到礼；做臣的要像臣的样子，尽力做到忠；做父亲的要像父亲的样子，尽力做到慈；做儿子的要像儿子的样子，尽力做到孝。

孟子继承了孔子的德治思想，主要是坚持德治原则。孔子比较德与政两种不同为政方式，强调道之以德；孟子则比较王道与霸道，主张以德服人。"以力假仁者霸，霸必有大国；以德行仁者王，王不待大。汤以七十里，文王以百里。以力服人者，非心服也，力不赡也；以德服人者，中心悦而诚服也，如七十子之服孔子也。"(《公孙丑上》) 以德服人与道之以德都是要求为政以德。孟子认为，以力服人是暂时的，一旦有机会，就会爆发反抗行为，破坏社会秩序；以德服人才是长久的，人们心悦诚服，自觉自愿地接受统治者的价值导向，遵循社会道德伦理规范。坚持同一榜样。孔子心目中的治国榜样是尧、舜、禹、汤、文王、武王、周公，治国理想是夏商周三代的做法。"颜渊问为邦。子曰：'行夏之时，乘殷之辂，服周之冕，乐则韶舞。'"(《论语·卫灵公》)

意思是，颜渊问如何治理国家。孔子回答，实行夏代的历法，乘坐殷代的车子，头戴周代的礼帽，音乐则用虞舜时代的《韶舞》乐。孟子明确提出了法先王的要求，"遵先王之法而过者，未之有也"（《离娄上》）；认为建高台一定要凭借丘陵，挖深池一定要凭借沼泽，为政治国一定要效法先王之道。坚持正己正名。孔子把为政之要直接界定为"正也"，主要表现为正名和正己两个层面，正名是制度化和规范化，恪守社会秩序中不同角色的伦理规范和行为准则；正己则是要求统治者率先垂范，遵守相应的伦理规范和行为准则。孟子也重视正名正己，尤其是统治者的正己对于为政治国的优先性和关键作用。"君仁，莫不仁；君义，莫不义；君正，莫不正。一正君而国定矣。"（《离娄上》）坚持孝悌为本。《论语·学而》指出："其为人也孝弟，而好犯上者，鲜矣；不好犯上，而好作乱者，未之有也。君子务本，本立而道生。孝弟也者，其为仁之本与！"孟子则说："尧舜之道，孝弟而已矣。"（《告子上》）强调"道在迩而求诸远，事在易而求诸难。人人亲其亲、长其长，而天下平"。

　　孟子超越了孔子的德治思想，发展出仁政学说："尧舜之道，不以仁政，不能平治天下。"（《离娄上》）仁政与德治的总体精神是同一的，却是同中有异。差异之一在于政治纲领的表述不同。孔子是为政以德，孟子则是发政施仁。为政以德和发政施仁的内涵都是仁者爱人，但侧重点有所不同，为政以德侧重在为政主体的行为准则，发政施仁则在为政主体的施政内容。差异之二在于为政治国的依据不同。孔子强调为政以礼，无论统治者还是被统治者，都要注重行为的规范性，"礼之用，和为贵。先王之道，斯为美，小大由之"（《论语·学而》）。反对越礼、僭礼的行为。"孔子谓季氏：'八佾舞于庭，是可忍也，孰不可忍也？'"（《论语·八佾》）意思是，孔子谈起鲁国权臣季孙氏时说，季孙氏在自家庙庭中使用只有天子才能用的八列舞队，他连这种违礼的事都忍心去做，还有什么事不能忍心去做呢？孟子注重为政以义，强调社会的公正性，"居仁由义，大人之事备矣"（《尽心上》）。义既是与利相对立的概念，又是社会公正的概念。孟子要求统治者制民之产，普遍公正地实现民众的利益，让民众不饥不寒，养生丧死无憾，进而做到"有恒产者有恒心"。差异之三在于内圣外王的重点不同。孔子和孟子都主张内圣外王，孔子侧重于内圣，要求统治者修身律己，培育君子品格。"子路问君子。子曰：'修己以敬。'曰：'如斯而已乎？'曰：'修己以安人。'曰：'如斯而已乎？'曰：'修己以安百姓。'"（《论语·宪问》）孟子则把重点放在安人和安百姓方面，强调"得天下有道：得其民，斯得天下矣；得其民有道：得其心，斯得民矣；得其心有道：所欲与之聚之，所恶勿施尔也"（《离娄上》）。孟子的超越在于把孔子相对抽象的德治理想具体化为仁政方案，有着丰富的政治经济内容和操作措施。

（二）劳心与劳力

孟子之仁政与其"劳心劳力"说密切相关。在孟子看来，社会存在着分工，而最大的分工是劳心者与劳力者。劳心者相当于统治者，劳力者相当于老百姓。从政治角度分析，劳心者与劳力者在社会运行中有着不同的职能，劳心者管理劳力者，劳力者受劳心者管理，劳力者负责养活劳心者。"或劳心，或劳力。劳心者治人，劳力者治于人；治于人者食人，治人者食于人，天下之通义也。"（《滕文公上》）孟子把劳心称为大人之事，劳力称为小人之事，试图通过区分劳心与劳力，为统治者实行仁政提供依据，那就是按照分工，既然劳力者养活了劳心者，统治者就要履行好职责，善待老百姓。孟子对齐宣王说："为肥甘不足于口与？轻暖不足于体与？抑为采色不足视于目与？声音不足听于耳与？便嬖不足使令于前与？王之诸臣皆足以供之。"（《梁惠王上》）言下之意，就是告诫齐宣王，你的物质条件都已满足了，你的职责就是关心民众的生活，治理好国家。孟子是在批驳农家学派许行否定社会分工原则时，阐述和论证劳心者与劳力者分工的必要性。范文澜认为，孟子的劳心劳力说具有重要意义，"孟子一生辩论，影响最大的在于辟杨墨，但有较多进步意义的却在辟许行"[1]。

孟子劳心劳力说源于孔子。孔子没有区分劳心与劳力，却有着明显的劳心劳力思想。《论语·子路》记载樊迟向孔子请教学种庄稼，孔子回答"吾不如老农"；请教学种蔬菜，孔子回答"吾不如老圃"。当樊迟离开后，孔子说："小人哉，樊须也！上好礼，则民莫敢不敬；上好义，则民莫敢不服；上好信，则民莫敢不用情。夫如是，则四方之民襁负其子而至矣，焉用稼？"在孔子那里，小人一词在与君子对立时为贬义，意指缺乏道德之人和平庸浅薄之人；有时是中性的，意指庶民百姓。朱熹注云："小人，谓细民，孟子所谓小人之事也"；"礼、义、信，大人之事也。"（《四书章句集注》）孔子称樊迟为小人，没有贬义，也不是轻视农业生产和庶民百姓，只是认为社会有分工，种庄稼和蔬菜是庶民百姓的工作，而读书人应学习为官从政的道理和知识，谋求大道，不谋求衣食，"君子谋道不谋食。耕也，馁在其中矣；学也，禄在其中矣。君子忧道不忧贫"（《论语·卫灵公》）。比较劳心与劳力，孔子一生都致力于劳心的事业，一方面，表现在他赞同"学而优则仕"的观点，希望自己能够为官从政，周游列国无非是期盼为君王所用，实现其治人的政治抱负。当然，孔子

---

① 范文澜：《中国通史》，人民出版社 1978 年版，第 237 页。

是有政治理想的，"如有用我者，吾其为东周乎？"（《论语·阳货》）为理想而做官是政治家，为做官而做官是政客，为谋私利而做官是贪官污吏，孔子属于政治家。另一方面，表现在孔子从事的教育事业，内容上重视为政的教育，"子以四教：文、行、忠、信"（《论语·述而》）。文指六经，行指道德品行，忠是忠心，信是诚信，都是为官从政所应具备的才能和修养。在学生评价上，十分注重为官从政的才能。当鲁国大臣问仲由、子贡和冉求的情况，孔子认为仲由做事果断，子贡通达事理，冉求有才能，都适合做官，"季康子问：'仲由可使从政也与？'子曰：'由也果，于从政乎何有？'曰：'赐也，可使从政也与？'曰：'赐也达，于从政乎何有？'曰：'求也，可使从政也与？'曰：'求也艺，于从政乎何有？'"（《论语·雍也》）孟子在继承孔子思想的基础上，明确提出了劳心与劳力的概念，完善发展了劳心劳力思想。

孟子正确认识了社会分工的重要意义。社会分工是人类最普遍的现象，意指人们分别从事各种不同而又互相补充的工作。英国经济学家亚当·斯密有句名言："请给我以我所要的东西吧。同时，你也可以获得你所要的东西。"① 分工不仅存在于人类社会发展的不同历史阶段，而且存在于人类社会各个领域。分工是历史前进的动力，不仅促进了生产力的提高和发展，而且促进了社会的进步和繁荣。人类社会最早的分工是自然分工。自从人类告别动物界之后，首先是人自身的分工，即手与足执行不同的功能。接着是基于性别差异的分工，男人负责打猎、捕鱼、作战及制作相应的工具；女人做饭、纺织、缝纫，负责制备食物和衣服。某种意义上说，自然的分工还不是真正的分工，真正的分工是社会

---

① 〔英〕亚当·斯密著，郭大力，王亚南译：《国富论》（上卷），商务印书馆1996年版，第13-14页。

生产的分工。在人类早期，社会生产的分工就有畜牧业、手工业和商业先后从农业分离出来，成为专门的部门和行业。更重要的分工是体力与脑力的分工，体力劳动创造物质生产和生活资料，脑力劳动创造精神产品和管理社会公共事务。西方柏拉图的理想国分工是：第一等级为哲学王和执政者，第二等级是武士，第三等级是农民、商人和手工艺人。中国管仲的分工是读书人、农民、手工艺人和商人，"士农工商四民者，国之石民也"（《管子·小匡》）。

孟子是在承认四民分工的前提下，通过批驳农家学派许行否定分工来阐述分工的意义。在《滕文公上》中，先是陈相向孟子转述许行"与民并耕而食，饔飧而治"的观点，认为君王应与百姓一同耕作，自己做饭而又管理国家，滕国国君做不到，就不算是贤君。"陈相见孟子，道许行之言曰：'滕君则诚贤君也。虽然，未闻道也。贤者与民并耕而食，饔飧而治。今也滕有仓廪府库，则是厉民而自养也，恶得贤？"接着孟子反问，许子穿的衣服、戴的帽子、用的饭锅和农具都是自己制作的吗？陈相给予了否定回答。"孟子曰：'许子必种粟而后食乎？'曰：'然。''许子必织布而后衣乎？'曰：'否。许子衣褐。''许子冠乎？'曰：'冠。'曰：'奚冠？'曰：'冠素。'曰：'自织之与？'曰：'否。以粟易之。'曰：'许子奚为不自织？'曰：'害于耕。'曰：'许子以釜甑爨，以铁耕乎？'曰：'然。''自为之与？'曰：'否，以粟易之。'"于是，孟子批驳否定分工的言论："以粟易械器者，不为厉陶冶；陶冶亦以械器易粟者，岂为厉农夫哉？且许子何不为陶冶，舍皆取诸其宫中而用之？何为纷纷然与百工交易？何许子之不惮烦？"意思是，农夫用粮食交换农具和器皿，不算残害了陶匠和铁匠。陶匠和铁匠用他们的农具和器皿交换粮食，难道这是残害农夫吗？而且许子为什么自己不烧陶、打铁？不肯做到所有的东西都是从自己家里取用？为什么忙忙叨叨地与各种工匠交换？为什么许子这么不怕麻烦？在孟子与陈相的对话中，孟子认为，如果没有分工，怎能治理国家？"从许子之道，相率而为伪者也，恶能治国家？"

孟子意识到脑力劳动与体力劳动的分工。人们一般把社会分工局限在经济层面，更多关注经济门类的分工，对于人类社会发展进步而言，更有意义的分工则是社会层面的分工，是脑力与体力的分工，恩格斯认为：，"这种分工的基础是，从事单纯体力劳动的群众同管理劳动、经营商业和掌管国事以及后来从事艺术和科学的少数特权分子之间的大分工。"[1] 脑力能够超越既有的经验和知识，是创造性劳动，具有体力劳动无法比拟的优势。脑力劳动既包括科学艺术活动，又包括社会管理活动，而政治统治和公共管理是最高层次的管理活动，为人类社会进步提供至关重要的安全保障和稳定平衡的运行机制。孟子所说的劳心，主要指政治统治和公共管理活动。孟子认为，在劳心与劳力的社会分工中，劳心者所起的作用更大，为官从政贡献更大。"公孙丑曰：'《诗》曰：'不素餐兮。'君子之不耕而食，何也？'孟子曰：'君子居是国也，其君用之，则安富尊荣；其子弟从之，则孝悌忠信。'不素餐兮'，孰大于是？'"（《尽心上》）意思是，公孙丑说，《诗经》说"不白吃饭啊"。君子不耕种而得食，这是为什么？孟子回答，君子居住在一个国家，国君任用他，这个国家便会安宁、富足、尊贵、荣耀，少年子弟跟随他，便会孝顺父母，敬爱兄长，忠实守信。不白吃饭啊，还有比这更大的贡献吗？

孟子重视分工和劳心者的作用，还可从他与彭更的对话中得到印证。当彭更以"士无事而食，不可也"，来否定劳心者的社

---

[1] 《马克思恩格斯选集》（第三卷），人民出版社 1972 年版，第 221 页。

会作用时，孟子本着"通功易事，以羡补不足"的社会交换和协作原则，说明农民与木匠、车工之间分工的需要，劳力者与"为仁义"的劳心者之间分工的需要。"子不通功易事，以羡补不足，则农有余粟，女有余布；子如通之，则梓匠轮舆皆得食于子。于此有人焉，入则孝，出则悌，守先王之道，以待后之学者，而不得食于子。子何尊梓匠轮舆而轻为仁义者哉？"孟子还强调劳心者因有功于社会才得食的，劳心者得食不是食志，而是食功。"曰：'梓匠轮舆，其志将以求食也；君子之为道也，其志亦将以求食与？'曰：'子何以其志为哉？其有功于子，可食而食之矣。且子食志乎？食功乎？'曰：'食志。'曰：'有人于此，毁瓦画墁，其志将以求食也，则子食之乎？'曰：'否。'曰：'然则子非食志也，食功也。'"（《滕文公下》）

孟子强调劳心者的社会责任。从社会分工分析，孟子所说的劳心者既包括统治者及其成员，又包括当时的知识分子；从孟子举例中分析，他所说的劳心者既包括好的劳心者又包括不好的劳心者，但孟子只赞赏好的劳心者，似乎只有好的劳心者才是劳心者，他们的特点是忧国忧民。孟子说唐尧忧天下未平，忧民众没有生产技能，忧民众没有人伦，忧找不到接班人。"放勋曰：'劳之来之，匡之直之，辅之翼之，使自得之，又从而振德之。'圣人之忧民如此，而暇耕乎？"意思是，尧说，役使百姓，纠正百姓，帮助百姓，使百姓获得自己的本性，又加以栽培和引导。圣人为老百姓忧虑到了这种地步，哪里还有闲工夫来种庄稼？孟子说尧舜治理天下以不得人才为忧。"尧以不得舜为己忧，舜以不得禹、皋陶为己忧。夫以百亩之不易为己忧者，农夫也。分人以财谓之惠，教人以善谓之忠，为天下得人者谓之仁。是故以天下与人易，为天下得人难。"孟子认为尧舜把心思都放在了忧天下、忧人才，而没有放在种庄稼。"尧、舜之治天下，岂无所用其心哉？亦不用于耕耳。"孟子说大禹治水繁忙，连家都不回，哪里顾得上种庄稼，"当是时也，禹八年于外，三过其门而不入，虽欲耕，得乎？"（《滕文公上》）孟子明确区分好的劳心者与不好的劳心者，对于那些坏到极点的劳心者，孟子主张推翻他的统治；对于那些不关心民众疾苦，没有尽到责任的劳心者，孟子主张罢免他的王位。在与齐宣王的对话中，孟子显然认为，君王对于自己国家是有责任的，如果没有尽到责任，就应该被撤换或引咎辞职。

（三）孟子之仁政思想

如果说孔子思想的核心是仁，讲的是为人之道和人生哲学，那么，孟子思想的核心则是仁政，讲的是为君之道和政治理论。"王如施仁政于民，省刑罚，薄税敛，深耕易耨。壮者以暇日修其孝悌忠信，入以事其父兄，出以事其长上，可使制梃以挞秦楚之坚甲利兵矣。"（《梁惠王上》）孟子仁政思想的形上根据是性善论，仁政思想的指导原则是仁义论。所谓仁义，就是统治者把不忍人之心扩而充之。仁政思想的政治基础是民本论，仁政思想的现实要求是恒产论。儒家强调重义轻利，见利思义，先义后利，而对于民众而言，孟子的恒产论却暗含着先利后义的观点，这是理解孟子仁政思想的入门方法，从而使得仁政思想不仅是治国理念，而且是治国方法；不仅是治国规划，而且是治国方略；不仅具有理想色彩，而且具有现实可操作性。

孟子仁政思想的榜样是先王之治。在孟子看来，先王之治就是施行仁政，反之就会失去天下，"三代之得天下也以仁，其失天下也以不仁。国之所以废兴存亡者亦然"。在孟子看来，尧舜是施行仁政的最高典范，"规矩，方圆之至也；圣人，人伦之至也。欲为君，尽君道；欲为臣，尽臣道。二者皆法尧舜而已矣。不以舜之所以事尧事君，不敬其君者也；不以尧之所以治民治民，贼其民者也。孔子曰：'道二，仁与不仁而已矣。'"君道的重要内容是要选贤任能，让仁者在位，而任用不仁者，则会伤害老百姓，"惟仁者宜在高位。不仁而在高位，是播其恶于众也"。而臣道则是恭和敬，不要贼其君，"《诗》曰：'天之方蹶，无然泄泄。'泄泄犹沓沓也……故曰：责难于君谓之恭，陈善闭邪谓之敬，吾君不能谓之贼。"（《离娄上》）意思是，《诗经》上说，上天正在震动，不要这样多话。多话，就是喋喋不休……所以说，要求君主克服困难，这叫恭；陈述美善的道理而抑制谬论，这叫敬；以为自己的君主不能行善，这叫贼。

在孟子看来，文王施行仁政的措施很具体，涉及耕地、俸禄、税收和刑罚："昔者文王之治岐也，耕者九一，仕者世禄，关市讥而不征，泽梁无禁，罪人不孥。"而文王施行仁政最关注的是困难群众："老而无妻曰鳏，老而无夫曰寡，老而无子曰独，幼而无父曰孤。此四者，天下之穷民而无告者。文王发政施仁，必先斯四者。《诗》云：'哿矣富人，哀此茕独。'"（《梁惠王下》）文王还善养年老者："制其田里，教之树畜，导其妻子使养其老。五十非帛不暖，七十非肉不饱。不暖不饱，谓之冻馁。文王之民无冻馁之老者，此之谓也。"正因为文王施行仁政，吸引大量仁人和民众百姓的归附，为建立周王朝奠定了基础，"伯夷辟纣，居北海之滨，闻文王作，兴曰：'盍归乎来？吾闻西伯善养老者。'太公辟纣，居东海之滨，闻文王作，兴曰：'盍归乎来？吾闻西伯善养老者。'天下有善养老，则仁人以为己归矣"（《尽心上》）。

孟子仁政思想的主要内容是制民之产。在孟子看来，制民之产的目标是让老百姓能够养家糊口。"是故明君制民之产，必使仰足以事父母，俯足以畜妻子，乐岁终身饱，凶年免于死亡。然后驱而之善，故民之从之也轻。"（《梁惠王上》）在孟子看来，制民之产先要分配田地给民众百姓，具体做法是采用井田制，以防止暴君污吏随意侵占民众的土地。"夫仁政，必自经界始。经界不正，井地不均，谷禄不平，是故暴君污吏必慢其经界。经界既正，分田制禄可坐而定也。"意思是，仁政一定要从划分田界做起。划分田界如果不公正，井田就分得不均匀，作为俸禄的谷物田租也就收得不公平，所以暴君污吏一定把划分田界当儿戏。田界如果划得公正，分发田地、订立俸禄制度，就可以轻易办妥了。

关于井田制，商代甲骨文已有田字，上古社会的土地制度可能是采取方块的井田形式而存在的。孟子详细叙述了井田制，他认为夏朝的井田是每家五十亩，殷朝是七十亩，周朝是一百亩，"夏后氏五十而贡，殷人七十而助，周人百亩而彻。"其中贡、助、彻是三代井田不同的税制名称。孟子给滕国设计的井田制是先区分劳心者和劳力者，称之为君子与野人。"夫滕，壤地褊小，将为君子焉，将为野人焉。无君子，莫治野人；无野人，莫养君子。"劳力者是每家分配一百亩私田，八家共一百亩公田，先干公活，再干私活，"方里而井，井九百亩，其中为公田。八家皆私百亩，同养公田。公事毕，然后敢治私事"。劳心者则另加五十亩田，以供祭祀之用，"卿以下必有圭田，圭田五十亩"。孟子还描绘实行井田制后安乐祥和的社会氛围："死徙无出乡，乡田同井，出入相友，守望相助，疾病相扶持；则百姓亲睦。"（《滕文公上》）意思是，老死或搬家，也不离开本乡，乡里同一井田的人家，出入相伴，防盗御寇互相帮助，有病互相照料，于是老百姓就会彼此亲爱，相处和睦。

在孟子看来，制民之产就是要让老百姓吃饱穿暖，尤其是老有所养，"五亩之宅，树之以桑，五十者可以衣帛矣；鸡豚狗彘之畜，无失其时，七十者可以食肉矣；百亩之田，勿夺其时，八口之家可以无饥矣"；"七十者衣帛食肉，黎民不饥不寒，然而不王者，未之有也。"（《梁惠王上》）孟子在称赞文王治岐时，也描述了类似的情景，说明孟子念兹在兹的是"七十者衣帛食肉，黎民不饥不寒"，充分展示了孟子仁政思想的人性光辉。

孟子仁政思想的重要保障是减轻税负。税收与国计民生息息相关，于国计而言，唐代杨炎说："财赋者，邦国之本，如生人之喉命，天下治乱轻重系焉。"（《言天下公赋奏》）于民生而言，西方有句格言："人一生中唯一确定的事情就是死亡和税收。"①税赋轻重直接关系天下治乱和民生疾苦。在孟子看来，减轻税负是富民的重要措施，"易其田畴，薄其税敛，民可使富也"（《尽心上》）。具体做法是只抽取十分之一的税收，夏朝的税制为贡，商朝为助，周朝为彻，"其实皆什一也"（《滕文公上》）。如有多个税种，只能征收其中一种，否则会造成百姓饿死、父子离散，"有布缕之征，粟米之征，力役之征。君子用其一，缓其二。用其二而民有殍，用其三而父子离"（《尽心下》）。

在孟子看来，税负与选贤任能有着同等重要的地位。选贤任能有利于吸引优秀人才为官从政，"尊贤使能，俊杰在位，则天下之士皆悦，而愿立于其朝矣"。而减轻税负，一是能吸引商人来经商，"市廛而不征，法而不廛，则天下之商皆悦，而愿藏于其市矣"。意思是，做生意的，只抽取货仓税而不征货物税，或连货仓税也不收，那天下的商人都会高兴，而乐意把货物存放在他的市场上。二是能吸引游客来旅游，"关市讥而不征，则天下之旅皆悦，而愿出于其路矣"。三是能吸引农民来耕地种庄稼，"耕者助而不税，则天下之农皆悦，而愿耕于其野矣"。四是能吸收百姓来居住，"廛无夫里之布，则天下之民皆悦，而愿为之氓矣。"意思是，人们居住的地方，不收雇役钱和惩罚性的税，天下的老百姓

---

① ［美］本杰明·富兰克林著，张星、一帆等译：《富兰克林文集》，西南财经大学出版社 1997 年版，第 278 页。

都会高兴，而乐意来侨居。孟子认为，君王如能选贤任能，又能减轻税负，那就是"天吏"，即上天派遣的官员，就能无敌于天下，称王于天下。"信能行此五者，则邻国之民仰之若父母矣。率其子弟，攻其父母，自生民以来未有能济者也。如此，则无敌于天下。无敌于天下者，天吏也。然而不王者，未之有也。"（《公孙丑上》）

在孟子看来，征税和确定税率要区分大国和小国，小国税率可低一些，少征税，大国则要高一些，多征税。魏国官员白圭问孟子，他打算"二十而取一"，只抽百分之五的税，是否可行。孟子回答，像貉一样的小国是可以的，因为它除糜子外，各种谷类都不生长，没有城墙、房屋、祖庙和飨宴，也没有各种衙署和官吏，只抽百分之五就足够了。"夫貉，五谷不生，惟黍生之。无城郭、宫室、宗庙、祭祀之礼，无诸侯币帛饔飧，无百官有司，故二十而取一而足也。"而对中原大国来说，税率为百分之五是不够的。"今居中国，去人伦，无君子，如之何其可也？陶以寡，且不可以为国，况无君子乎？"（《告子下》）意思是，如今在中原国家，摒弃人伦，不要官吏，怎么能行呢？做陶器的太少，尚且不能够治理好国家，何况没有官员呢？由此可见，孟子在减轻税负方面是清醒的，没有迂远而阔于事情。

孟子仁政思想的重要目的是教化民众。在孟子看来，恒产只是手段，恒心才是目的，恒产是为了帮助民众百姓养成恒心，懂得人伦和仁义礼智。从这个意义上说，对于民众百姓，先利后义是手段，目的仍然是见利思义。孟子认为没有恒产，老百姓连自己都不可能养活，怎么有闲工夫学习礼义呢？"今也制民之产，仰不足以事父母，俯不足以畜妻子，乐岁终身苦，凶年不免于死亡；此惟救死而恐不赡，奚暇治礼义哉？"在孟子看来，老百姓养成恒心，就能遵法守纪，不会犯罪和为非作歹，"苟无恒心，放辟邪侈，无不为已”（《梁惠王上》）。恒心还是区分人与动物的标志和界线，“由是观之，无恻隐之心，非人也；无羞恶之心，非人也；无辞让之心，非人也；无是非之心，非人也”（《公孙丑上》）。

在孟子看来，无恒产肯定无恒心，有恒产也不会自然而然地生长出恒心。只有教育教化，才能培育恒心。孟子认为，尧舜时代就重视教育教化工作，“人之有道也，饱食、暖衣、逸居而无教，则近于禽兽。圣人有忧之，使契为司徒，教以人伦：父子有亲，君臣有义，夫妇有别，长幼有叙，朋友有信。放勋曰：‘劳之来之，匡之直之，辅之翼之，使自得之，又从而振德之。’”孟子强调，夏商周三代都重视教育教化工作，“设为庠序学校以教之。庠者，养也；校者，教也；序者，射也。夏曰校，殷曰序，周曰庠；学则三代共之，皆所以明人伦也。人伦明于上，小民亲于下。有王者起，必来取法，是为王者师也”（《滕文公上》）。孟子要求齐宣王制民之产后，就要认认真真办学校，开展教育教化工作，“谨庠序之教，申之以孝悌之义，颁白者不负戴于道路矣”（《梁惠王上》）。孟子还把教育教化看作是赢得民心的重要方法，甚至认为教育教化重于政治手段和制民之产，“仁言不如仁声之入人深也，善政不如善教之得民也。善政，民畏之；善教，民爱之。善政得民财，善教得民心”（《尽心上》）。

“仁者无敌”听起来令人激动，但仁者真的能无敌吗？孟子思想在当时被认为是迂远而阔于事情，没有被统治者所接受，仁者无敌自然也没有被接受，这说明仁者是不能无敌的，如能无敌，那统治者早已趋之若鹜，对孟子顶礼膜拜，而称王于天下。如果这样理解仁者无敌的思想，那可能是短视的。仁者无敌抽象地说，涉及精神与物质的关系，按时尚的说法，则涉及软实力与硬实力的关系。美国政治学者约瑟夫·奈首创"软实力"概念，引起全球关注。现在一般理解，软实力相对于经济、军事等硬实力而言，是指一个国家的文化、价值观念、社会制度等影响自身发展潜力和感召力的因素。软实力类似于孟子仁者的概念，离开经济、军事实力而大谈仁者无敌，肯定是软弱无力的，而且会贻笑大方。仁者能否无敌，与硬实力密切相关。两者可能是线性关系，仁者能否无敌，完全取决于硬实力，这好比打仗，交战双方中一方力量明显强于对方，又有仁者的名号，就一定能够战胜另一方；两者也可能是非线性关系，仁者能否无敌，不完全取决于硬实力。国与国之间、民族与民族之间，无论强国还是弱国，无论大民族还是小民族，只靠经济和军事实力是不可能真正征服另一个国家和民族的。约瑟夫·奈指出："同化性实力就是要让别国追求你的追求，软实力的来源是文化吸引力、意识形态和国际制度。"[1] 从这个意义上说，仁者真能无敌，孟子的思想具有永恒价值。

---

① ［美］约瑟夫·奈著，郑志国等译：《美国霸权的困惑》，世界知识出版社2002年版，第10页。

四、以德服人

　　仁政是孟子特有的政治术语，王道则是孟子成熟的政治标志。王道与仁政互为联系，互为因果，异名而同实，王道就是仁政，以仁政为具体内容和治国方略；仁政就是王道，以天下归于王道而平治为目的。比较而言，王道侧重于平天下，仁政侧重于治天下；在治天下过程中，王道是仁政之始，仁政是王道之果。

　　孟子认为，平治天下存在着不同的路线，一条是王道路线，君王信仰道德，以德行仁，重视民众和民心。王道是得天下的路线，"得天下有道：得其民，斯得天下矣；得其民有道：得其心，斯得民矣；得其心有道：所欲与之聚之，所恶勿施尔也"（《离娄上》）。另一条是霸道路线，君王崇尚暴力，以力假仁，重视战争和开疆拓土。霸道即使得到天下，也可能失去天下。"孟子曰：'不仁哉梁惠王也！仁者以其所爱及其所不爱，不仁者以其所不爱及其所爱。'公孙丑问曰：'何谓也？''梁惠王以土地之故，糜烂其民而战之，大败，将复之，恐不能胜，故驱其所爱子弟以殉之。是之谓以其所不爱及其所爱也。"（《尽心下》）还有一条路线，孟子没有明说，实际是亡国和失天下的路线。"齐宣王问曰：'汤放桀，武王伐纣，有诸？'孟子对曰：'于传有之。'曰：'臣弑其君，可乎？'曰：'贼仁者谓之'贼'，贼义者谓之'残'。残贼之人谓之'一夫'。闻诛一夫纣矣，未闻弑君也。'"（《梁惠王下》）对于不同的治国路线，孟子推崇王道，批评霸道，反对亡国和失天下的路线。

（一） 王道渊源

王道思想的渊源可追溯到上古时期，最初的王与道是相互独立的两个概念，王指君王，约在夏商时代出现；道先为路，后为行事准则，约出现在西周时期。《尚书·洪范》首见王道概念："无偏无陂，遵王之义。无有作好，遵王之道。无有作恶，遵王之路。无偏无党，王道荡荡；无党无偏，王道平平；无反无侧，王道正直。会其有极，归其有极。"郑玄注"会其有极"为"谓君也，当会聚有中之人以为臣也"；"归其有极"为"谓臣也，当就有中之君而事之"（《天文七政论》）。由此可知，王道是一种君与臣的政治行事准则，必须无偏无党，才能平直浩荡。一般认为，夏商周三代尤其建国之初，实行的是王道制度和理念。有的学者甚至认为："在中国历史上，'王道'实行的开端，是炎黄联盟。当初，打得难分难解的炎、黄两族最终结盟，就是因为他们都已开始农业定居，继续打下去，不仅农业生产难以照常进行，也将导致周边民族趁机进攻中原。其后，夏、商、周三代，也都以这样的'王道'作为联盟存在的基础。"①

公元前771年，周平王东迁，周王室衰微，意味着历史进入了春秋时期，王道变成了霸道，钱穆指出："及平王东迁，以弑父嫌疑，不为正义所归附，而周室为天下共主之威信扫地以尽，此下遂成春秋之霸局。"②春秋时期，五霸雄起，战乱不已，《左传》上有记录的战争约有500次。春秋之后是战国时期，七国争雄，乱局更甚，计有较大规模的战争185次。二程认为："孔子之时，

---

① 程念祺：《"王道"政治的理想是如何被毁弃的》，载于《南方周末》2015年4月22日。

② 钱穆：《国史大纲》，商务印书馆2010年版，第49页。

周室虽微，天下犹知尊周之为义，故《春秋》以尊周为本。至孟子时，七国争雄，天下不复知有周，而生民涂炭已极。"（《二程遗书》）顾炎武的描述更具体："如春秋时，犹尊礼重信，而七国则绝不言礼与信矣；春秋时，犹宗周王，而七国则绝不言王矣；春秋时，犹严祭祀，重聘享，而七国则无其事矣；……春秋时，犹有赴告策书，而七国则无有矣。邦无定交，士无定主，此皆变于一百三十三年之间。"（《日知录》）

史书记载了春秋战国信奉霸道的历史。最为典型的是《史记·商君列传》记载商鞅游说秦孝公。一般认为，商鞅是法家人物，崇尚的是霸道，而商鞅入秦，却是带着帝道、王道和霸道三套治国方略。首次呈现的是帝道，秦孝公一边听一边打瞌睡，听不进去，事后还迁怒于推荐商鞅的宠臣景监。"孝公既见卫鞅，语事良久，孝公时时睡，弗听。罢而孝公怒景监曰：'子之客妄人耳，安足用邪！'景监以让卫鞅。卫鞅曰：'吾说公以帝道，其志不开悟矣。'"第二次呈现的是王道，秦孝公仍听不进去。"后五日，复求见鞅。鞅复见孝公，益愈，然而未中旨。罢而孝公复让景监，景监亦让鞅。鞅曰：'吾说公以王道而未入也。请复见鞅。'"第三次呈现的是霸道，秦孝公给予了肯定。"鞅复见孝公，孝公善之而未用也。罢而去。孝公谓景监曰：'汝客善，可与语矣。'鞅曰：'吾说公以霸道，其意欲用之矣。诚复见我，我知之矣。'"商鞅再见秦孝公，俩人相谈甚欢。"卫鞅复见孝公。公与语，不自知膝之前于席也，语数日不厌。"当景监问秦孝公为什么高兴时，商鞅回答："吾说君以帝王之道比三代，而君曰：'久远，吾不能待。且贤君者，各及其身显名天下，安能邑邑待数十百年以成帝王乎？'故吾以强国之术说君，君大说之耳。然亦难以比德于殷周矣。"

比较幽默的是《左传·僖公二十二年》记载宋襄公的泓水之

战。公元前 638 年初冬，宋襄公领兵攻打郑国，郑国向楚国求救。楚国派军队向宋国国都发起进攻。宋襄公从郑国撤退，双方军队相遇于泓水之地。宋军已经布好阵势，而楚军正在渡河，司马目夷劝宋襄公趁机发动进攻，宋襄公没有同意。"冬十一月己巳朔，宋公及楚人战于泓。宋人既成列，楚人未既济。司马曰：'彼众我寡，及其未既济也，请击之。'公曰：'不可。'"楚军渡过河后，还没有排列好阵势，目夷又劝宋襄公进攻楚军，宋襄公还是没有同意。"既济而未成列，又以告。公曰：'未可。'"等到楚军排好阵势，宋军才加以进攻，结果大败，宋襄公也受了重伤。"既陈而后击之，宋师败绩。公伤股，门官歼焉。"宋襄公之所以在形势有利的情况下不肯进攻楚军，是因为宋襄公想遵循王道，坚持公平交战，恪守传统的战争礼仪；即使身负重伤，受到举国上下批评，也不改悔。"国人皆咎公。公曰：'君子不重伤，不禽二毛。古之为军也，不以阻隘也。寡人虽亡国之余，不鼓不成列。'"意思是，宋国人都责怪襄公被战败，宋襄公却辩解说，君子不两次伤害敌人，不擒捉头发花白的敌人。古代的作战，不靠关塞险阻取胜。寡人虽然是殷商亡国的后裔，不进攻没有摆好阵势的敌人。

今人对宋襄公的做法嘲笑为多，古人却很是褒奖，《春秋公羊传》认为："故君子大其不鼓不成列，临大事而不忘大礼。有君而无臣。以为文王之战，亦不过此也。"司马迁说："襄公既败于泓，而君子或以为多，伤中国阙礼义，褒之也，宋襄之有礼让也。"（《史记·宋微子世家》）董仲舒指出："故善宋襄公不厄人，不由其道而胜，不如由其道而败。春秋贵之，将以变习俗而成王化也。"（《春秋繁露》）无论褒奖还是嘲笑，都不能改变宋襄公失败的事实，都不能改变春秋战国时期大欺小、强凌弱的霸道格局。

　　面对王道衰落、霸道崛起的春秋乱局，孔子首先奋起，一方面总结升华西周的礼乐文化，另一方面批判反思现实的霸道政治，进而将历史性的礼乐概念提炼为价值性的王道理念。孔子没有用过王道概念，而王道思想确实源自孔子。"是以孔子明王道，干七十余君，莫能用，故西观周室，论史记旧闻，兴于鲁而次春秋，上记隐，下至哀之获麟，约其辞文，去其烦重，以制义法，王道备，人事浃。"（《史记·十二诸侯年表》）在孔子看来，王道是先王之道，意指古代先王的治国之道。孔子评价齐鲁两国政治时说："齐一变至于鲁，鲁一变至于道。"（《论语·雍也》）朱熹注云："道则先王之道也。"（《四书章句集注》）在孔子看来，王道的本质是中庸，"中庸之为德也，其至矣乎！民鲜久矣"（《论语·雍也》）。儒家通过中庸，把古代"无偏无陂"或"无党无偏"的君王之道转化成普遍入世而具有道德价值的中庸之道。中庸是治国之道，"尧曰：咨！尔舜！天之历数在尔躬。允执其中，四海困穷，天禄永终"（《论语·尧曰》）。中庸是君子之道，"质胜文则野，文胜质则史。文质彬彬，然后君子"（《论语·雍也》）。中庸是处世之道，"君子有三变：望之俨然，即之也温，听其言也厉"（《论语·子张》）。在孔子看来，王道的内容是仁与礼。仁在人生领域是伦理价值，具体取向是爱人。"樊迟问仁。子曰：'爱人。'"（《论语·颜渊》）在政治领域是先王之道，也就是中庸之道。子张问怎样处理好政事，孔子回答是"尊五美"，即"君子惠而不费，劳而不怨，欲而不贪，泰而不骄，威而不猛"（《论语·尧曰》）。仁与礼互相联系，互为表里，是不可分割的整体。"人而不仁，如礼何？人而不仁，如乐何？"（《论语·八佾》）礼是社会秩序和道德规范，对于个人而言，要克己复礼，做到"非礼勿视，非礼勿听，非礼勿言，非礼勿动"。对于政治而言，要纠正礼崩乐坏，重建社会等级秩序。"齐景公问政于孔子。孔子对曰：'君君，臣臣，父父，子子。'公曰：'善哉！信如君不君，臣不臣，父不父，子不子，虽有粟，吾得而食诸？'"（《论语·颜渊》）礼也是先王之道。"礼之用，和为贵。先王之道，斯为美，小大由之。有所不行，知和而和，不以礼节之，亦不可行也。"（《论语·学而》）

（二）王道与霸道

王道不仅是儒家的理念，也是先秦诸子比较普遍的观点。在礼崩乐坏的社会环境中，先秦诸子都经历了社会无序所带来的生离死别，都感受了无穷无尽战争所造成的痛苦无奈，都希望找到一种办法去恢复社会稳定和重建社会秩序，那就是王道思想。尽管先秦诸子王道的内容差异甚大，表述不尽相同，或圣王或圣人或王者，却都以尧、舜、禹、汤、文、武等先王来代言其观点，视王道为经世致用的根本道理。《吕氏春秋》认为，先秦诸子是"见王治之无不贯"。庄子则从反面说明王道思想的普遍存在："是故内圣外王之道，暗而不明，郁而不发，天下之人各为其所欲焉以自为方。悲夫，百家往而不反，必不合矣！"（《庄子·天下》）意思是，所以内圣外王之道，晦暗不明，窒塞不通，天下人都认为自己所追求的就是追求。可悲啊！各家学派越走越远，不能返归正道，必然不合于追求。具体而言，道家的王道是圣人之治，无为而无不为，"是以圣人之治，虚其心，实其腹，弱其志，强其骨，常使民无知无欲。使夫智者不敢为也。为无为，则无不治"（《老子·第三章》）。墨家是圣王之道，兼相爱、交相利，"故君子莫若欲为惠君、忠臣、慈父、孝子、友兄、悌弟，当若兼之，不可不行也，此圣王之道，而万民之大利也"（《墨子·兼爱下》）。法家是圣王贵法而不贵仁义，"故曰：仁者能仁于人，而不能使人仁；义者能爱于人，而不能使人爱。是以知仁义之不足以治天下也。圣人有必信之性，又有使天下不得不信之法。所谓义者，为人臣忠，为人子孝，少长有礼，男女有别，非其义也，饿不苟食，死不苟生。此乃有法之常也。圣王者，不贵义而贵法，法必明，令必行，则已矣"（《商君书·画策》）。先秦诸子如此推崇王道，无非是想建立一种独立于现实君王权力的政治原则，既能对现实君王形成一定的约束，又能号召大家来建设一个符合道义的社会秩序，以构筑天下一统、王权独尊，上下有序、尊卑有别的局面。虽然先秦诸子都信奉王道，而形成完整思想体系的却是儒家，真正对后世产生重大影响的也是儒家。自汉宣帝明确提出"霸王道杂之"的汉家制度之后，王霸之辩始终是传统社会的政治主题，而理解王霸问题的方法和路径基本局限于先秦儒家论述的范围。

孔子之后，孟子和荀子从不同方面继承发展了王道思想，形成了自己的王道论。尤其是孟子，将先王之道升华为有自身规定性的王道概念，依据德与力的矛盾对立，认为以德服人为王道，以力服人为霸道，极力推崇王道，总体反对霸道。荀子依据义、信、权谋三个范畴，推崇王道，肯定霸道，否定权谋，"故用国者，义立而王，信立而霸，权谋立而亡。——三者明主之所谨择也，仁人之所务白也"（《荀子·王霸》）。比较而言，孟子与荀子的王道论存在着较大差异，前者的形上依据是人性善，趋于理想化，后者的依据是人性恶，逼近现实性；孟子重义，排斥治国之道中的功利主义因素，荀子言利，没有否定治国之道中的功利主义因素；孟子是二分法，只区分了王道与霸道，简单明了，对后世的影响更大，荀子是三分法，划分了王道、霸道与权谋，相对复杂，对后世的影响不如孟子。

关于王道。在孟子看来，王道是讲仁义，行仁政，即使像商汤和周文王那样的小国，也能统一天下，"以德行仁者王，王不待大。汤以七十里，文王以百里"（《公孙丑上》）。讲仁义，就要反对功利，《孟子》一书记载了孟子与时人三次义利之辩，其中二次是围绕王道开展的辩论。一次是与梁惠王辩论什么是治国的指导思想，梁惠王主张以利治国，孟子强调仁义治国。"孟子见梁惠王。王曰：'叟！不远千里而来，亦将有以利吾国乎？'孟子对曰：'王！何必曰利，亦有仁义而已矣。'"孟子认为，如果君王带头讲利，则会刺激整个统治阶层乃至社会成员都来讲利，进而造成互相争斗，危害国家。"王曰：'何以利吾国？'大夫曰：'何以利吾家？'士庶人曰：'何以利吾身？'上下交征利而国危矣。"（《梁惠王上》）另一次是与弟子陈代辩论用什么方式实现王道思想，陈代认为可以用"枉道"的方式，推行王道路线，"不见诸侯，宜若小然。今一见之，大则以王，小则以霸。且《志》曰'枉尺而直寻'，宜若可为也"。孟子则举例说明王道理想与实现王道的方式是统一的，实现王道必须走"正道"而非"枉道"。"昔齐景公田，招虞人以旌，不至，将杀之。志士不忘在沟壑，勇士不忘丧其元。孔子奚取焉？取非其招不往也。如不待其招而往，何哉？且夫枉尺而直寻者，以利言也。如以利，则枉寻直尺而利，亦可为与？"（《滕文公下》）意思是，从前齐景公打猎，用旌旗召唤管猎场的人，那人不来，齐景公要杀他。有志之士不怕弃尸沟壑，勇敢的人不怕丢脑袋。孔子赞同他什么？就是赞同这点：违背礼的召唤，他不去。假如不等待人家的召唤就去，那算什么？况且所谓委屈一尺而伸张八尺，这是根据功利来说的。如果以功利为根据，那么，委屈八尺伸张一尺而有利，也可以做吗？

　　孟子认为，王道不仅要求统治者施行仁政，而且要求统治者率先垂范，"以德服人者，中心悦而诚服也，如七十子之服孔子也"（《公孙丑上》）。孟子甚至认为，为政者的身体素质、智力水平和知识积累都无关大局，最重要的是要有良好的道德品质。孟子听说鲁国要让乐正子执政，高兴得睡不着觉。"鲁欲使乐正子为政。孟子曰：'吾闻之，喜而不寐。'"孟子高兴的原因不在于乐正子的刚强、智慧和谋略，而在于乐正子具有好善的道德人品。"公孙丑曰：'乐正子强乎?'曰：'否。''有知虑乎?'曰：'否。''多闻识乎?'曰：'否。''然则奚为喜而不寐。'曰：'其为人也好善。'"好善则会吸引优秀人才，否则就会阻碍优秀人才。"好善优于天下，而况鲁国乎? 夫苟好善，则四海之内皆将轻千里而来告之以善。夫苟不好善，则人将曰：'訑訑，予既已知之矣。'訑訑之声音颜色距人于千里之外。"如果不能聚集优秀人才，那么就会引来阿谀奉承之徒。"士止于千里之外，则谗谄面谀之人至矣。与谗谄而谀之人居，国欲治，可得乎?"（《告子下》）意思是，士人在千里以外止步，那么喜欢进谗言和当面阿谀奉承的人就会到来。同这些人一起相处，想要把国家治理好，能办到吗?

　　荀子与孟子都讲王道，都有义的概念，而内容却有着细微的差异。孟子讲仁义，重视道德教化，强调王道政治中的人心自觉，荀子讲礼义，注重礼制规范，强调王道政治中的外在约束。在荀子看来，王道的榜样是商汤和周武王，"故曰：以国齐义，一日而白，汤武是也。汤以亳，武王以鄗，皆百里之地也，天下为一，诸侯为臣，通达之属，莫不从服，无它故焉，以济义矣"。王道的另一个榜样是孔子，"仲尼无置锥之地，诚义乎志意，加义乎身行，箸之言语，济之日，不隐乎天下，名垂乎后世"。王道要求君王以义治国，不得无罪杀人，不得牺牲别人的利益来获得天下，"挈国以呼礼义，而无以害之，行一不义，杀一无罪，而得天下，仁者不为也"。要求君臣共同遵守礼义法度，"擽然扶持心国，且若是其固也。之所与为之者，之人则举义士也；之所以为布陈于国家刑法者，则举义法也；主之所极然帅群臣而首向之者，则举义志也"。意思是，君王对礼义像磐石那样坚定不移，并用来约束自己的意愿，把国家治理好。与他一道从事政治的人，都遵循礼义；颁布的国家法律条文，都严格遵守礼义的规定；君王率领群臣急切追求的目标，都是与礼义相一致的。荀子认为，以义治国，国泰民安，"如是，则下仰上以义矣，是綦定也。綦定而国定，国定而天下定"（《荀子·王霸》）。

关于霸道。在孟子看来，霸道表面上也讲仁义，实质是崇尚暴力，靠政治经济军事等实力去征服他人，"以力假仁者霸，霸必有大国"。霸道不可能征服人心，"以力服人者，非心服也，力不赡也"（《公孙丑上》）。言外之意是以力称霸者，尽管可以强国却也容易亡国，尽管可以扩大领土却也容易失去领土。孟子尊王贱霸的态度是鲜明的，当齐宣王询问春秋五霸的事情，孟子则予以拒绝，还故意强调没有听说过齐桓公和晋文公。"齐宣王问曰：'齐桓、晋文之事可得闻乎？'孟子对曰：'仲尼之徒无道桓文之事者，是以后世无传焉，臣未之闻也。无以，则王乎？'"（《梁惠王上》）这表明孟子非常纯粹，他渴望平治天下，却否定为了目的而不择手段。在他心目中，治天下是王道实现的过程，须臾不能离开王道。荀子正好相反，他崇尚王道，也肯定霸道，"非本政教也，非致隆高也，非綦文理也，非服人之心也，向方略，审劳佚，谨畜积，修战备，齺然上下相信，而天下莫之敢当"（《荀子·王霸》）。

荀子与孟子霸道的差异还在于荀子的关键词是信，而孟子则是力；荀子明确霸道最大的特征是君王个人的德行还不够完善，"德虽未至也，义虽未济也，然而天下之理略奏矣"，而孟子却没有指明行使霸道的君王是否有德行。在荀子看来，霸道的典型是春秋五霸，"故齐桓、晋文、楚庄、吴阖闾、越勾践，是皆僻陋之国也，威动天下，强殆中国，无它故焉，略信也。是所谓信立而霸也"。霸道重视诚信，既对老百姓立法诚信，又对其他国家结盟诚信，"刑赏已诺信乎天下矣，臣下晓然皆知其可要也。政令已陈，虽睹利败，不欺其民"。荀子认为，讲诚信，能够做到富国强兵，威名震动天下，"如是，则兵劲城固，敌国畏之；国一綦明，与国信之。虽在僻陋之国，威动天下，五伯是也"（《荀子·王霸》）。

关于权谋。孟子没有专门论述权谋，却有着丰富的亡国思想。在孟子看来，失去民心，就会失去天下，"桀纣之失天下也，失其民也；失其民者，失其心也。得天下有道：得其民，斯得天下矣；得其民有道：得其心，斯得民矣；得其心有道：所欲与之聚之，所恶勿施尔也"。不施仁政，也会失去天下，"三代之得天下也以仁，其失天下也以不仁。国之所以废兴存亡者亦然，天子不仁，不保四海；诸侯不仁，不保社稷；卿大夫不仁，不保宗庙；士庶人不仁，不保四体。今恶死亡而乐不仁，是犹恶醉而强酒"。暴政虐民，更会失去天下，"暴其民甚，则身弑国亡；不甚，则身危国削，名之曰'幽''厉'，虽孝子慈孙，百世不能改也。《诗》云：'殷鉴不远，在夏后之世。'此之谓也"（《离娄上》）。

荀子则明确提出了权谋概念，与王道、霸道并列为治国方法。在荀子看来，权谋的教训是齐闵王、孟尝君，他们以权谋治理齐国，"非以修礼义也，非以本政教也，非以一天下也，绵绵常以结引驰外为务"。权谋治国的特点是唯利是图，欺诈民众谋求小利，欺诈盟国谋求大利，上下左右互相欺骗，"挈国以呼功利，不务张其义，齐其信，唯利之求，内则不惮诈其民，而求小利焉；外则不惮诈其与，而求大利焉，内不修正其所以有，然常欲人之有。如是，则臣下百姓莫不以诈心待其上矣，上诈其下，下诈其上，则是上下析也。如是，则敌国轻之，与国疑之，权谋日行，而国不免危削，綦之而亡"。权谋治国的结果必然像齐闵王、孟尝君那样身死国亡，"及以燕赵起而攻之，若振槁然，而身死国亡，为天下大戮"。荀子认为，后世总结经验教训，要引齐国为鉴，"后世言恶则必稽焉。是无它故焉，唯其不由礼义而由权谋也"（《荀子·王霸》）。

（三）孟子之王道思想

王道是儒家的政治理想和道德追求，表达了儒家对于"实然"政治生活的反思和"应然"政治生活的选择。孟子对于王道梦寐以求，终身追求，其周游列国是为了王道，其著书立说还是为了王道。孟子之王道思想充满道德内容和浪漫色彩，虽然不能行之于世，却是无比纯正浑厚，犹如茫茫大海中的灯塔，召唤和吸引着传统社会的政治人物向它靠近，沿着正确的航道前行。孟子之王道思想把历史发展描述为周而复始呼唤王者的历史，虽然具有明显的唯心因素和想象成分，却表明了对王道的坚定信心，"五百年必有王者兴，其间必有名世者。由周而来，七百有余岁矣。以其数，则过矣；以其时考之，则可矣"（《公孙丑下》）。孟子之王道思想赋予了每个人的社会责任——都可以像尧舜一样推行王道，"舜何人也？予，何人也？有为者亦若是"（《滕文公上》）。尤其是孟子对于自己信心满满，当仁不让，"如欲平治天下，当今之世，舍我其谁也？"（《公孙丑下》）虽然有些夸张，却是一个男子汉、大丈夫应有的气概。孟子之王道思想内容丰富，周正圆满。

孟子之王道是先王之道。在先秦诸子观念中，王道源自于先王之道，孟子也不例外，"我非尧舜之道不敢以陈于王前"（《公孙丑下》）。孟子心目中的先王不是平庸之王，更不是桀纣之类暴君，而是尧舜禹汤文武。

　　在孟子看来，先王之道是孝悌。"尧舜之道，孝弟而已矣。"
（《告子下》）舜是大孝，把孝悌看得比王位还重要。"天下大悦
而将归己，视天下悦而归己，犹草芥也，惟舜为然。不得乎亲，
不可以为人。不顺乎亲，不可以为子。舜尽事亲之道而瞽瞍厎豫，
瞽瞍厎豫而天下化，瞽瞍厎豫而天下之为父子者定，此之谓大
孝。"（《离娄上》）瞽瞍为舜的父亲，厎豫是高兴快乐，即舜的
父亲高兴快乐。孟子重视孝悌，是因为在儒家思想中，孝悌是仁
心和治国的根基。"其为人也孝弟，而好犯上者，鲜矣；不好犯
上，而好作乱者，未之有也。君子务本，本立而道生。孝弟也者，
其为仁之本与！"（《论语·学而》）在孟子看来，先王之道是仁
政。"尧舜之道，不以仁政，不能平治天下。"（《离娄上》）具体
而言，尧开启了仁政的先河，他忧天下未平，百姓不得安宁，选
拔舜来治国理政，"当尧之时，天下犹未平，洪水横流，泛滥于天
下。草木畅茂，禽兽繁殖，五谷不登，禽兽逼人，兽蹄鸟迹之道
交于中国。尧独忧之，举舜而敷治焉"。尧忧百姓没有生产技能，
不能养活自己，选拔后稷为农师，教老百姓种庄稼，"后稷教民稼
穑，树艺五谷。五谷熟而民人育"。尧忧百姓没有仁义道德，选拔
契为司徒，对老百姓进行教育教化，"人之有道也，饱食、暖衣、
逸居而无教，则近于禽兽。圣人有忧之，使契为司徒，教以人伦：
父子有亲，君臣有义，夫妇有别，长幼有叙，朋友有信"（《滕文
公上》）。文王是施行仁政的榜样，他实行井田制，关卡和市场
不收税，处罚罪犯不连累妻儿，尤其是关心鳏寡孤独等贫弱群体。
"昔者文王之治岐也，耕者九一，仕者世禄，关市讥而不征，泽梁
无禁，罪人不孥。老而无妻曰鳏，老而无夫曰寡，老而无子曰独，
幼而无父曰孤。此四者，天下之穷民而无告者。文王发政施仁，
必先斯四者。《诗》云：'哿矣富人，哀此茕独。'"（《梁惠王
下》）在孟子看来，先王之道是君臣有道，各尽其职。"规矩，

方圆之至也；圣人，人伦之至也。欲为君，尽君道；欲为臣，尽臣道。二者皆法尧舜而已矣。不以舜之所以事尧事君，不敬其君者也；不以尧之所以治民治民，贼其民者也。"君道是讲仁义，正自身，定国家，"君仁，莫不仁；君义，莫不义；君正，莫不正。一正君而国定矣"。臣道是讲恭敬，促进君王行仁义，否则就是贼臣，"责难于君谓之恭，陈善闭邪谓之敬，吾君不能谓之贼"（《离娄上》）。

孟子之王道是仁心与仁政结合之道。在孟子看来，王道是仁心与仁政的有机统一体，只有仁心与仁政结合在一起，才能平治天下，"人皆有不忍人之心。先王有不忍人之心，斯有不忍人之政矣。以不忍人之心，行不忍人之政，治天下可运之掌上"（《公孙丑上》）。

王道的形上依据是人性本善，"人性之善也，犹水之就下也。人无有不善，水无有不下"（《告子上》）。孟子举孩子掉入井的例子以证明人性本善，认为如果一个小孩要掉入井里，任何人都会自然而然地产生惊骇恻隐的心情，而没有任何功利的目的，"所以谓人皆有不忍人之心者，今人乍见孺子将入于井，皆有怵惕恻隐之心，非所以内交于孺子之父母也，非所以要誉于乡党朋友也，非恶其声而然也"（《公孙丑上》）。孟子还以齐宣王以羊换牛去祭祀的故事，说明齐宣王人性本善，积极加以鼓励。"王笑曰：'是诚何心哉！我非爱其财，而易之以羊也，宜乎百姓之谓我爱也。'曰：'无伤也，是乃仁术也，见牛未见羊也。君子之于禽兽也，见其生，不忍见其死；闻其声，不忍食其肉。是以君子远庖厨也。'"（《梁惠王上》）王道的主要途径是扩充善心。正因为人性善和有不忍人之心，君王们才会有向善的可能，才会在统治过程中施王道和行仁政。孟子极力推动君王们把不忍人之心推而广之，以安抚天下，孝敬父母，"凡有四端于我者，知皆扩而充之矣，若火之始然，泉之始达。苟能充之，足以保四海；苟不充之，不足以事父母"（《公孙丑上》）。孟子还把扩充不忍人之心的过程看作是推恩的过程，"老吾老，以及人之老；幼吾幼，以及人之幼。天下可运于掌。《诗》云：'刑于寡妻，至于兄弟，以御家邦。'言举斯心加诸彼而已。故推恩足以保四海，不推恩无以保妻子"。王道的具体内容是施行仁政。一是要经济上惠民。孟子认为，民众百姓有恒产才有恒心。二是要政治上保民。孟子认为，民众是一个国家的根本，社稷为民而立，君王则是在民众和社稷之后才产生的，并且"民为贵，社稷次之，君为轻"（《尽心下》）。孟子以周朝先祖太王迁国为例，说明只要保有民众百姓，即使失去珠宝、马匹和土地，国家也会重新兴盛发展起来，"去邠，逾梁山，邑于岐山之下居焉。邠人曰：'仁人也，不可失也。'从之者如归市"（《梁惠王下》）。三是要文化上教民。孟子认为，君王帮助民众解决了温饱之后，就要加强教育教化，培育人伦之心，"谨庠序之教，申之以孝悌之义，颁白者不负戴于道路矣。七十者衣帛食肉，黎民不饥不寒，然而不王者，未之有也"（《梁惠王上》）。

孟子之王道是一统天下之道。孟子是国家统一论者，"孟子见梁襄王，出，语人曰：'望之不似人君，就之而不见所畏焉。卒然问曰：天下恶乎定？'吾对曰：'定于一。'"当梁襄王问怎样才能统一天下呢？在孟子看来，不喜欢杀人的君王能够统一天下，"不嗜杀人者能一之"。孟子以天旱苗枯时下雨作比喻来加以说明："天下莫不与也。王知夫苗乎？七八月之间旱，则苗槁矣。天油然作云，沛然下雨，则苗浡然兴之矣。其如是，孰能御之？"孟子充满信心地说："如有不嗜杀人者，则天下之民皆引领而望之矣。诚如是，民归之，由水之就下，沛然谁能御之？"（《梁惠王上》）意思是，如果有不喜欢杀人的君王，天下的老百姓就都会伸长脖子盼望他了。果真如此，老百姓归服他，就像水往低处流，那盛大的水势谁能阻挡得住？

在孟子看来，以德行仁的君王能够统一天下，其代表是商汤和文王。孟子反对战争，"春秋无义战"（《尽心下》），却不反对统一国家的战争，他从地域的角度强调，商汤是以七十里地夺取天下："臣闻七十里为政于天下者，汤是也。未闻以千里畏人者也。《书》曰：'汤一征，自葛始。'天下信之，东面而征，西夷怨；南面而征，北狄怨，曰：'奚为后我？'民望之，若大旱之望云霓也。"商汤征战，能够以地域小而夺取天下，关键在于行仁政，即使在战争期间，也不忘为仁义之师。"归市者不止，耕者不变，诛其君而吊其民，若时雨降，民大悦。《书》曰：'徯我后，后来其苏。'"（《梁惠王下》）意思是，商汤的征伐一点也不骚扰百姓，做生意的照样行商，种庄稼的照样下地，汤杀掉暴君而抚恤百姓，就像降了及时雨，老百姓很高兴。《尚书》说，等着我们的王，王来了我们就复活。孟子以时间的角度指出，只要行文王之政，七年之内就可夺取天下。"伯夷辟纣，居北海之滨，闻文王作，兴曰：'盍归乎来！吾闻西伯善养老者。'太公辟纣，居东海之滨，闻文王作，兴曰：'盍归乎来！吾闻西伯善养老者。'二老者，天下之大老也，而归之，是天下之父归之也。天下之父归之，其子焉往？诸侯有行文王之政者，七年之内，必为政于天下矣。"（《离娄上》）

在孟子看来，善待战败国的君王能够统一天下。史书记载：公元前314年，齐宣王趁燕国发生内乱的机会，派将军匡章带了"五都之兵"和"北地之众"大举攻燕，打败了燕国。可是，不久燕国发生了叛乱，即"燕人畔"。孟子分析原因是齐国没有善待燕国的老百姓，而是残酷统治，激起老百姓反抗，引来诸侯合谋救燕，"若杀其父兄，系累其子弟，毁其宗庙，迁其重器，如之何其可也？天下固畏齐之强也，今又倍地而不行仁政，是动天下之兵也"。孟子劝告齐宣王赶快停止暴虐行为，"王速出令，反其旄倪，止其重器，谋于燕众，置君而后去之，则犹可及止也"（《梁惠王下》）。

孟子之王道是与民同享之道。在孟子看来，与民同享包括与民同乐和与民同忧，只有与民同忧乐，才能赢得民心，得到民众拥护，进而平治天下。"乐民之乐者，民亦乐其乐；忧民之忧者，民亦忧其忧。乐以天下，忧以天下，然而不王者，未之有也。"（《梁惠王下》）然而，孟子所处时代是统治者暴虐，民不聊生，"今也制民之产，仰不足以事父母，俯不足以畜妻子，乐岁终身苦，凶年不免于死亡"；更有甚者，率兽食人，"庖有肥肉，厩有肥马，民有饥色，野有饿莩，此率兽而食人也。兽相食，且人恶之；为民父母，行政，不免于率兽而食人，恶在其为民父母也？"因此，实行王道，先要与民同忧，从惠民开始，让民众百姓生活无虞，衣食无忧，养生丧死无憾。"不违农时，谷不可胜食也；数罟不入洿池，鱼鳖不可胜食也；斧斤以时入山林，材木不可胜用也。谷与鱼鳖不可胜食，材木不可胜用，是使民养生丧死无憾也。养生丧死无憾，王道之始也。"（《梁惠王上》）

王道不仅要与民同忧，还要与民同乐。与民同乐，要尊重民意。在选贤任能方面，要听取民众意见。孟子认为，选贤任能会让卑贱者居于尊贵者之上，疏远者居于亲近者之上，不能不谨慎行事。"国君进贤，如不得已，将使卑逾尊，疏逾戚，可不慎与？"谨慎的方法就是注重民意，"左右皆曰贤，未可也；诸大夫皆曰贤，未可也；国人皆曰贤，然后察之。见贤焉，然后用之。左右皆曰不可，勿听；诸大夫皆曰不可，勿听；国人皆曰不可，然后察之。见不可焉，然后去之"。在司法刑罚方面，要听取民众意见。孟子十分尊重生命，认为即使为了得到天下，也不能滥杀无辜，"行一不义，杀一不辜，而得天下，皆不为也"。不滥杀无辜的办法也是注重民意，"左右皆曰可杀，勿听；诸大夫皆曰可杀，勿听；国人皆曰可杀，然后察之。见可杀焉，然后杀之。故曰，国人杀之也。如此，然后可以为民父母"。与民同乐，才能使百姓归服，称王天下。齐宣王喜爱音乐，孟子告诫不要独乐乐，而要与人乐乐，不要少乐乐，而要众乐乐。"曰：'独乐乐，与人乐乐，孰乐？'曰：'不若与人。'曰：'与少乐乐，与众乐乐，孰乐？'曰：'不若与众。'"人乐乐与众乐乐，就能使民众百姓与君王同乐同忧。"今王鼓乐于此，百姓闻王钟鼓之声、管籥之音，举欣欣然有喜色而相告曰：'吾王庶几无疾病与，何以能鼓乐也？'今王田猎于此，百姓闻王车马之音，见羽旄之美，举欣欣然有喜色而相告曰：'吾王庶几无疾病与，何以能田猎也？'此无他，与民同乐也。"孟子认为："今王与百姓同乐，则王矣。"（《梁惠王下》）

研读孟子之王道思想，不能不想到儒家王道思想的历史命运。儒家王道思想美妙绝伦，令无数志士仁人心向往之，顶礼膜拜，而在现实政治中却命运不佳，屡屡碰壁。他们在世时，日子都不好过。孔子为了宣扬先王之道，率领弟子周游列国，结果是"累累若丧家之狗"；孟子力倡王道，被视为"迂远而阔于事情"，于世多有不合；荀子承认霸道，底色仍然是王道，只能空怀入世之志，无奈终老于兰陵。更吊诡的是，先秦时期，凡是崇尚霸道的君王，都能称霸争雄，以致一统天下；先有春秋五霸，后有战国七雄，最后秦始皇横扫六合，并吞六国，海内为一。而信任王道的君王大都以失败告终，试图推行王道的滕文公和宋偃王没有成功，效法尧舜禅让的燕王哙死于战乱。这涉及对政治权力的基本认识，政治权力是道德的外化还是力量的对比？从本质上说，政治权力是力量对比关系，不是道德外化形式。在以讲实力为主的政治领域，王道虽然美好，道德令人向往，却不能实现平治天下的事功。换言之，道德在政治面前常显得无力，道德的担当并不能解决政治问题，诚如马克思所言："批判的武器当然不能代表武器的批判，物质的力量只能用物质的力量来摧毁。"① 那么，政治领域是不是可以不讲道德呢？答案也是否定的。政治领域必须讲道德，无论是平天下还是治天下，都应是德与力的有机结合，都应在王道观照下不废弃霸道，这样才能搞好政治，治国安邦。从人类文明发展的大方向和长镜头而言，却是应当把王道、德政放在政治的优先位置，从而表明人类还是有希望的。套用一句时髦的歌词：生活不仅是眼前的苟且，还有诗和远方。

---

① 《马克思恩格斯选集》（第一卷），人民出版社 1995 年版，第 9 页。

五、君臣之道

政治统治是一项系统工程，既有外部联系又有内部联系，外部联系主要是君与民的关系，内部联系则是君与臣的关系。在对外联系方面，君与臣是有机整体，作为政治统治的主体，与民众构成主体与客体、统治者与被统治者的矛盾关系；而在政治统治内部，君与臣则是不同的角色，有着不同的职责，两者是一对矛盾，构成上下级、领导与服从的关系。一般认为，君是位高权重者，臣是位卑权轻者，君领导臣，臣服从君，共同组成统治者阶层。按照外因与内因的辩证分析，君与民关系属于政治统治的外因，君与臣关系属于政治统治的内因，内因是矛盾的主要方面，外因通过内因起作用。从这个意义上说，在政治统治中，君与臣的关系重于统治者与民众的关系，只有处理好君与臣的关系，才能协调好君与民的关系，进而保持政治统治有序进行，社会运行和谐稳定。作为政治思想家，孟子不仅关注君与民的关系，而且重视君与臣的关系。在君与民方面，形成了性善、民本、仁政和王道理论，鼓励君王"以不忍人之心，行不忍人之政，治天下可运之掌上"（《公孙丑上》）。在君与臣方面，形成了君臣之道，倡导君臣"二者皆法尧舜而已矣"（《离娄上》）。

（一） 君臣探源

君与臣是传统社会最高秩序的代表，是传统文化最重要的一对关系，也是传统政治伦理思想的重要议题。萧公权指出："先秦政治思想已具体于春秋战国之前，儒道墨法之学乃因袭而非创造。"[①] 历史进入文明社会以来，形成了君、臣、民的基本结构，民是社会的细胞，没有民，就没有君与臣，也没有文明社会；君王从原始社会的氏族族长，部落联盟的军事、政治、宗教首领的世袭化逐步演变而来，相伴而来的是臣，没有君就没有臣。甲骨文中已有君与臣的会意字，《说文解字》释"君"为"尊也，从尹口，口以发号"；段玉裁注曰："尊也，此羊祥也、门闻也、户护也、发拔也之例。从尹口，尹，治也。"君是指掌管治理和发号施令的尊贵之人。臣为"牵也，事君者。象屈服之形"。杨树达认为："臣之所以受义于牵者，盖臣本俘虏之称……囚俘人数不一，引之者必以绳牵之，名其事则曰牵，名其所牵之人，则曰臣矣。"[②] 臣最初是屈服于君的罪隶、俘虏和奴仆，后来逐步演进为统治阶层内部与君相对应、地位低于君的各级官僚的泛称。

先秦文献对君臣的起源及其演变作过解释，《周易·序卦传》认为先有自然界，后有人类社会；人类社会先由男女两性结合而成夫妇，为人伦之始；由夫妇产生父母与子女，形成源于先天的纯粹自然血缘亲情的家庭伦理关系，衍生出家族或宗族关系，进而生发出后天的具有政治社会属性的君臣伦理关系，"有天地然后有万物，有万物然后有男女，有男女然后有夫妇，有夫妇然后有父子，有父子然后有君臣，有君臣然后有上下，有上下然后礼义

---

① 萧公权：《中国政治思想史》，辽宁教育出版社 1998 年版，第 5 页。
② 杨树达：《积微居小学金石论丛》，科学出版社 1955 年版，第 77 页。

有所错"。《管子·君臣下》认为人类社会有过一个崇尚暴力的自然状态，由智者和贤人带领大家建立国家，走出自然状态，进入文明社会，"古者未有君臣上下之别，未有夫妇妃匹之合，兽处群居，以力相征。于是智者诈愚，强者凌弱，老幼孤独不得其所。故智者假众力以禁强虐，而暴人止。为民兴利除害，正民之德，而民师之。是故道术德行出于贤人。其从义理，兆形于民心，则民反道矣。名物处违是非之分，则赏罚行矣。上下设，民生体，而国都立矣。是故国之所以为国者，民体以为国；君之所以为君者，赏罚以为君"。管子的认识类似于西方社会契约论者，差异在于社会契约论认为国家的起源是共同体成员签订契约，让渡部分权力，建立公共权力，而管子则认为是由智者与贤人建立公共权力，从而造成了东西方法治与人治两种不同的治国路线。

君臣在尧舜时期似已存在，《孟子·滕文公下》第四章的记载，说明尧舜时期已有君臣，尧之时，尧是君王，舜为敷治，后稷为农师，契为司徒，均为大臣；舜之时，舜为君王，禹治水，益掌火，皋陶为司法，都是大臣。完善定型的君臣关系及其相应理念形成于西周时期。王国维认为，中国政治与文化变革最剧烈的是在殷、周之际："殷周间之大变革，自其表言之，不过一姓一家之兴亡与都邑之移转；自其里言之，则旧制度废而新制度兴，旧文化废而新文化兴。又自其表言之，则古圣人之所以取天下及所以守之者，若无以异于后世之帝王；而自其里言之，则其制度文物与其立制之本意，乃出于万世治安之大计，其心术与规摹，迥非后世帝王所能梦见也。"① 西周建立了以嫡长子继承制为核心的血缘宗法分封制度和与之匹配的礼乐制度，"周人制度之大异于

① 王国维：《观堂集林》（外二种），河北教育出版社 2003 年版，第 232 页。

商者，一是曰'立子立嫡'之制，由是而生宗法及丧服之制，并由是而有封建子弟之制，君天子臣诸侯之制；二曰庙数之制；三曰同姓不婚之制。此数者，皆所以纲纪天下。其旨则在纳上下于道德，而合天子、诸侯、卿、大夫、士、庶人以成一道德之团体"①。这表明西周的宗法分封和礼乐制度构成了中国血缘伦理政治的基本特征，奠定了传统社会政治的总体格局。作为政治核心的君臣关系，西周在宗法分封的大框架下，既建构了居于国中的周天子与地方诸侯之间的君臣关系，又建构了天子、诸侯、公卿、大夫、士之间的层级式、体系化的君臣关系。"到了周代，为了稳固君王的权威，统治者'以九仪之命，正邦国之位'，上自诸侯，下到一般官吏，分为卿、大夫、士等九个等级，由此构成了对君王的层层服从。君王权威的确立，等级关系的认定，以及典章制度的健全，说明我国的君王制到了周代，已摆脱了原始的初级阶段，进而形成一种完备严密的国家形态。正因为如此，孔子才对它倍加赞赏。"②

春秋战国时期，周天子的共主地位已失，与地方诸侯间的君臣关系名存实亡，礼乐征伐不是来自天子，而是出自诸侯；周天子、诸侯王、卿大夫以至于大夫之家臣等各个层级内的君臣关系混乱，失礼、违礼、僭礼现象层出不穷，孟子描述道："世衰道微，邪说暴行有作，臣弑其君者有之，子弑其父者有之。"（《滕文公下》）君臣关系的混乱，必然导致社会政治的乱局。先秦诸子为了拯救乱世，在把目光集中于政治领域的同时，进一步把目光聚焦于君臣关系，形成了各自不同的君臣观。

墨家坚持"兼相爱、交相利"，认为春秋战国乱局的原因在

① 王国维：《观堂集林》（外二种），河北教育出版社2003年版，第232页。
② 杨庆存：《传承与创新——中国古代文化研究》，复旦大学出版社2003年版，第39页。

于人们自爱自利，臣子不效忠君王。"当察乱何自起？起不相爱。臣子之不孝君父，所谓乱也。子自爱，不爱父，故亏父而自利；弟自爱，不爱兄，故亏兄而自利；臣自爱，不爱君，故亏君而自利，此所谓乱也。"在墨子看来，君王要鼓励人们相爱，禁止人们互相仇恨。"故圣人以治天下为事者，恶得不禁恶而劝爱？故天下兼相爱则治，交相恶则乱。故墨子曰：'不可以不劝爱人者，此也。'"（《墨子·兼爱》）君王的重要职责是尚贤。尚贤是墨子的重要思想，认为国家贫困、刑政混乱，在于君王不尚贤。"是在王公大人为政于国家者，不能以尚贤事能为政也。是故国有贤良之士众，则国家之治厚；贤良之士寡，则国家之治薄。故大人之务，将在于众贤而已。"（《墨子·尚贤》）墨子建议君臣之间要兼相爱，实现君慈臣孝。"若使天下兼相爱，爱人若爱其身，犹有不孝者乎？视父兄与君若其身，恶施不孝？犹有不慈者乎？视弟子与臣若其身，恶施不慈？故不孝不慈亡。"（《墨子·兼爱》）意思是，假若天下都能相亲相爱，爱别人就像爱自己，还能有不孝的吗？看待父亲、兄弟和君王像自己一样，怎么会做出不孝的事呢？还会有不慈爱的吗？看待弟弟、儿子和臣下像自己一样，怎么会做出不慈爱的事呢？所以不孝不慈都没有了。

道家坚持无为而治，强调君无为而臣有为，目的是"为无为，则无不治"。老子是道家创始人，建立了道家君臣观的框架。老子关注君王，常以圣人喻之，他把治理国家的水平分为四个等级，认为最高水平是把国家治理好了，老百姓却不知道君王的存在，"太上，不知有之；其次，亲而誉之；其次，畏之；其次，侮之"（《老子·第十七章》）。水是老子最喜欢的喻象，认为水的品格接近于道。君王要像水一样，为而不争。水滋养万物而不据为己，不争先于人，"上善若水。水善利万物而不争，处众人所恶，故几于道。居善地，心善渊，与善仁，言善信，正善治，事善能，动善时。夫唯不争，故无尤”（《老子·第八章》）。像水一样，贵柔守弱。水的特征是柔弱，而柔弱胜刚强，“天下莫柔弱于水，而攻坚强者莫之能胜。以其无以易之。弱之胜强，柔之胜刚，天下莫不知，莫能行。”（《老子·第七十八章》）像水一样，谦卑居下。“江海之所以能为百谷王者，以其善下之，故能为百谷王。是以圣人欲上民，必以言下之；欲先民，必以身后之。”（《老子·第六十六章》）意思是，江海之所以能成为百川之王，是因为它善于自处于低下，所以能成为百川之王。所以想要处于人民之上，就要以言辞对人民表示谦下；想要处于人民之前，就要把自身放在人民后面。

庄子继承了老子的思想，主张君王遵循无为原则，“故君子不得已而临莅天下，莫若无为。无为也，而后安其性命之情。”庄子发展了老子的思想，比较全面阐述了君道与臣道，认为君道是天道，臣道是人道，君臣之道差异很大，“有天道，有人道。无为而尊者，天道也；有为而累者，人道也。主者，天道也；臣者，人道也。天道之与人道也，相去远矣，不可不察也。”（《庄子·在宥篇》）具体而言，君无为而臣有为，“上无为也，下亦无为也，是下与上同德；下与上同德则不臣。下有为也，上亦有为也，是上与下同道；上与下同道则不主。上必无为而用天下，下必有为为天下用，此不易之道也。”君简约而臣详细，“本在于上，末在于下；要在于主，详在于臣。”君安静而臣动作，“故帝王圣人休焉。休则虚，虚则实，实则伦矣。虚则静，静则动，动则得矣。静则无为，无为也，则任事者责矣。”（《庄子·天道篇》）意思是，所以帝王圣人要舍弃。圣人舍弃俗虑，就虚空了。虚空，就能充实了。充实，顺道而行，道就备了。帝王守静而舍弃政务，就无为了。自身无为，大臣就能承担责任，放手工作。道家的君臣之道玄妙深远，一般被称为帝王之术，“道家者流，盖出于史官，历记成败存亡祸福古今之道，然后知秉要执本，清虚以自守，卑弱以自持，此君人南面之术也"（《汉书·艺文志·诸子略》）。

法家坚持法治，"不别亲疏，不殊贵贱，一断于法，则亲亲尊尊之恩绝矣"（《司马谈·论六家要指》）。韩非子是法家集大成者，认为君臣是利害算计关系，"臣尽死力以与君市，君垂爵禄以与臣市。君臣之际，非父子之亲也，计数之所出也。君有道，则臣尽力而奸不生；无道，则臣上塞主明而下成私"（《韩非子·难一》）。韩非子强调尊王卑臣，君王要有威势，不可失去威势，否则会身死国亡，"势重者，人君之渊也。君人者，势重于人臣之间，失则不可复得也。简公失之于田成，晋公失之于六卿，而邦亡身死"（《韩非子·喻老》）。尊王卑臣，在中央与地方的关系上要专制集权，"事在四方，要在中央。圣人执要，四方来效。虚而待之，彼自以之。四海既藏，道阴见阳。左右既立，开门而当。勿变勿易，与二俱行。行之不已，是谓履理也"（《韩非子·扬权》）。韩非子主张赏罚是君王的主要手段："赏罚者，邦之利器也，在君则制臣，在臣则胜君。君见赏，臣则损之以为德；君见罚，臣则益之以为威。人君见赏，而人臣用其势；人君见罚，而人臣乘其威。故曰：'邦之利器，不可以示人。'"（《韩非子·喻老》）言下之意，就是要君王紧握赏罚两柄利器，以利于更好地治国驭臣。韩非子要求君王以术来控制臣子。所谓术，一方面是循名责实的考核手段，据以行赏施罚和任职授官，"术者，因任而授官，循名而责实，操杀、生之柄，课群臣之能者也"（《韩非子·定法》）。另一方面是潜御群臣的权术，《韩非子·七术》列举君王对付臣子的七种办法，这就是"众端参观"，考察众臣的言行；"必罚明威"，有罪必罚，维护君威；"信赏尽能"，有功必赏，激励臣子为君王效劳；"一听责下"，逐一、逐个地考察群臣；"疑诏诡使"，用诡诈之术、虚假诏令对付臣子；"挟知而问"，以探清隐情；"倒言反事"，故意正话反说，以辨别真伪。由此可见，法家是用对立的眼光看待君臣关系，君王为了驾驭群臣可以不择手段，令人不寒而栗。

（二）孔子之君臣观

先秦诸子都讨论过君臣问题，形成比较完整思想的是儒家和法家，对后世产生较大影响的也是儒家和法家，统治者处理君臣关系一般是"阳儒阴法"，而能够在大庭广众面前宣讲倡导的只有儒家。儒家的君臣观阳光积极，给人以正气正义的力量。

孔子是儒家君臣观的开创者，最大贡献是在君臣关系中嵌入道和忠的观念，"士志于道，而耻恶衣恶食者，未足与议也"（《论语·里仁》）。道的观念提出，既为评价君王提供了标准，有道的是好君王，无道的是坏君王；又促进了道与势、德与位的分离，君王有势与位，士大夫有道与德，士大夫可以凭借道与德，抗衡君王的势与位，道势两分对于约束和限制君王的权力及其扩张滥用有着积极意义。孔子承认，君王是国家的象征和社会整体利益的代表，是社会结构中不可或缺的重要组成部分，"孔子三月无君，则皇皇如也"（《滕文公下》）。孔子的君臣观是要维护和巩固君王的统治地位，"天下有道，则礼乐征伐自天子出；天下无道，则礼乐征伐自诸侯出"（《论语·季氏》）。而维护和巩固的前提是君王有道，如果君王无道，孔子没有提出易位的思想，却认为可以离他而去，不为无道君王服务，"天下有道则见，无道则隐"（《论语·泰伯》）。忠的观念提出，实际是承认君臣之间为上下级和领导与服从的关系。人类进入文明社会以来，古今中外都认同君臣之间是上下级和领导与服从的关系。《论语》一书言及"忠"字约有18处，所涉及的范围很广，有回答如何事君、待

友的；有谈论如何行政、治国的；有探讨如何成仁、做人的。究
其要者，绝大部分属于伦理道德范畴，意指真诚、尽心竭力，"吾
日三省吾身：为人谋而不忠乎？与朋友交而不信乎？传不习乎？"
（《论语·学而》）只有一处与君王有联系，表示忠君的内容，
"君使臣以礼，臣事君以忠"（《论语·八佾》）。对于君臣关系而
言，忠指明了臣的职业操守和应该遵守的行为规范。

　　研读孔子君臣观，首先要区分孔子之忠与董仲舒的"三纲"
之忠。据文献考查，西周之前的甲骨文、金文中没有忠字，《诗
经》中也找不到忠字，忠作为臣对君的职业准则是孔子的提炼概
括，忠的观念在传统社会中产生了重大而深刻的影响。传统社会
的政治制度是一个由集权帝制向绝对专制演进的过程，周谷城认
为，经过春秋战国时代，到秦汉时形成集权帝制，这是统一许多
部族的结果。到宋太祖消除藩镇以后，绝对专制乃完全确立，它
到清时达到最高峰①。伴随着政治制度的演进，忠的观念也由单
纯的忠诚变成了愚忠，由一般的道德范畴变成了"三纲"之一，
由理性服从变成了盲目服从，由行为规范变成了绝对命令，在
一些明清小说戏曲中甚至是"君教臣死，臣不死不忠；父教子
亡，子不亡不孝"。

　　在孔子那里，臣忠的观念是理性的，君臣是相对平等而不是
绝对服从的主仆关系，臣忠的前提是君礼，如果君对待臣无礼，
那么臣对于君也可以不忠。而且，臣对于君还有道的规范，"以道
事君"（《论语·先进》）；礼的规范，"事君以礼"；敬的规范，
"事君，敬其事而后食"（《论语·卫灵公》）。意思是，侍奉君
王，要恭敬严肃地办事，有了功绩之后，再谈论俸禄的事情。这
说明孔子忠的观念是开放的，没有愚忠的因子，也不会必然演进

①　周谷城：《中国政治史》，中华书局1982年版，第214页。

为愚忠。在孔子之忠演变为"三纲"之忠过程中，荀子负有责任，他主张君王集权和地位之尊，"君者，国之隆也，父者，家之隆也。隆一而治，二而乱。自古及今，未有二隆争重，而能长久者"（《荀子·致士》）。由此引申出君要制臣和臣要受制于君的观念，"群众未悬，则君臣未立也。无君以制臣，无上以制下，天下害生纵欲"（《荀子·富国》）。意思是，人群没有等级差别，那么君王与臣下的关系就不能确立。没有君王来统制臣子，没有上级来控制下级，那么天下的祸害就会因为各人的为所欲为而不断发生。在这过程中，韩非子起了关键作用，他把荀子尊君的思想提升到事物法则和运行规律的高度，勾勒了"三纲"的雏形："臣事君，子事父，妻事夫。三者顺则天下治，三者逆则天下乱，此天下之常道也。"（《韩非子·忠孝》）董仲舒完成了忠的转变，正式提出了"三纲"学说，即君为臣纲，父为子纲，夫为妻纲，"王道之三纲，可求于天。天出阳为暖以生之，地出阴为清以成之"（《春秋繁露·基义》）。董仲舒之后，以"三纲"为圭臬的君臣关系始终主导着传统社会的政治运行，成为古代中国人头上一片挥之不去的阴云。宋明理学把"三纲"看成是天理良知和人之本性，客观上强化君王的绝对专制，"宇宙之间，一理而已。天得之而为天，地得之而为地，而凡生于天地之间者，又各得之而为性。其张之为三纲，其纪之为五常，盖皆此理之流行，无所适而不在"（《朱文公文集·读大纪》）。谭嗣同猛烈批判"三纲"尤其是君为臣纲，"二千年来君臣一伦，尤为黑暗否塞，无复人理"（《仁学》）。

君子是孔子对君臣的共同要求。在孔子看来，无论君王还是臣子，他们都是人，做官先做人，而做人的目标是君子。君子是孔子的理想人格，具备了仁、智、勇的优秀品质，"君子道者三，我无能焉：仁者不忧，知者不惑，勇者不惧"（《论语·宪问》）。

在孔子看来，君臣都要修身。君子不是先天生成的，而是后天培育的，不是自然而然长成的，而是艰苦修炼的结果。"自天子以至于庶人，壹是皆以修身为本。其本乱，而末治者否矣。其所厚者薄，而其所薄者厚，未之有也。"（《大学》）只有加强修身，才能成为君子；只有把人做好了，才能做好君王和好臣子。"子路问君子。子曰：'修己以敬。'曰：'如斯而已乎？'曰：'修己以安人。'曰：'如斯而已乎？'曰：'修己以安百姓。修己以安百姓，尧舜其犹病诸？'"（《论语·宪问》）在孔子看来，君臣都要正己，以身作则，率先垂范。"季康子问政于孔子。孔子对曰：'政者，正也。子帅以正，孰敢不正？'"（《论语·颜渊》）君王只有正己，才能端正臣子的行为，君臣都能正己，才能端正百姓的行为。"苟正其身矣，于从政乎何有？不能正其身，如正人何？"意思是，如果自身正了，对于从政还有什么困难呢？如果不能使自身端正，怎么能使别人端正呢？君臣只有正己，老百姓才能遵守国家颁布的政令和规章制度，否则就会不遵守政令和不执行规章制度。"其身正，不令而行；其身不正，虽令不从。"（《论语·子路》）孔子重视君臣正己，还因为统治者的行为具有导向作用和风向标的功能，是德政的组成部分，比刑罚还管用。"季康子问政于孔子曰：'如杀无道，以就有道，何如？'孔子对曰：'子为政，焉用杀？子欲善而民善矣。君子之德风，小人之德草，草上之风，必偃。'"（《论语·颜渊》）

好礼是孔子对君王的要求。"上好礼，则民莫敢不敬；上好义，则民莫敢不服；上好信，则民莫敢不用情。夫如是，则四方之民襁负其子而至矣。"（《论语·子路》）孔子重礼，原因在于礼是关于人与自然、人与社会、人与人关系的规范，也是君臣关系的规范。"非礼，无以节事天地之神也；非礼，无以辨君臣上下长幼之位也；非礼，无以别男女父子兄弟之亲、昏姻疏数之交也。"（《礼记·哀公问》）在孔子看来，君王好礼，首先要正名，名正才能言顺。"子路曰：'卫君待子而为政，子将奚先？'子曰：'必也正名乎！'"正名就是维护社会秩序，遵守礼仪规矩。"齐景公问政于孔子。孔子对曰：'君君、臣臣，父父、子子。'"（《论语·颜渊》）君有君道，臣有臣道，父有父道，子有子道，大家都安守本分，天下就安定太平。君王好礼，自己必须守礼，才能让老百姓遵守礼治。"子曰：'居上不宽，为礼不敬，临丧不哀，吾何以观之哉？'"（《论语·八佾》）尤其是君臣关系，更要守礼，君臣各安其位，各尽其职，共同致力于仁道，以安百姓。君王好礼，关键是选贤任能，舜有禹、稷、契、皋陶和伯益五个贤臣，就治理好了国家，周武王有十个治臣，就打败了商纣王。"舜有臣五人，而天下治。武王曰：'予有乱臣十人。'孔子曰：'才难，不其然乎？唐虞之际，于斯为盛。'"

选贤任能，要用人以德。一个人如果有才无德，即使像周公那样的大才，也不值得称道。"子曰：'如有周公之才之美，使骄且吝，其余不足观也已。'"（《论语·泰伯》）选贤任能，要用人举直。只有选任了正直的人为官，老百姓才会拥护。"哀公问曰：'何为则民服？'孔子对曰：'举直错诸枉，则民服；举枉错诸直，则民不服。'"（《论语·为政》）选贤任能，要用人如器。用人如器，是要发挥所长，不要求全责备。孔子评价仲由果断，端木赐豁达，冉求多才多艺，他们都有条件为官从政。"季康子问：'仲由可使从政也与？'子曰：'由也果，于从政乎何有？'曰：'赐也可使从政也与？'曰：'赐也达，于从政乎何有？'曰：'求也可使从政也与？'曰：'求也艺，于从政乎何有？'"（《论语·雍也》）选贤任能，要用人识察。全面考察一个人的道德品行，做到知人善任。"众恶之，必察焉；众好之，必察焉。"（《论语·卫灵公》）考察的重要方法是视、观、察："视其所以，观其所由，察其所安，人焉廋哉？人焉廋哉？"（《论语·为政》）意思是，看一个人为了什么做事情，观察一个人做事情时所采用的方式方法，考核一个人安心于做什么事情。那么，这个人哪里能够隐藏自己的真正面目呢？这个人哪里能够隐藏自己的真正面目呢？

以道事君是孔子对臣子的要求。孔子把臣子分为大臣与具臣。"季子然问：'仲由、冉求，可谓大臣与？'子曰：'吾以子为异之问，曾由与求之问。所谓大臣者，以道事君，不可则止。今由与求也，可谓具臣矣。'"（《论语·先进》）在孔子看来，大臣是以道事君，能够按照道义原则辅佐君王，若君不从则离开；具臣则有一定的才能，像仲由"千乘之国，可使治其赋也"，冉求"千室之邑，百乘之家，可使为之宰也"（《论语·公冶长》），也有一定的原则性，"弑父与君，亦不从也"（《论语·先进》）。然而，仲由、冉求还不能做到以道事君。孔子批评冉求和仲由不能以大义阻止季氏专权征伐："今由与求也，相夫子，远人不服，而不能来也；邦分崩离析，而不能守也；而谋动干戈于邦内。"（《论语·季氏》）意思是，现在，仲由和冉求你们两个人辅助季氏，远方的人不归服，而不能招来他们；国内民心离散，你们不能保全，反而策划在国内使用武力。在孔子看来，以道事君比忠君重要，这实际是仁与忠的关系。比较孔子评价管仲与令尹子文，可以看出仁与忠不是一个层次上的概念，而是仁高于忠，忠隶属于仁，从一个侧面说明孔子之忠没有后来愚忠的因子。管仲原为齐国公子纠的臣子，后来在宫廷政变中，公子纠被其弟公子小白杀死。管仲不但没有为公子纠殉节，反而做了公子小白的臣子，辅佐公子小白成为春秋时代最著名的霸主，这就是齐桓公。子路认为管仲不能算仁者，孔子却认为管仲是个仁者。"子路曰：'桓公杀公子纠，召忽死之，管仲不死。'曰：'未仁乎？'子曰：'桓公九合诸侯，不以兵车，管仲之力也。如其仁，如其仁。'"（《论语·宪问》）令尹子文是楚国的宰相，多次任宰相，多次被罢免，任宰相时，令尹子文没有喜悦；罢免官职后，令尹子文也没有抱怨。子张认为，令尹子文可算个仁者了，孔子却认为他是忠诚，而没有达到仁者的标准。"子张问曰：'令尹子文三仕为令尹，无喜色；三已之，无愠色。旧令尹之政，必以告新令尹。何如？'子曰：'忠矣。'曰：'仁矣乎？'曰：'未知，焉得仁？'"（《论语·公冶长》）在孔子看来，以道事君之道就是仁。"子张问仁于孔子。孔子曰：'能行五者于天下，为仁矣。''请问之'。曰：'恭、宽、信、敏、惠。恭则不侮，宽则得众，信则人任焉，敏则有功，惠则足以使人。'"（《论语·阳货》）为官从政者要弘扬仁道。"士不可以不弘毅，任重而道远。仁以为己任，不亦重乎？死而后已，不亦远乎？"（《论语·泰伯》）为了仁道，甚至可以献出自己的生命。"子曰：'志士仁人，无求生以害仁，有杀身以成仁。'"（《论语·卫灵公》）

（三）孟子之君臣观

孟子继承发展了孔子的君臣思想，明确提出了君道与臣道的观念。从君臣观内容分析，孟子与孔子是一致的，他们都主张维护君王的统治地位，承认君臣是上下级和领导与服从关系。同时，他们都主张君王要讲仁义，自我约束；臣子要以道事君，尽职尽力；君臣人格要平等，相互关系要相对平衡。

孟子君臣观与孔子的差异，主要不是内容而是形式，就是孔子温和，孟子激进。在对待君王的态度上，孔子是温良恭俭让。"子禽问于子贡曰：'夫子至于是邦也，必闻其政。求之与？抑与之与？'子贡曰：'夫子温良恭俭让以得之。'"（《论语·学而》）邢昺注曰："敦柔润泽谓之温，行不犯物谓之良，和从不逆谓之恭，去奢从约谓之俭，先人后己谓之让。"（《论语注疏》）孟子则不然，"说大人，则藐之，勿视其巍巍然"（《尽心下》）。在言语上，孔子几乎不言君王的缺点，有时还为君王掩饰错误，鲁昭公娶了同姓的吴女，显然违背了"同姓不婚"的周礼，陈司败问鲁昭公是否知礼，孔子回答知礼。陈司败对孔子的弟子说："吾闻君子不党，君子亦党乎？君取于吴，为同姓，谓之吴孟子。君而知礼，孰不知礼？"孔子听闻后表示歉意，"丘也幸，苟有过，人必知之"（《论语·述而》）。孟子不会掩饰君王的错误，甚至会骂君王。骂梁惠王："不仁哉梁惠王也！"（《尽心下》）骂梁襄王："孟子见梁襄王，出，语人曰：'望之不似人君，就之而不见所畏焉。'"（《梁惠王上》）在行动上，孔子对于君王的召见，很兴奋，不等驾好车就急急忙忙地赶过去。"君命召，不俟驾行矣。"（《论语·乡党》）孟子则先看君王的态度，君王尊重，他就去；君王不尊重，他就不去。"孟子将朝王，王使人来曰：'寡人如就见者也，有寒疾，不可以风。朝，将视朝，不识可使寡人得见乎？'对曰：'不幸而有疾，不能造朝。'"（《公孙丑下》）

君臣观在《孟子》一书中占有较大篇幅，其内容不外乎君道与臣道，榜样是尧舜，实质是仁义。"规矩，方圆之至也；圣人，人伦之至也。欲为君，尽君道；欲为臣，尽臣道。二者皆法尧舜而已矣。不以舜之所以事尧事君，不敬其君者也；不以尧之所以治民治民，贼其民者也。孔子曰：'道二，仁与不仁而已矣。'"（《离娄上》）曾国藩认为："《孟子》七篇，言君道者甚多，而莫要于'修其身而天下平'一语；言臣道者甚多，而莫要于'大人格君心之非'一语。"① "修其身而天下平"，出自《尽心下》：
"言近而指远者，善言也；守约而施博者，善道也。君子之言也，
不下带而道存焉。君子之守，修其身而天下平。人病舍其田而芸
人之田——所求于人者重，而所以自任者轻。"孟子在这段话中阐
述了内圣外王的道理，内圣是外王的基础，外王是内圣的显现；
君王要加强修身，严于律己，实现内圣，才能善言善道，做到外
王平治天下。"大人格君心之非"，出自《离娄上》："人不足与适
也，政不足与间也。唯大人为能格君心之非。君仁，莫不仁；君
义，莫不义；君正，莫不正。一正君而国定矣。"孟子一方面强调
君王在国家中的作用，君正则国定，君不正则国乱；另一方面指
明了臣子的重要职责是纠正君王的错误、不足。君臣相处，一般
不会有矛盾，只有当思想认识和决策意见不一致时，尤其是君王
犯错误时，才会产生矛盾。面对矛盾，臣子可以采用逢迎、沉默
和谏净三种不同方法，孟子鼓励臣子采用谏净的方法，阻止和纠
正君王犯错误。君王犯错误，不仅危害自身，更是危害国家和老
百姓，为臣的明知君王犯错而不谏止，实质是助纣为虐，罪莫大
焉。修其身而天下平，是从内心防止君王犯错；大人格君心之非，
是从外部阻止君王犯错，两者的目的是一致的。孟子据此全面论
述和展示其君臣观的丰富内容。

关于君道。君道的本质是如何治民的问题，像尧之道那样治
民，是正确的，否则，就是残害百姓。在孟子看来，尧之道治民，
君王要有仁心，"先王有不忍人之心，斯有不忍人之政矣。以不忍
人之心，行不忍人之政，治天下可运之于掌上"（《公孙丑上》）。
对于先王的不忍人之心，孟子区别了两种情况，一种是天性，另
一种是修身而得，"尧、舜，性者也。汤、武，反之也"。无论哪

① 周殿富编译：《曾刻孟子要略译注》，安徽人民出版社2013年版，第242页。

一种不忍人之心，其内容和形式都是一致的。"动容周旋中礼者，盛德之至也。哭死而哀，非为生者也。经德不回，非以干禄也。言语必信，非以正行也。君子行法，以俟命而已矣。"（《尽心下》）意思是，举止仪容无不合于礼，这是德行深厚到了极点。哭死者而悲哀，不是为了给活人看的；依据道德而行，不去违礼，不是为了谋求官职。言语一定要真实，不是为了让人知道行动端正。君子按法度做事，去等待命运的安排罢了。

尧之道治民，君王要推恩于天下。孟子认为，君王治国要把仁心推而广之，扩而充之，"凡有四端于我者，知皆扩而充之矣，若火之始然，泉之始达。苟能充之，足以保四海；苟不充之，不足以事父母"（《公孙丑上》）。当齐宣王以羊易牛去祭祀，显示出不忍之心，孟子鼓励他把不忍之心从禽兽推恩于百姓，指出这不是能不能的问题，而是为不为的问题。"今恩足以及禽兽，而功不至于百姓者，独何与？然则一羽之不举，为不用力焉；舆薪之不见，为不用明焉；百姓之不见保，为不用恩焉。故王之不王，不为也，非不能也。"孟子要求把不忍之心从自己的长辈和孩子推恩于别人的长辈和孩子。"老吾老，以及人之老；幼吾幼，以及人之幼。天下可运于掌。《诗》云：'刑于寡妻，至于兄弟，以御于家邦。'言举斯心加诸彼而已。故推恩足以保四海，不推恩无以保妻子。"（《梁惠王上》）孟子希望把不忍之心从亲情推恩于天下万事万物。"君子之于物也，爱之而弗仁；于民也，仁之而弗亲。亲亲而仁民，仁民而爱物。"（《尽心上》）

尧之道治民，君王要施仁政。"王如施仁政于民，省刑罚，薄税敛，深耕易耨，壮者以暇日修其孝悌忠信，入以事其父兄，出以事其长上。"（《梁惠王上》）孟子认为，施仁政是得民心，得民心则能得天下和保天下。得民心要制民之产，保证老百姓衣食无虞。得民心要取民有制，不能随心所欲，让老百姓负担过重，

"是故贤君必恭俭礼下，取于民有制"（《滕文公上》）。意思是，所以英明的君王一定严肃而节俭，对下级有礼，向百姓征税有一定的制度。得民心还要谨庠序之教，教育教化百姓明人伦，"谨庠序之教，申之以孝悌之义，颁白者不负戴于道路矣。七十者衣帛食肉，黎民不饥不寒，然而不王者，未之有也。"（《梁惠王上》）

关于臣道。臣道的本质是如何事君的问题，像舜之道那样事君，是正确的，否则，就是不敬其君，违背臣道。在孟子看来，舜之道事君，臣子要志于仁，帮助君王行正道。"君子之事君也，务引其君以当道，志于仁而已。"（《告子下》）志于仁是要求臣子具有良好的道德品质，以道德优势平衡君王的位势。"彼以其富，我以吾仁；彼以其爵，我以吾义。吾何慊乎哉？"（《公孙丑下》）孟子举了贤者事君的不同态度和做法："居下位，不以贤事不肖者，伯夷也。五就汤，五就桀者，伊尹也。不恶污君，不辞小官者，柳下惠也。"意思是，身处卑贱的地位，不以自己贤能之身侍奉无德之君，这是伯夷；五次前往商汤那里，又五次前往夏桀那里的，是伊尹；不厌恶污浊之君，不拒绝做个小官的人是柳下惠。伯夷、伊尹、柳下惠事君的态度和做法不同，而本质却是相同的，就是为臣者在任何时候、任何情况下都要坚持原则，秉持仁义。"三子者不同道，其趋一也。一者何也？曰：仁也。君子亦仁而已矣，何必同？"（《告子下》）

舜之道事君，臣子要做大人和天民，至少以安定国家为荣，不能以侍奉君王为乐。"有事君人者，事是君则为容悦者也。有安社稷臣者，以安社稷为悦者也。有天民者，达可行于天下而后行之者也。有大人者，正己而物正者也。"（《尽心上》）尤其要反对为臣者没有道德原则，一味逢迎君王的好恶。"长君之恶其罪小，逢君之恶其罪大。今之大夫皆逢君之恶，故曰：今之大夫，今之诸侯之罪人也。"（《告子下》）

　　舜之道事君，臣子要敢于格君心之非，批评和纠正君王错误的理念及其做法。格君心之非，是一个根据君王的不同错误和品行，逐步推进的过程。首先是谏诤，"君有过则谏"。当君王不听谏诤和不改正错误时，孟子在与齐宣王的对话中提出两种办法，一种是废弃君王，另一种是自己离职。对于贵戚之卿而言，可以废弃君王。"王曰：'请问贵戚之卿。'曰：'君有大过则谏，反复之而不听，则易位。'"对于异姓之卿而言，自己可以离职。"请问异姓之卿。曰：'君有过则谏，反复之而不听，则去。'"（《万章下》）在《孟子》一书中，实际上还有一种办法，这就是伊尹放逐商王太甲，让他思过悔过，然后重新回到王位。"太甲颠覆汤之典刑，伊尹放之于桐，三年，太甲悔过，自怨自艾，于桐处仁迁义，三年，以听伊尹之训己也，复归于亳。"（《万章上》）格君心之非的极端做法，就是可以用暴力推翻暴君。"齐宣王问曰：'汤放桀，武王伐纣，有诸?'孟子对曰：'于传有之。'曰：'臣弑其君，可乎?'曰：'贼仁者谓之'贼'，贼义者谓之'残'。残贼之人谓之'一夫'。闻诛一夫纣矣，未闻弑君也。'"（《梁惠王下》）

　　关于君臣关系。君与臣要以仁义相处，而不能以利相处。"为人臣者怀仁义以事其君，为人子者怀仁义以事其父，为人弟者怀仁义以事其兄，是君臣、父子、兄弟去利，怀仁义以相接也，然而不王者，未之有也。"（《告子下》）在孟子看来，怀仁义相处的君臣，是有为之君与不召之臣的关系。"故将大有为之君，必有所不召之臣，欲有谋焉，则就之。其尊德乐道，不如是，不足与有为也。"意思是，所以想要大有作为的君王，一定有他的不能召见的臣子。如果有事要商量，就主动到臣子那里去。君王尊重道德喜欢道义，如果达不到这个程度，是不足以和他一道有所作为的。商汤与伊尹、齐桓公与管仲是有为之君和不召之臣的关系，他们之间不是简单的领导与服从的关系，有为之君尊重不召之臣，不召之臣保持相对的独立性，两者是互相学习、各尽其职的关系，"故汤之于伊尹，学焉而后臣之，故不劳而王；桓公之于管仲，学焉而后臣之，故不劳而霸"（《公孙丑下》）。商汤、桓公忘记了君王的权势，伊尹、管仲乐于道义，君臣相遇，风云际会，否则，不相见，也不为臣。"古之贤王好善而忘势。古之贤士何独不然？乐其道而忘人之势，故王公不致敬尽礼，则不得亟见之。见且由不得亟，而况得而臣之乎？"（《尽心上》）

怀仁义相处的君臣，是亦师亦臣的关系，孟子以子思为例，说明读书人与君王是师生关系，而不是师友关系。鲁穆公多次见子思，认为君王与读书人是朋友关系。"古千乘之国以友士，何如？"子思不高兴地说："古之人有言曰：事之云乎？岂曰友之云乎？"意思是，古人的话，说的是君王以读书人为师，哪里是说和他交友。读书人与君王在位势上是君臣关系，而在道德道义上却只能是师生关系。"以位，则子，君也；我，臣也；何敢与君友也？以德，则子事我者也，奚可以与我友？"（《万章下》）

怀仁义相处的君臣，是互相平等、互尽义务的关系，而不是盲从愚忠的关系。依君王的表现而言，君臣既可以是手足关系，又可以是犬马关系，还可以是土芥关系。"君之视臣如手足，则臣视君如腹心；君之视臣如犬马，则臣视君如国人；君之视臣如土芥，则臣视君如寇仇。"（《离娄下》）孟子的论述使封建帝王很不满意，据说朱元璋读到"君之视臣如土芥，则臣视君如寇仇"时，说这不是臣子该说的话，遂把孟子撤出文庙。后来虽然恢复配享，仍命儒臣砍掉 85 条孟子原文，编了《孟子节文》，规定科举考试不得用已删的条文命题。

孔孟之君臣观，说到底是在维护君王地位的基础上为了限制君王的权力，而不是为了扩张放大君王的权力。按照孔孟的设想，一方面是君王自身约束权力，君王加强修身，保民爱民，能够从道德素质和思想认识上约束权力。另一方面靠臣子的力量约束，臣子以道事君，敢于格君心之非，从外部约束君王的权力。历史表明，孔孟之君臣观在理论上是有价值的，而在实践上却软弱无力，很难真正约束君王的权力。君王是人，要吃五谷杂粮，就有可能得病；君王有七情六欲，就可能让情欲胜过理性，坠入非理性非道德的深渊。依靠君王自身，不可能有效地约束住权力。臣子与君王在位势上存在着明显的不对等，不管君王多么明智，臣子都不可能做到知无不言，言无不尽；不管臣子多么勇敢，在利益、家人和生命受到威胁的情况下，总会心存畏惧，有所顾忌。罗素明确指出："使人服从的动力与使人发号施令的动力同样真实而普遍地存在，它根源于恐惧。"① 依靠臣子的力量，也不可能有力地约束权力。真正能够有力有效约束权力的是现代民主制度。现代民主制度约束权力的理念很简单，这就是权力必须分散，不能集权；国家权力一般分为立法权、行政权和司法权，互相之间必须平等，互相之间应有制衡。人类文明经过几千年探索，终于找到了可行的约束政治权力之路，这就是民主与法治、分权与制衡，这应当成为全人类的共识和普遍遵循的社会政治法则。

---

① 丁一凡编：《权力二十讲》，天津人民出版社 2008 年版，第 259 页。

人格论

- 大丈夫
- 修身
- 教育
- 母爱

一、大丈夫精神

任何思想文化的终极目的，都是塑造理想人格。一般而言，先秦儒家思想由政治学说、伦理学说和人格学说构成，三者互相联系、密不可分。政治学说言治国之道，孔子主张德治，孟子突出仁政，实质都是"道之以政，齐之以刑，民免而无耻；道之以德，齐之以礼，有耻且格"（《论语·为政》）。伦理学说言基于血缘亲情基础之上的人伦之道，孔子讲孝悌，孟子明人伦，"父子有亲，君臣有义，夫妇有别，长幼有叙，朋友有信"（《滕文公上》）。人格学说言理想状态中的人格，孔子提出圣人、君子人格，孟子发展出大丈夫精神，都重视修身，以实现内圣外王。儒家把治国之道纳入血缘伦理关系之中。"其为人也孝悌，而好犯上者，鲜矣；不好犯上，而好作乱者，未之有也。君子务本，本立而道生。孝悌也者，其为仁之本与！"（《论语·学而》）伦理道德律令则通过理想人格加以展示。"君子有九思：视思明，听思聪，色思温，貌思恭，言思忠，事思敬，疑思问，忿思难，见得思义。"（《论语·季氏》）儒家塑造的理想人格，首先要规范君王，目的却是为了政治统治和治国安邦。"子路问君子。子曰：'修己以敬。'曰：'如斯而已乎？'曰：'修己以安人。'曰：'如斯而已乎？'曰：'修己以安百姓。修己以安百姓，尧舜其犹病诸！'"（《论语·宪问》）

因此，政治是儒家思想的起点和终点，血缘伦理是儒家思想的基础，理想人格是儒家思想的保障。只有理想人格，才能修己以安百姓，巩固和维护以血缘亲情为核心的社会秩序。从这个意义上说，理想人格是儒家思想的命门所在。自孟子之后，儒家思想的发展与变动，或在政治领域，或在伦理领域，而理想人格则逾千载而弥坚，一直保持稳定。

人格一词是舶来品。古代汉语中没有人格一词，只有人性和品格的概念。中文中的人格一词是近代从日文中引进的，而日文的人格一词则源于英文的意译，英文人格一词则源于拉丁语。拉丁语的人格最初是指演员在舞台上戴的面具，类似于中国京剧的脸谱。舞台上的不同面具扮演不同角色，表现不同的人物性格。后来心理学引申其含义，认为在人生的大舞台上，人也会根据社会角色的不同来变换面具，面具是人格的外在表现，人格是面具后面的真实自我。现代心理学一般认为：人格是人类独有的，由先天获得的遗传素质与后天环境互相作用而形成的，能代表人类灵魂本质及个性特点的性格、气质、品德、信仰、良心等方面的综合体。哲学的研究则比较宏观，认为人格是指人之为人的资格，是对人的本质规定，马克思指出："人的本质不是单个人所固有的抽象物，在其现实性上，它是一切社会关系的总和。"① 中国古代虽无人格一词，却有丰富的人格思想；先秦儒家虽无心理学知识，却从哲学上探讨了人格，"仁也者，人也。合而言之，道也"（《尽心下》）。仁是儒家思想的核心，也是儒家理想人格的本质规定。孔子和孟子都是依据仁的范畴，推演出和建构起儒家的理想人格。在孟子那里，大丈夫是理想人格的精神内涵，浩然之气是理想人格的主要标志，反求诸己是形成理想人格的路径依赖。

---

① 《马克思恩格斯选集》（第一卷），人民出版社 1995 年版，第 60 页。

（一）孔子之君子论

孔子的理想人格是圣人和君子，而仁是圣人和君子的全部内容，圣人和君子是仁的理想载体。"颜渊问仁。子曰：'克己复礼为仁。一日克己复礼，天下归仁焉。为仁由己，而由人乎哉？'颜渊曰：'请问其目。'子曰：'非礼勿视，非礼勿听，非礼勿言，非礼勿动。'"（《论语·颜渊》）从这段对话可知，仁既是圣人和君子内圣克己的内容，又是外王复礼的内容，贯通于儒家的政治、伦理和人格学说。孔子提出了圣人和君子两种理想人格，而《论语》很少论及圣人，也没有直接言说圣人的具体品格。在孔子看来，圣人是一个集中了各种美好伦理道德的理想人物，是社会伦理道德的最高境界，人们可以敬仰憧憬，却难以企及，即使尧舜也没有完全达到圣人的标准。"子贡曰：'如有博施于民而能济众，何如？可谓仁乎？'子曰：'何事于仁！必也圣乎！尧舜其犹病诸！'"（《论语·雍也》）孔子从来没有承认自己是圣人，其中有谦虚的成分，却是内心的真实写照。"若圣与仁，则吾岂敢？抑为之不厌，诲人不倦，则可谓云尔已矣。"孔子还经常叹息见不到圣人，能够见到君子就心满意足了。"圣人，吾不得而见之矣。得见君子者，斯可矣。"（《论语·述而》）

由于圣人人格在现实社会难以实现，退而求其次，孔子强化了君子人格。《论语》一书"圣人""圣者""圣"的概念仅出现过6次，而"君子"出现了一百余次。孔子认为，君子是既理想又现实的人格，是通过修身可以达到的人格境界。作为哲学和伦理范畴，君子寄托着孔子太多的人生理想。《论语》有4处是孔子直接回答弟子提问来描绘君子的面貌；有7处是用数字来描述君子的形象；还有君子与小人比较，以反衬君子的可贵人格。君子面貌与形象相辅相成，君子与小人相反相成，多视角、全方位地展示了君子应该具备的内在素质和外在风貌。

孔子是怎样直接回答弟子的提问呢？第一处认为，君子是一个谨言敏行、诚信守诺的人。"子贡问君子。子曰：'先行其言，而后从之。'"（《论语·为政》）第二处认为，君子是一个内省不疚、不忧不惧的人。"司马牛问君子。子曰：'君子不忧不惧。'曰：'不忧不惧，斯谓之君子已乎？'子曰：'内省不疚，夫何忧何惧？'"（《论语·颜渊》）孔子在这段话中强调的是，一个人无论做人做事，在内心反省自己时，觉得没有可愧疚的言行，就是达到了君子的标准。第三处认为，君子是一个既重视自我修身又重视社会责任的人，即"修己以敬""修己以安人""修己以安百姓"。第四处认为，君子是一个具备了"智、清、勇、艺、礼"的人。"子路问成人。子曰：'若臧武仲之知，公绰之不欲，卞庄子之勇，冉求之艺，文之以礼乐，亦可以为成人矣。'"在孔子那里，成人即完美的人，与君子是同一序列的概念，可作君子理解。这段话的意思是，像鲁国大夫臧武仲那么有智慧，孟公绰那么清心寡欲，卞庄子刺虎那么勇敢，以及冉求那么多才多艺，加上高度的礼乐修养，就可算是成人了。然而，孔子认为这个要求太高了，很难做到，随即补充道："今之成人者何必然？见利思义，见危授命，久要不忘平生之言，亦可以为成人矣。"（《论语·宪问》）由此可知，见利思义、临危不惧、诚实守信，是君子人格最基本的要求；君子人格是可以分出层次的，实现君子人格是一个长期努力、逐步完善的过程。

《论语》是如何用数字来描述君子的形象呢？第一处是孔子对子产说："有君子之道四焉：其行己也恭，其事上也敬，其养民也惠，其使民也义。"（《论语·公冶长》）子产是郑穆公之孙，春秋时期著名的政治家。孔子谈到子产时，认为子产具备了恭、敬、惠、义四种合乎君子之道的品行。第二处是曾子生了病,孟敬子来慰问,曾子强调君子要在神情、脸色和言辞三个方面严格要求自己:"鸟之将死,其鸣也哀;人之将死,其言也善。君子所贵乎道者三:动容貌,斯远暴慢矣;正颜色,斯近信矣;出辞气,斯远鄙倍矣。笾豆之事,则有司存。"(《论语·泰伯》)第三处是孔子说:"君子道者三,我无能焉:仁者不忧,知者不惑,勇者不惧。'"(《论语·宪问》)这段话比较全面地反映了孔子对于君子品格的认识,具备了"仁、智、勇"的人,才算是一个真正的君子。第四处是孔子说:"君子有三戒:少之时,血气未定,戒之在色;及其壮也,血气方刚,戒之在斗;及其老也,血气既衰,戒之在得。"孔子是在告诫人们,追求君子人格,需要用人的一生去努力,而不是一朝一夕的兴之所至,也不是一时一事的权宜之计。第五处是孔子说:"君子有三畏:畏天命,畏大人,畏圣人之言。"(《论语·季氏》)这段话与前一段话互相联系、内在统一,前一段话所诫在事,这段话所畏在心。于事有所诫,于心也要有所畏。在孔子看来,作为君子,可以不忧不惑不惧,却不能没有敬畏之心,否则就会无法无天。第六处是"君子有九思",在眼见、耳听、脸色、外貌、言语、办事等方面,对君子的外在表现和内心追求提出了道德修养规范。第七处是"子夏曰:'君子有三变:望之俨然,即之也温,听其言也厉。'"(《论语·子张》)子夏从另一个视角描述君子的形象,也是作为一个君子应当留给他人的主观感受。通过几组数字的引述和分析,可以勾勒出孔子心目中的君子形象,核心是"仁、智、勇";日常的行为规范是"九思";边界是于事有所戒惧,于心有所敬畏;为官从政、建立事功时,要躬行"恭、敬、惠、义",做到喜怒哀乐不形于色,给人的印象是庄重、可亲和严厉。

君子与小人的差别在哪里呢?在心胸方面,"君子坦荡荡,小人长戚戚"(《论语·述而》)。君子的胸怀是宽广的,无论顺境还是逆境,都能做到乐观豁达;小人的心胸是狭隘的,总是怨天尤人,心里装满了忧愁、苦闷和痛苦。君子与小人对待人的态度不同,"君子成人之美,不成人之恶;小人反是"(《论语·颜渊》)。处理人际关系不同,"君子易事而难说也。说之不以道,不说也;及其使人也,器之。小人难事而易说也。说之虽不以道,说也;及其使人也,求备焉"。意思是,君子容易与他共事,却难以讨他喜欢。用不正当的方式讨他喜欢,他是不会喜欢的。但他在使用人的时候,能够知人善任,用其所长。小人则难以与他共事,却容易讨他喜欢。用不正当的方式去讨他喜欢,他也会喜欢的。而他在用人的时候,总是对人百般刁难,求全责备。日常生活中的表现不同,"君子泰而不骄,小人骄而不泰"(《论语·子路》)。在义和利方面,"君子喻于义,小人喻于利"(《论语·里仁》)。义与利是衡量君子与小人的重要标准,君子想问题办事情,只考虑按照道德的要求该不该做,而不问是否有利可图;小人则不然,只考虑是否有利可图,而不问道德上是否可行。孔子还认为义是君子的重要品质。"君子义以为质,礼以行之,孙以出之,信以成之。君子哉!"(《论语·卫灵公》)孔子不反对利,却反对不义之利,"不义而富且贵,于我如浮云"(《论语·述而》)。孔子认为遇到困境时,最能判别君子与小人。有一次孔子带弟子到陈国时断了粮,跟随的人都饿病了,没有人走得动。子路不高兴地问,君子也会陷入困境吗?孔子回答:"君子固穷,小人穷斯滥矣。"(《论语·卫灵公》)在和与同方面,"君子和而不同,小人同而不和"(《论语·子路》)。君子之和,既是大家一起团结共事、互相协调,又能求同存异,允许保持不同的个性,允许存在不同看法,允许发表不同意见;小人之同,是以利益为纽带,搞小圈子,同流合污,一旦利益缺失,就会互相拆台,检举揭发,树倒猢狲散。

具体表现在工作中，君子以忠信道义团结人，小人则是结党营私，"君子周而不比，小人比而不周"（《论语·为政》）。遇到问题时，君子不推诿，反省自己，小人则反其道而行，"君子求诸己，小人求诸人"（《论语·卫灵公》）。通过比较君子与小人，反衬了君子的高大伟岸，更加丰富充实了君子形象。

（二）继承与发展

孟子继承了孔子的人格理想，既继承了圣人人格，又继承了君子人格。孟子"道性善，言必称尧舜"（《滕文公上》），注重成就理想人格的普遍平等性，认为普通人也能达到圣人的境界，"人皆可以为尧舜"（《告子下》）。原因在于尧舜与普通人都是人，没有什么特殊之处，"圣人之于民，亦类也"（《公孙丑上》）。普通人只要善于向圣人学习，努力扩充自己的善良本性，就可以成为像尧舜一样的圣人，"子服尧之服，诵尧之言，行尧之行，是尧而已矣。子服桀之服，诵桀之言，行桀之行，是桀而已矣"（《告子下》）。孟子认为圣人是做到仁和智的人，"学不厌，智也；教不倦，仁也。仁且智，夫子既圣矣"（《公孙丑上》）。孟子不仅认为孔子是圣人，而且扩大了圣人的范围，把伯夷、伊尹、柳下惠都纳入圣人序列："伯夷，圣之清者也；伊尹，圣之任者也；柳下惠，圣之和者也；孔子，圣之时者也。孔子之谓集大成。集大成也者，金声而玉振之也。"（《万章下》）

孟子与孔子一样，更加重视君子人格，"君子所以异于人者，以其存心也。君子以仁存心，以礼存心。仁者爱人，有礼者敬人。爱人者，人恒爱之；敬人者，人恒敬之"（《离娄下》）。君子是儒家真正倡导的理想人格，也是传统社会心向往之并积极加以实践的人生目标。

　　孟子不仅继承了孔子的理想人格，而且发展完善了孔子的理想人格，为理想人格提供了性善依据。孔子注意到了人性问题，提出"性相近也，习相远也"（《论语·阳货》）的观点，却没有展开论述，也没有与其他观点联系起来，似乎游离于理论体系之外，既不能论证其他观点，也不能从其他观点中推导出来。孟子则全面探讨人性问题，建构了著名的性善论，形成为孟子学说的显著标志和全部思想的基础。

　　在孟子看来，人性具有同一性，就像口对于味道，有相同的嗜好；耳对于声音，有相同的听觉；眼对于颜色，有相同的美感，那么心或人性，也就有同样的本质规定，这就是理与义。差别在于味道、声音、颜色是物质的同一，而心和人性、理和义，则是精神的同一。精神的同一在于人性本善，性善的内容是仁义礼智，这是与生俱来的，"恻隐之心，人皆有之；羞恶之心，人皆有之；恭敬之心，人皆有之；是非之心，人皆有之。恻隐之心，仁也；羞恶之心，义也；恭敬之心，礼也；是非之心，智也。仁义礼智，非由外铄我也，我固有之也，弗思耳矣。"（《告子上》）

　　性善论为儒家的理想人格奠定了牢固基础，恻隐之心使人自觉向善，为实现理想人格筑牢了根基；羞恶之心使人产生耻感，向往高洁，为实现理想人格提供了动力；恭敬之心使人立身严正，不卑不亢，为实现理想人格打造了防护机制；是非之心使人能识真伪、别善恶、辨美丑，为实现理想人格树立了判断和选择的标准。人性本善是理想人格的内在根据，理想人格是人性本善的必然趋势，无怪乎，二程认为："孟子有大功于世，以其言性善也。"（《四书章句集注》）

　　孟子不仅在理论上发展完善了孔子的理想人格，而且在精神气质和风格魅力上补充完善了孔子的理想人格。总体而言，孔子的理想人格是温文尔雅，"质胜文则野，文胜质则史。文质彬彬，然后君子"（《论语·雍也》），欠缺阳刚之气，而孟子的理想人格补充了勇猛精进，"我善养吾浩然之气"（《公孙丑下》）。

究其原因，孔子与孟子在对待权力的态度上存在差异，孔子是敬畏权力，这就是畏大人，实质是敬畏权力，敬畏在高位的人。孟子则反之，而是藐视权力，"说大人，则藐之，勿视其巍巍然"（《尽心下》）。孔子之敬畏与孟子之藐视，反映了孔子侧重于促进理想人格的温和品质，孟子侧重于推动理想人格的豪迈气概。在对待君王的行为上存在差异，孔子是谨慎小心，《论语·乡党》较多记载孔子上朝和见君王的言行，上朝是异常的小心谨慎，见君王是屏住呼吸，甚至有些紧张。孟子正相反，显示出人格独立尊严，《公孙丑下》记载：孟子将去朝见齐王，齐王却以病为由勉强召见，孟子感到不尊重，也以病为由不应召，第二天却去东郭氏家，表示自己没病。孟子以王者师自居，告知齐王应以师礼待之，登门求教。在对待君臣关系的认识上存在差异，孔子只说了一句"君使臣以礼，臣事君以忠"（《论语·八佾》）。孟子则认为君臣关系如何，取决于君对臣的态度，慷慨激昂说了三种不同的组合关系："君之视臣如手足，则臣视君如腹心；君之视臣如犬马，则臣视君如国人；君之视臣如土芥，则臣视君如寇仇。"（《离娄下》）

孟子也是在比较中树立其理想人格，完善其大丈夫形象。与孔子相比，孟子比较范围更为宽广，首先比较了贱丈夫、小丈夫。在孟子看来，贱丈夫是经商的贪利之人，是那种陷溺于利益之中，知利而不知义的卑鄙之人，有的是为了一己私利而不顾别人生存发展的恶人。"古之为市也，以其所有易其所无者，有司者治之耳。有贱丈夫焉，必求龙断而登之，以左右望而罔市利。"意思是，古人做生意，拿自己所有的交换自己所无的，有专门的部门管理这种交易。而贱丈夫在市场上一定要找个绝高而断的山冈登上去，左顾右盼来网罗整个集市的利益。对于贱丈夫，不仅要在道德上给予谴责，而且在管理上要加以惩罚，课以重税。"人皆以为贱，故从而征之。征商自此贱丈夫始矣。"值得注意的是，孟子在贬斥贱丈夫时，竟能提出具有现代经济意义的垄断概念，不能不佩服其思想的超前和深邃。在孟子看来，小丈夫是为官的庸俗之人，心胸狭隘，受不了委屈；一旦受了委屈，谏议不被君王采纳，就表现出不高兴而发怒，匆匆离职而去。"予岂若是小丈夫然哉？谏于其君而不受，则怒，悻悻然见于其面，去则穷日之力而后宿哉？"孟子认为自己不是小丈夫，向往为官从政是为了平治天下。当孟子得不到齐王重用离开后，齐国的尹士指责孟子不明智，来齐国的动机是为了个人利益："不识王之不可以为汤、武，则是不明也；识其不可，然且至，则是干泽也。千里而见王，不遇故去，三宿而后出昼，是何濡滞也？士则兹不悦。"孟子辩驳道，他来见齐王，是希望得到齐王重用，能够采纳其治国之道；与齐王想法不一致，不得已而离开，也是慢慢地离开。慢慢地离开，不是为了求个人的富贵和功名，而是希望齐王回心转意，能够重用自己。"千里而见王，是予所欲也；不遇故去，岂予所欲哉？予不得已也。予三宿而出昼，于予心犹以为速，王庶几改之！王如改诸，则必反予。夫出昼，而王不予追也，予然后浩然有归志。予虽然，岂舍王哉！"孟子很自负，认为如果得到齐王重用，他不仅能使齐国的百姓安宁，而且能使天下的百姓安宁。"王如用予，则岂徒齐民安？天下之民举安。"（《公孙丑下》）

《离娄下》还以讲故事的形式，塑造"齐良人"的形象，给人以猥琐无比的感觉，甚于贱丈夫和小丈夫；与大丈夫相比，简直是天上地下，渺小低贱。某种意义上说，大丈夫一词是相对于女性而言的，意指在女性面前要有男子汉的样子，敢于承担责任，勇于奋发进取。而齐良人在妻妾面前的表现多荒唐而无耻，可怜而可恨。故事的大意是，齐良人有一妻一妾，他经常外出吃饱喝足回来，告知妻妾是富贵人家宴请吃饭。妻子对此很怀疑，有一次就跟踪他，结果发现自己的丈夫是在墓地向别人乞食，回来后告知其妾，两人很失望，相拥而泣。孟子嘲讽齐良人，在于其贪图口腹之欲，不识大体："饮食之人，则人贱之矣，为其养小以失大也。饮食之人无有失也，则口腹岂适为尺寸之肤哉?"（《告子上》）孟子嘲讽齐良人，更因为齐良人乞讨墓地的残羹剩饭，毫不知羞耻："卒之东郭墦间，之祭者，乞其余；不足，又顾而之他，此其为餍足之道也。"齐良人还对妻妾欺骗撒谎，却不知羞耻。孟子特别反感无耻之人："人不可以无耻，无耻之耻，无耻矣。"（《尽心上》）

孟子之"大丈夫"源于评论纵横家，纵横家也是大丈夫的比较对象。春秋战国时期，纵横家不是一个学术流派，而是从事外交活动的一个独特的谋士群体。纵横家的祖师爷是鬼谷子，代表人物有苏秦、张仪以及公孙衍等。在战国纷争的局势下，他们运用纵横术周旋于诸侯国之间，弱肉强食，争霸吞并，"纵者，合众弱以攻一强也；横者，事一强以攻众弱也"（《韩非子·五蠹》）。他们奔走游说，摇唇鼓舌，耸动视听，随机应变，投君主之所好；他们毫无是非原则，朝秦暮楚，事无定一主，反复无常，设计谋划多从个人的政治利益出发。学纵横之术的景春在孟子面前夸耀他们是大丈夫。"景春曰：'公孙衍、张仪岂不诚大丈夫哉？一怒而诸侯惧，安居而天下熄。'"孟子给予了批驳，认为公孙衍、张仪之流根本称不上大丈夫，只能算作"以顺为正"的妾妇。"是焉得为大丈夫乎？子未学礼乎？丈夫之冠也，父命之；女子之嫁也，母命之，往送之门，戒之曰：'往之女家，必敬必戒，无违夫子！'以顺为正者，妾妇之道也。"（《滕文公下》）意思是，公孙衍、张仪哪里称得上大丈夫呢？你没学过礼吗？男子举行冠礼的时候，父亲训导他；女子出嫁的时候，母亲训导她，送她到门口，告诫说：到了夫家，一定要恭敬，一定要警惕，不要违背丈夫。把顺从当作正道，这是妇女的原则。孙奭疏曰："孟子之所以引此妾妇而言者，盖欲以此妾妇比之公孙衍、张仪也，以其二人非大丈夫耳。盖以二人为六国之乱，期合六国之君，希意导言，靡所不至。而当世之若谗毁称誉，言无不听，喜怒可否，势无不行。虽一怒而诸侯惧，安居而天下熄，未免夫从人以顺为正者也。是则妾妇之道如此也，岂足为大丈夫乎?"（《孟子注疏》）

（三）孟子之人格论

人格是一个复杂的概念。20 世纪 30 年代，美国心理学家高尔顿·奥尔波特在《人格：一种心理学的解释》中梳理了 50 种有关人格的定义。尽管人格的定义很多，很难统一认识，而抽象地看，人格却很简单，只有两种人格，一种为个人人格，意指人所具有的与他人相区别的独特而稳定的思维方式和行为风格。另一种为集体人格，瑞士心理学家荣格指出："一切文化最后都沉淀为人格，不是歌德创造了浮士德，而是浮士德创造了歌德。"① 集体人格，从民族的角度，可称为文化人格；从思想流派的角度，可称为理想人格。集体人格是某一社会、某个民族和某种文化中人们最为推崇的人格模型，集中体现了社会民族和文化发展长期积淀的基本特征和价值标准，可以离开人的肉体、离开人所处的社会条件，而独立地存在于民族的精神之中。理想人格，指的是理想中的人格状态，是一种超越现实人格的人格，是一种想要追求而又很难达到的人格境界。对于中华民族而言，集体人格就是君子；

———————

① 刘国彬、杨德友译：《荣格自传：回忆·梦·思考》，三联书店 2009 年版，第 25 页。

对于儒家学说而言，理想人格就是君子。从这个意义上说，孟子的理想人格仍然是君子。在孟子心目中，君子是天地间的完人，君子人格是所有人学习的目标和榜样，"夫君子所过者化，所存者神，上下与天地同流"（《尽心上》）。

孟子提出并阐述了大丈夫概念，但很少使用大丈夫概念，更多的是使用君子概念。据统计，在《孟子》一书中，君子概念使用了 82 次，贤的概念使用了 72 次，圣的概念使用了 47 次，而大丈夫概念只用了 3 次，并集中于与景春的对话之中。而且，大丈夫概念在日常生活中的使用有着很大局限。难以在日常生活中使用的概念，不能成为独立的人格。理想人格是矛盾的统一体，内容丰富却是平衡的，尤其是矛盾着的内容更应该平衡，一旦打破平衡，理想人格就难以存在，不可能成为人生向往的目标。孔子推崇君子的温和性格，却没有忘记阳刚之气。"三军可夺帅也，匹夫不可夺志也"（《论语·子罕》）；"志士仁人，无求生以害仁，有杀身以成仁"（《论语·卫灵公》）；"可以托六尺之孤，可以寄百里之命，临大节而不可夺也，君子人与？君子人也"（《论语·泰伯》）。大丈夫只强调阳刚之气，缺乏温和元素补充，不能够成为理想人格。集体人格只有涵盖所有人，才能成为一个民族、一种文化追求的人生目标。迄今为止，人类社会都是由男女两性共同构成的世界。人类社会既不能没有男性，也不能没有女性，而大丈夫实际是对男性而言，很难涵盖和融纳女性；即使就男性而言，大丈夫也只是一种类型，不能成为集体人格。

任何一门学科的概念，尤其哲学上的概念，必须是抽象概括，不能是形象比喻，而大丈夫实际上是一个形容词，不能成为文化人格。有的学者正确地指出：大丈夫"与其说是孟子所建构的理想人格模式，毋宁说是孟子建构其理想人格体系的基本精神气质，这种精神气质贯穿于孟子理想人格理论的各个层次"①。作为精神气质，孟子的大丈夫有着丰富的人格内容。孟子在批驳纵横家为妾妇之道后，明确提出自己的大丈夫概念："居天下之广居，立天下之正位，行天下之大道。得志，与民由之；不得志，独行其道。富贵不能淫，贫贱不能移，威武不能屈，此之谓大丈夫。"（《滕文公下》）孟子的大丈夫论断不长，只有52个字，却全面展示了大丈夫的精神内涵和形象特征。

"居天下之广居，立天下之正位，行天下之大道"，言的是大丈夫的精神内涵，朱熹注云："广居，仁也；正位，礼也；大道，义也。"（《四书章句集注》）仁、礼、义是儒家的思想核心，也是孔子、孟子反复强调的伦理道德规范。在孔子看来，仁者爱人，统摄其他道德品格。实际上，仁是君子人格的高度抽象，君子人格内聚着仁的全部品格。当樊迟问仁时，孔子回答："居处恭，执事敬，与人忠。虽之夷狄，不可弃也。"（《论语·子路》）子张问仁时，"孔子曰：'能行五者于天下，为仁矣。'请问之。曰：'恭、宽、信、敏、惠。恭则不侮，宽则得众，信则人任焉，敏则有功，惠则足以使人'"（《论语·阳货》）。孔子自己则说："刚毅、木讷近仁。"（《论语·子路》）礼是社会秩序和行为规范，"非礼，无以节事天地之神也；非礼，无以辨君臣上下长幼之位也；非礼，无以别男女父子兄弟之亲、昏姻疏数之交也"（《礼记·哀公问》）。义是君子的本质规定和行为准则，"君子之于天下也，无适也，无莫也，义之与比"（《论语·里仁》）。

孟子则在孔子的基础上把义与仁并列，纳入君子人格和大丈夫精神之中："言非礼义，谓之自暴也；吾身不能居仁由义，谓之自弃也。仁，人之安宅也；义，人之正路也。旷安宅而弗居，

---

① 邰汉明：《儒家哲学智慧》，吉林人民出版社2005年版，第94页。

舍正路而不由，哀哉！"（《离娄上》）孟子还把仁义礼智看成是与生俱来的天赋道德萌芽："君子所性，仁义礼智根于心，其生色也睟然，见于面，盎于背，施于四体，四体不言而喻。"（《尽心上》）王夫之认为，名符其实的大丈夫要做到仁无不覆，礼无不协，义无不审。"其居则天下之广居也，涵四海万民于一心，使各遂其所，仁无不覆也。所立则天下之正位，定民彝物则之常经，而允执其中，礼无不协也。所行则天下之大道，酌进退辞受之攸宜，而率礼不越，义无不审也。"（《四书训义》）

"得志，与民由之；不得志，独行其道"，言的是大丈夫的处境，赵岐注曰："得志行正，与民共之。不得志，隐居独善其身，守道不回也。"（《孟子注疏》）大丈夫一生既可能居于顺境，也可能处于逆境，无论居庙堂之高，还是处江湖之远，大丈夫一以贯之的行为，就是要坚守道义，遵道而行。所谓得志，是居于顺境和庙堂之高的时候，要与老百姓同忧乐，造福于百姓；不得志，则是处于逆境和江湖之远的地方，要独善其身，不能自暴自弃，也不能怨天尤人。道是儒家的核心价值和终极信念，孔子要求"笃信好学，守死善道。危邦不入，乱邦不居。天下有道则见，无道则隐"（《论语·泰伯》）。孟子比孔子激进，认为在天下无道的时候还要奋发进取，甚至可以献出生命，这是大丈夫精神为君子人格注入阳刚之气，"天下有道，以道殉身；天下无道，以身殉道；未闻以道殉乎人者也"（《尽心上》）。余英时认为，道对于传统社会读书人具有重要意义，是知识分子人格独立的标志，"'哲学的突破'以前，士固定在封建关系之中而后有职事；他们并没有一个更高的精神凭藉可恃以批评政治社会、抗礼王侯。但'突破'以后，士已发展了这一精神凭藉，即所谓'道'。有了道之后，此时'士'的特征已显然不在其客观身份，而在其以'道'

自任的精神"①。

"富贵不能淫，贫贱不能移，威武不能屈"，言的是大丈夫的精神境界，朱熹注曰："淫，荡其心也。移，变其节也。屈，挫其志也。"（《四书章句集注》）对应于仁、礼、义三个道德规范，对应于居仁、立礼、行义三种生命实践，孟子分别提出了"富贵""贫贱"和"威武"三种人生境况。面临富贵、贫贱、威武，人之常情是对于富贵，容易淫荡其心，沉溺于欲望之中而不能自拔；对于贫贱，容易慕富贵而改其志向，变其节操；对于威武，容易害怕安危存亡而屈膝变节，苟全性命。就大丈夫而言，真正的考验是富贵、贫贱和威武三种人生境况，能够做到不淫、不移、不屈的，才是真正的大丈夫。大丈夫真正的标志，不是其精神内涵，也不是其人生处境，而是"三不"境界，在任何情况下都能保持自己的独立人格，都不改变自己的坚定志向。"故士穷不失义，达不离道。穷不失义，故士得己焉；达不离道，故民不失望焉。古之人，得志，泽加于民；不得志，修身见于世。穷则独善其身，达则兼善天下。"（《尽心上》）孙奭把"三不"变成了"三不足"，"虽使富贵，亦不足以淫其心；虽贫贱，亦不足以移易其行；虽威武而加之，亦不足以屈挫其志：夫是乃得谓之大丈夫也"（《孟子注疏》）。

孟子的大丈夫有着鲜明的人格特征。具体表现为自信自尊的高尚气节。在孟子看来，面对权力和威势，大丈夫要保持独立、尊严和平等的人格。"成𰀁谓齐景公曰：'彼，丈夫也；我，丈夫也；吾何畏彼哉？'颜渊曰：'舜，何人也？予，何人也？有为者亦若是。'"（《滕文公上》）孟子对平等甚至有点敏感，认为凡是不平等的，都应当加以拒绝；即使与权势无关，也要加以拒绝。

―――――――――

① 余英时：《士与中国文化》，上海人民出版社 2003 年版，第 88 页。

当滕国国君的弟弟滕更以不平等的姿态请教问题，孟子就不给予答复，"挟贵而问，挟贤而问，挟长而问，挟有勋劳而问，挟故而问，皆所不答也。滕更有其二焉"（《尽心上》）。意思是，依仗自己地位高贵来发问，依仗自己贤能来发问，依仗自己年纪大来发问，依仗自己有功劳来发问，依仗自己有老交情来发问，都属于我不回答的范围。滕更占了其中的两条。忧民忧道的忧患意识。在孟子看来，大丈夫要有忧患意识，"入则无法家拂士，出则无敌国外患者，国恒亡。然后知生于忧患而死于安乐也"（《告子下》）。忧患是忧民，"今也制民之产，仰不足以事父母，俯不足以畜妻子，乐岁终身苦，凶年不免于死亡。此惟救死而恐不赡，奚暇治礼义哉"（《梁惠王上》）。忧患更是忧道，"杨墨之道不息，孔子之道不著，是邪说诬民，充塞仁义也。仁义充塞，则率兽食人，人将相食。吾为此惧，闲先圣之道，距杨墨，放淫辞，邪说者不得作"（《滕文公下》）。舍生取义的价值取向。在孟子看来，生命存在的意义在于社会价值，而不在生命本身，面对死亡的生存境遇，大丈夫要将社会价值置于生命本身之上，这就是舍生取义，让人生焕发出价值光彩，"生，亦我所欲也；义，亦我所欲也。二者不可得兼，舍生而取义者也"（《告子上》）。

孟子的大丈夫有着生动的人格实践。孟子不仅倡导大丈夫精神，而且亲自践行大丈夫精神。由于孟子具有主体的使命意识和以天下为己任的道德自律，就能够正道直行、正气浩然，自觉地抵制外界的各种诱惑，不屈服压力，不迷失方向，不丧失意志。

对于富贵，即使得志也不追求不享受。"堂高数仞，榱题数尺，我得志，弗为也。食前方丈，侍妾数百人，我得志，弗为也。般乐饮酒，驱骋田猎，后车千乘，我得志，弗为也。在彼者，皆我所不为也；在我者，皆古之制也，吾何畏彼哉？"（《尽心下》）对于贫贱，要通过正当的途径加以摆脱，而财富则应取之有道。

"一箪食，一豆羹，得之则生，弗得则死，呼尔而与之，行道之人弗受；蹴尔而与之，乞人不屑也。"（《告子上》）意思是，一筐饭，一碗汤，得到了就能活下去，得不到就会死，吆喝着给他，连过路的饿人都不愿接受；用脚踩后再给人，连乞丐也不屑接受。面对威武，更要保持人格的独立和平等，不能"枉尺直寻"。陈代希望孟子屈尊去拜见诸侯君王，以便得到重用，实现平生志向。孟子认为，枉尺直寻是以利言之，孔子不为，我也不为。"志士不忘在沟壑，勇士不忘丧其元。孔子奚取焉？取非其招不往也。如不待其招而往，何哉？且夫枉尺而直寻者，以利言也。如以利，则枉寻直尺而利，亦可为与？"更重要的是，枉尺直寻，是不可能得到他人尊重的，也不可能使别人正直。"枉己者，未有能直人者也。"保持独立平等，不能"胁肩谄笑"。公孙丑问为什么不去谒见君王，孟子引曾子的话回答："胁肩谄笑，病于夏畦。"（《滕文公下》）朱熹注曰："皆小人侧拥之志也。"（《四书章句集注》）杨伯峻注云："胁肩即耸体，故意为恭敬之状；谄笑，强为拥悦之颜。"（《孟子译注》）保持独立平等，不能作"乡愿"。所谓乡愿，"同乎流俗，合乎污世。居之似忠信，行之似廉洁，众皆悦之，自以为是，而不可入与尧、舜之道"（《尽心下》）。意思是，乡愿只是同流合污，平时似乎忠诚老实，处事似乎方正廉洁，大家都喜欢，自己也以为做得正确，却与尧舜之道格格不入。孟子和孔子都认为："乡愿，德之贼也。"（《论语·阳货》）

任何民族都有自己的理想人格，中华民族的理想人格是君子。精神分析学把人的精神结构分为意识与无意识两个部分，认为无意识是人的精神结构中最真实最本质的东西。荣格把无意识区分为个人无意识与集体无意识两种情况。在荣格看来："高出水面的一些小岛代表着一些人的个体意识之觉醒部分；由于潮汐运动才露出来的水面下的陆地部分代表个体的个人无意识，所有的岛最终以为基地的海床就是集体无意识。"① 而集体无意识就是理想人格，是一种代代相传的无数同类经验在某一民族全体成员心理上的沉淀物。因此，君子人格是中华民族的集体无意识；君子人格是中华文化结出的最甜美最壮观的果实。君子人格寄托着我们的人生理想，是我们人生追求的目标，期望在有生之年，尤其是老之将至的时候，自我评价是君子，他人评价也是君子，人生则无憾也。君子人格美好，却不是天生丽质，也不是自然长成，而是艰苦修身、严格自律的结果，"宝剑锋从磨砺出，梅花香自苦寒来"。君子人格壮丽，却不可能立竿见影，也不可能一蹴而就，而是坚持不懈、终身修炼的结果。"子曰：'吾十有五而志于学，三十而立，四十而不惑，五十而知天命，六十而耳顺，七十而从心所欲，不逾矩。'"（《论语·为政》）君子人格尊贵，却难以简单从事，也难以心想事成，而是一步一个脚印的结果。好学是起步，没有好学，就没有君子。"君子食无求饱，居无求安，敏于事而慎于言，就有道而正焉，可谓好学也已。"（《论语·学而》）崇仁是核心，"士不可以不弘毅，任重而道远。仁以为己任，不亦重乎？死而后已，不亦远乎？"（《论语·泰伯》）力行是关键，"好学近乎知，力行近乎仁，知耻近乎勇"（《中庸·第二十章》）。孔子与孟子建构的君子人格，值得每一个中国人用一生去追求和践行。

---

① ［美］杜·舒尔茨著，沈德灿等译：《现代心理学史》，人民教育出版社 1981年版，第 360 页。

二、浩然之气

　　浩然之气是孟子首先提出的重要思想，也是孟子全面论证的人格理念。浩然之气是人在修养过程中所追求的生命境界，是理想人格应当具备的精神状态，对于儒家的理想人格作出了重要贡献。蔡元培认为："孔子以君子代表实行道德之人格。孟子则又别以大丈夫代表之。其所谓大丈夫者，以浩然之气为本。"[①] 浩然之气与大丈夫精神共同构成了孟子的人格理想，创新丰满了孔子的君子人格。孔子的君子是刚、毅、木、讷，矜而不争，约之以礼，"事父母几谏，见志不从，又敬不违，劳而不怨。"（《论语·里仁》）而孟子以浩然之气为根本塑造的大丈夫则独立自信，个性张扬，气度非凡，傲视天下。"孔子登东山而小鲁，登泰山而小天下。故观于海者难为水，游于圣人之门者难为言。"（《尽心上》）二程认为："孟子有功于圣门，不可胜言。仲尼只说一个'仁'字，孟子开口便说'仁义'。仲尼只说一个'志'，孟子便说许多'养气'出来。"（《四书章句集注》）

　　浩然之气与夜气、平旦之气互相联系，共同补充完善了孔子之志。孔子重视志的概念，将志看成人生的精神支柱："三军可夺帅也，匹夫不可夺志也。"（《论语·子罕》）孔子很少谈气，也没有赋予义理内容，而孟子不仅提出了浩然之气，而且提出了夜

① 蔡元培：《中国伦理学史》，商务印书馆 2004 年版，第 43 页。

气、平旦之气等概念；不仅论证了气的概念，而且论证了气与志的关系，形成了比较完整的气论思想。

（一）先秦气论

气是传统文化的一个重要概念。《说文解字》释气为"云气也，象形"。《说文部首订》进一步解释："气之形与云同。但析言之，则山川初出者为气，升于天者为云。合观之则气乃云之散蔓，云乃气之浓敛，《说解》故以云气释之。其形叠三为文者，气之上出，层累而升，篆因从积画以象之。"气的思想源远流长，先秦以前，约经历自然之气、哲学之气和道德之气三个发展阶段。

自然之气阶段，气既被看作自然现象，又被用来解释自然现象。西周时期已有气的概念，据《国语·周语上》记载，周幽王二年，都城镐京附近发生地震，周太史伯阳父给予解释："夫天地之气，不失其序。若过其序，民乱之也。阳伏而不能出，阴迫而不能蒸，于是有地震。"在伯阳父看来，天地之间存在着阴阳之气，二气之间有一定的秩序，地震等灾异现象是人为破坏和扰乱阴阳秩序的结果。伯阳父的解释局限于自然现象，还没有赋予精神元素。先秦时期，古人对气有着多种理解，从自然现象而言，把气理解为云气、雾气、风气等，认为天有六气："六气曰阴、阳、风、雨、晦、明也，分为四时，序为五节，过则为灾。"（《左传·昭公元年》）从生理现象而言，把气理解为血气、精气、气息，"人之生，气之聚也；聚则为生，散则为死"（《庄子·知北游》）。从精神现象而言，把气理解为勇气、怒气、锐气，"夫战，勇气也，一鼓作气，再而衰，三而竭。彼竭我盈，故克之"（《左传·庄公十年》）。

古人还运用气解释自然界和人类社会的各种现象。在农业领域，人们解释农耕、农时与阴阳之气的关系。"自今至于初吉，阳气俱蒸，土膏其动。弗震弗渝，脉其满重　，谷乃不殖。"（《国语·周语上》）意思是，从现在到月朔，阳气全部上升，土地润泽萌动。若没有动静，没有变化，那就是地脉郁结错乱，作物便不能生长。在天文领域，人们用阴阳二气解释陨石现象。"十有六年春王正月戊申朔，陨石于宋五。是月，六鹢退飞，过宋都。"意思是，僖公十六年春季，在宋国上空坠落五块石头，这是降落的星星。六只鹢鸟后退着飞，经过宋国国都。为此，宋襄公征询周内史叔兴的意见，叔兴解释："是阴阳之事，非吉凶所生也"（《左传·僖公十六年》）。在医学领域，人们用阴阳二气解释各种疾病，"阴淫寒疾，阳淫热疾，风淫末疾，雨淫腹疾，晦淫惑疾，明淫心疾"（《左传·昭公元年》）。分析古人对气的认识和解释，说明古人已经从自然界和社会现象中感觉到气的存在，逐步认识气的运动变化规律，这为思想家的哲学概括提供了基础。

最早对气进行哲学概括的是儒家经典《周易》和道家思想。哲学之气源于《周易》，"潜龙勿用，阳气潜藏"（《易经·乾卦第一》）。更重要的是，《周易》将气提炼为太极的概念，认为太极是天地万事万物的起源，"易有太极，是生两仪，两仪生四象，四象生八卦，是故法象莫大乎天地，变通莫大乎四时"。郑玄释太极为"淳和未分之气"（《天文七政论》），孔颖达注疏："太极谓天地未分之前，元气混而为一。"（《五经正义》）意思是，原始有太极，太极就是阴阳未生浑茫广大之气，太极变而产生天地，是谓两仪；两仪变而产生金木水火，是谓四象；四象变而产生天地水火风雷山泽，是谓乾坤坎离巽震艮兑八卦。所以八卦图像涵盖宇宙万象，变通则产生四时运行。《周易》还把太极变化看成是阴阳互相消长的运动，"一阴一阳之谓道"（《易传·系辞上》）。从而使阴阳二气从单纯的自然现象，转化为与太极相配合的事物运动变化规律，气也就有了形而上意义。

真正使气变为哲学范畴的是道家思想。老子是古代自觉探讨本体问题的第一位哲学家，他把道看成是宇宙的本原和天下万事万物的起源，把阴阳二气看成是万事万物组成的要素，是道创生万物过程中演变运行的方式，"道生一，一生二，二生三，三生万物。万物负阴而抱阳，冲气以为和"（《老子·第四十二章》）。同时，老子实际上提出道德之气的思想，他的人生理想是保持婴儿般的纯真和浑朴，养气是主要途径。"载营魄抱一，能无离乎？专气致柔，能婴儿乎？"（《老子·第十章》）意思是，精神与身体合一，能够不分离吗？结聚精气而达致柔顺，能纯真得像婴儿吗？王弼注云："专，任也；致，极也。言任自然之气，致至柔之和，能若婴儿之无所欲乎？则物全而性得矣"（《道德经注》）。老子关注的是道，无论哲学之气还是道德之气都没有展开论述。

庄子继承发展了老子的哲学思想，比较全面地论述了哲学之气。在庄子看来，气是充溢于宇宙天地之间的一种普遍存在的物质，是构成宇宙万物的基础和形成宇宙万物的发端。万物都是由气的运动变化产生的，而气的运动变化主要表现为阴阳二气的对立和融合，"阴阳者，气之大者也"（《庄子·则阳》）。在庄子看来，宇宙原初是一个混沌，唯有气的存在，气运行变化而产生万物，"察其始，而本无生；非徒无生也，而本无形；非徒无形也，而本无气。杂乎芒笏之间，变而有气，气变而有形，形变而有生。今又变而之死。是相与为春秋冬夏四时行也"（《庄子·至乐》）。成玄英疏注"芒笏"为宇宙原始混沌未曾分化状态，芒笏之气经过分化，"变成阴阳二气；二气凝结，变而有形；形既成就，变而生育"（《南华真经注疏》）。在庄子看来，人的生命本体是气，气是构成人生命的物质元素："生也死之徒，死也生之始。孰知其纪？人之生，气之聚也。聚则为生，散则为死。若死生为徒，吾又何患？故万物一也。"（《庄子·知北游》）庄子还谈论了养气问题："彼将处乎不淫之度，而藏乎无端之纪，游乎万物之所终始。壹其性，养其气，合其德，以通乎物之所造。夫若是者，其天守全，其神无郤，物奚自入焉！"（《庄子·达生》）大概意思是，他将自然的分寸，藏心于无首无尾的大道中，遨游在无终无始的万物里。专一其本性，保持其元气，使德性与自然相通。像这样的人，其自然天性不失，精神凝聚，外物又怎么能侵害他呢？养气侧重于顺应自然来协调人的生存状态，强调人要恬淡、寂寞、虚无和无为，达到最佳的生存状态，"故曰：夫恬淡寂寞，虚无无为，此天地之平而道德之质也。故曰：圣人休，休焉则平易矣，平易则恬淡矣。平易恬淡，则忧患不能入，邪气不能袭，故其德全而神不亏"（《庄子·刻意》）。

　　道德之气与血气概念有着一定联系。血气概念首见于《国语》，用来解释生命体的活动，认为血气是生命不可缺少的组成部分。对于血气，大多是负面的看法，认为要调治和控制血气，如不调治控制，则会影响人的寿命，"若血气强固，将寿宠得没，虽寿而没，不为无殃"（《国语·鲁语上》）。如不调治控制，则会与禽兽混一，"夫戎、狄冒没轻儳，贪而不让。其血气不治，若禽兽焉"（《国语·周语中》）。如不调治控制，则会产生争心之恶端，"凡有血气，皆有争心，故利不可强，思义为愈"（《左传·昭公十年》）。意思是，血气为生命具有的自然能量，一任血气的本能，便会产生争斗的心理，因而要思道义，发挥人的道德理性来克制血气。

　　孔子接受了血气的概念，仍然从比较消极的角度看待血气，认为血气存在于人的一生之中，不同的年龄阶段有着不同的表现形式。一般而言，少年阶段的血气不稳定，壮年阶段的血气过于强盛，老年阶段的血气已经衰弱，不同阶段的血气要求有不同的人生态度，"君子有三戒：少之时，血气未定，戒之在色；及其壮也，血气方刚，戒之在斗；及其老也，血气既衰，戒之在得"（《论语·季氏》）。孔子只谈论血气的负面状态，没有谈论正面情况，也可以看出其倾向性。然而，孔子的血气观点已经与修身和人的道德品质联系在一起，为儒家道德之气培育了土壤。在《论语》一书中，还有三次谈及气，即气息、辞气、风气，都是一个词组，主要是表达人体的自然之气。《论语·泰伯》引用曾子的话，强调以气养容："鸟之将死，其鸣也哀；人之将死，其言也善。君子所贵乎道者三：动容貌，斯远暴慢矣；正颜色，斯近信矣；出辞气，斯远鄙倍矣。"刘宝楠注曰："辞气者，辞谓言语，气谓鼻息出入，若声容静、气容肃也。"《论语·乡党》二处描述孔子在朝堂的表现，也是以气养容，一处是"摄齐升堂，鞠躬如也，屏气似不息者"。刘宝楠注曰："夫子屏摄其气，若呼吸俱泯也，盖气容宜肃也。"（《论语正义》）另一处是讲吃肉不能过多，以免胜过食气，影响身体健康，"肉虽多，不使胜食气"。真正将血气化为道德之气的是子思。"凡有血气者，莫不尊亲。"（《中庸·第三十一章》）尊亲是指在人类社会关系中的情感，意味血气与人的情感存在着联系，血气是尊亲的重要条件，这离道德之气只有一步之遥了。孟子在继承孔子、子思血气思想的基础上，迈出了重要一步，赋予气以强大的道德能量。气在孟子之后，成为儒家理想人格的重要内容和显著标志，这在文天祥的《正气歌》中得到了完美的综合和展示。

（二）牛山之喻

孟子继承了血气与人的情感和精神状态相联系的思想，却没有沿用血气概念，《孟子》一书也没有使用过血气一词。孟子着重从人的精神层面讨论了气的概念，而且集中在《告子上》第八章和《公孙丑上》第二章。在《告子上》第八章中，孟子通过比喻的方式既论证人性本善，又论证外部环境对于发扬光大性善的重要作用。在论证的过程中，孟子提出了"夜气"和"平旦之气"的概念。在《公孙丑上》第二章中，孟子从"不动心"谈起，既讨论了心与气的关系，又讨论了志与气的关系，进而提出了洋溢着德性光辉的"浩然之气"。朱熹认为，孟子两处论气，目的都不是为了论气，而是为了论心和性善，论气服务服从于论心和性善的需要。他评价《告子上》第八章说："孟子此段首尾，止为良心设耳"，"这一段，其所主却在心"，"今人只说夜气，不知道这是因说良心来"；评价《公孙丑上》第二章说："此章孟子之意，不是说气禀，只因说不动心，滚说到这处"，"只看他一章本意，是说个不动心"。为了证明自己理解的正确，朱熹甚至赌咒发誓："若与孟子不合者，天厌之！天厌之！""某解此段，若有一字不是孟子意，天厌之。"（《朱子语类》）这说明研读孟子气论，不能就气论气，而要联系其心性论，才能正确地理解夜气、平旦之气和浩然之气。

先来研读《告子上》第八章的牛山之喻。孟子论证人性本善，有两种形式，一种是事实论证，另一种是比喻论证。在事实论证方面，孟子举了两个例子加以说明，一个是孺子入井，当看到小孩将要掉入井内，任何人都会有善心，而没有任何功利的考量，"所以谓人皆有不忍人之心者，今人乍见孺子将入于井，皆有怵惕恻隐之心，非所以内交于孺子之父母也，非所以要誉于乡党朋友也，非恶其声而然也"（《公孙丑上》）。另一个是小孩自然而然爱父母，称之为良知良能，"人之所不学而能者，其良能也；所不虑而知者，其良知也。孩提之童无不知爱其亲者，及其长也，无不知敬其兄也。亲亲，仁也；敬长，义也；无他，达之天下也"

（《尽心上》）。在比喻论证方面，主要有三个，一个是水的比喻，以水必然向低处流去，证明人性必然是善。"人性之善也，犹水之就下也。人无有不善，水无有不下。今夫水，搏而跃之，可使过颡；激而行之，可使在山。是岂水之性哉？其势则然也。人之可使为不善，其性亦犹是也。"第二个是身体的比喻，既然口耳眼睛都有同样的偏好，那么心也一定有同样的义理偏好，以此说明人性本善的普遍性。"故曰，口之于味也，有同耆焉；耳之于声也，有同听焉；目之于色也，有同美焉。至于心，独无所同然乎？心之所同然者何也？谓理也，义也。圣人先得我心之所同然耳。故理义之悦我心，犹刍豢之悦我口。"（《告子上》）第三个是牛山的比喻。只有在这个比喻中，孟子把人性善与气联系起来，夜气与平旦之气都是人性本善的逻辑延伸。

《告子上》第八章的牛山之喻分为两部分，上半部分着重讨论山之本性与环境的关系，借山之性比喻人之性，山有生长草木之性，人具有仁义之善性。牛山之草木的凋零，乃是外部因素作用的结果，并非牛山没有生长草木的本性；人如果丧失其善良之心，也是由于外部因素的作用，并非人的本性不善。在这一部分中，孟子对牛山草木凋零及其原因分析刻画得十分细致逼真。先是叙述人为的破坏。牛山的草木原是繁茂的，由于在城市旁边，经常被人砍伐而破坏了。"牛山之木尝美矣，以其郊于大国也，斧斤伐之，可以为美乎？"接着指出动物的破坏。牛山经过雨水的浇灌和露珠的滋润，又长出了草木，却被牛羊吃掉了。"是其日夜之所息，雨露之所润，非无萌蘖之生焉，牛羊又从而牧之，是以若彼濯濯也。"朱熹注曰："山木虽伐，犹有萌蘖，而牛羊又从而害之，是以至于光洁而无草木也。"（《四书章句集注》）最后比较牛山与人性的遭遇，强调本性不能等同于遭遇。"人见其濯濯也，以为未尝有材焉，此岂山之性也哉？虽存乎人者，岂无仁义之心哉？其所以放其良心者，亦犹斧斤之于木也，旦旦而伐之，可以为美乎？"意思是，人们看见那山光秃秃的，就以为它不曾生长过树木，这难道是山的本性吗？在人的身上，难道没有仁义之心吗？之所以有人失掉了他身上的善良之心，也像斧子对待树木一样，天天砍它，怎么能让它繁茂呢？

下半部分着重讨论气与人性的关系。在上半部分肯定人性善之后，孟子先是提出"平旦之气"概念，强调平旦之气与贤人之心——也就是仁义之心相近，"其日夜之所息，平旦之气，其好恶与人相近也者几希，则其旦昼之所为，有梏亡之矣"。赵岐注曰："其日夜之思欲息长仁义，平旦之志气，其好恶，凡人皆有与贤人相近之心。"（《孟子注疏》）接着提出"夜气"的概念，认为一个人如果夜气不存，那就无以区别于禽兽，"梏之反复，则其夜气不足以存。夜气不足以存，则其违禽兽不远矣"。所谓平旦之气，是指清晨的空气；夜气，是指深夜的空气。孟子偏爱平旦之气和夜气，似乎是因为清晨之气新鲜、纯洁，深夜之气宁静、干净，都没有受到污染。平旦之气、夜气都是一种比喻，以自然之气比附仁义之心。在孟子看来，夜气似比平旦之气重要，夜气是内容，平旦之气是形式。只要夜气存在，平旦之气即使消失了，还会重新生长出来。而且夜气比平旦之气难以消失，平旦之气是生长容易，消失也容易，夜气则不容易消失，要反反复复地阻止、泯灭，才能消失。一旦消失，就难以生长。人没有了夜气，也就成了禽兽。朱熹解释平旦之气和夜气："人之良心虽已放失，然其日夜之间，亦必有所生长。故平旦未与物接，其气清明之际，良心犹必有发见者。但其发见至微，而旦昼所为之不善，又已随而梏亡之，如山木既伐，犹有萌蘖，而牛羊又牧之也。昼之所为，既有以害其夜之所息；夜之所息，又不能胜其昼之所为，是以展转相害。至于夜气之生，日以浸薄，而不足以存其仁义之良心，则平旦之气亦不能清，而所好恶遂与人远矣。"（《四书章句集注》）随后，孟子指出："人见其禽兽也，而以为未尝有才焉者，是岂人之情也哉?"赵岐注曰："人见恶人禽兽之行，以为未尝有善才性，此非人之情也。"（《孟子注疏》）这一解释比较符合孟子一贯的思想，在《告子上》另一章中，孟子同样运用了情与才两个词："乃若其情，则可以为善矣，乃所谓善也。若夫为不善，非才之罪也。"意思是，从人的天赋资质来看，是可以使它善良的，这就是我所说的人性善良。至于有些人做坏事，不是天赋资质的错误。最后，孟子强调，人之善性必须保养、维护，才能生长起来，才能扩而充之，否则，就会泯灭人的善性。"故苟得其养，无物不长；苟失其养，无物不消。孔子曰：'操则存，舍则亡；出入无时，莫知其乡。'惟心之谓与?"

孟子之气论与心论有着密切关系，心是气的基础，气是心的延展，心论是气论的理论依据，气论是为了巩固拓展心论。要认识孟子之气，必先了解孟子之心。孟子之心既是认知之心，又是道德之心。作为认知之心，孟子认为是人之固有的，乃天之所赋。"耳目之官不思，而蔽于物。物交物，则引之而已矣。心之官则思，思则得之，不思则不得也。此天之所与我者。"孟子进一步认为，心之思是大事，耳目之感官是小事。即使是认知之心，也包含着性善的内容，只要把认知之心用好了，耳目之器官就不能蒙蔽和夺走人心中的善性。"先立乎其大者，则其小者不能夺也。此为大人而已矣。"（《告子上》）朱熹注曰："心则能思，而以思为职。凡事物之来，心得其职，则得其理，而物不能蔽；失其职，则不得其理，而物来蔽之。此三者，皆天之所以与我者。"（《四书章句集注》）在孟子看来，心的更本质规定是道德之心："恻隐之心，仁之端也；羞恶之心，义之端也；辞让之心，礼之端也，是非之心，智之端也。人之有是四端也，犹其有四体也。"（《公

孙丑上》）孟子认为，人不同于禽兽，在于人有道德之心："人
之所以异于禽兽者几希，庶民去之，君子存之。舜明于庶物，察
于人伦，由仁义行，非行仁义也。"君子不同于常人，也在于君子
有道德之心："君子所以异于人者，以其存心也。君子以仁存心，
以礼存心。仁者爱人，有礼者敬人。爱人者，人恒爱之；敬人者，
人恒敬之。"（《离娄下》）

孟子之气既是自然之气，又是道德之气，是道德因素把心与
气紧密联系在一起。正是道德因素，赵岐才认为平旦之气与贤人
之心相近；正是道德因素，孟子才会把夜气与仁义同等对待，作
为区别人与禽兽的重要依据。空气每时每刻都存在，孟子为什么
只提出清晨的空气和深夜的空气，因为清晨的空气与深夜的空气
有一个共同的特点是洁净。在孟子看来，只有洁净的空气，才能
与仁义结合起来，具有道德属性。心与气的关系是心主宰气，气
呵护心；平旦之气、夜气具有道德属性，才需要道德之心的主宰，
同时又能呵护道德之心，像雨露般地滋润道德之心。平旦之气、
夜气对于道德之心的作用，与雨露对于牛山之草木生长过程中所
起的作用相似，两者却有着本质差别。对于牛山而言，决定牛山
本性的是草木，雨露对牛山的本性只能间接地发挥作用，却不能
决定牛山的本性。而平旦之气、夜气却和道德之心一样，都能决
定人的本质，这也是孟子为什么强调夜气是区别人与禽兽的道理。

（三）孟子之正气论

尽管平旦之气、夜气都是孟子的思想，而孟子之气的标志不
是平旦之气，也不是夜气，却是浩然之气，对于后世影响巨大的
也是浩然之气。浩然之气是道德之气，更是英雄之气，贯长虹、
昭日月，千百年来一直在召唤着无数志士仁人为国家为民族、为

理想为信念前赴后继，勇猛精进。今天，浩然之气仍然激荡在我们心中，仍然是中华民族巍然屹立于世界民族之林的强大精神支柱。

浩然之气是孟子之气的专有名词，具有磅礴的力量、伟岸的人格。《草木子·原道篇》对夜气与浩然之气进行了比较，认为"孟子之夜气之说，是水静而清时；浩然之气，是水盛而大时"①。意指夜气，犹如水平静、清澈之时；浩然之气，犹如水波澜壮阔、横无际涯之空旷，让人感到壮观震撼，油然而生敬意。苏东坡在《韩文公庙碑》中不惜笔墨对浩然之气加以礼赞："孟子曰：'我善养吾浩然之气。'是气也，寓于寻常之中，而塞乎天地之间。卒然遇之，则王公失其贵，晋、楚失其富，良、平失其智，贲、育失其勇，仪、秦失其辩。是孰使之然哉？其必有不依形而立，不恃力而行，不待生而存，不随死而亡者矣。故在天为星辰，在地为河岳，幽则为鬼神，而明则复为人。"

孟子论述浩然之气集中于《公孙丑上》第二章，逻辑严谨，结构完整，有序幕、有正剧，有过程、有高潮，贯注着孟子物质生命的活力和精神生命的能量，形成了以气势和道德情感取胜的风格，泽被唐宋八大家，影响后世散文的发展。

全文由公孙丑提问开始："夫子加齐之卿相，得行道焉，虽由此霸王，不异矣。如此，则动心否乎？"接着孟子重点回答了公孙丑三个问题，论及不动心及其原由，比较孟子与告子不动心的差异，自然而然地推出浩然之气这一宏大主题。不动心是浩然之气产生的前提，没有不动心，就不可能产生浩然之气。当公孙丑问齐国给予令人羡慕的卿相之位，是否会动心时，孟子给予了否定回答："否！我四十不动心。"这和孔子"四十不惑"有异曲同工

之妙。公孙丑佩服孟子的不动心，认为远胜于著名的勇士孟贲，"若是，则夫子过孟贲远矣"。孟子却指出，做到不动心容易，告子也能做到不动心，"是不难，告子先我不动心"。

这时，公孙丑提出了第一个重点问题："不动心有道乎？"孟子回答不动心有道，在于如何养勇，而养勇有三种方法，一种是："北宫黝之养勇也，不肤挠，不目逃，思以一豪挫于人，若挞之于市朝，不受于褐宽博，亦不受于万乘之君；视刺万乘之君，若刺褐夫，无严诸侯，恶声至，必反之。"意思是，北宫黝培养勇气的办法是，肌肤被刺也不颤动发抖，眼睛被戳也能目不转睛，他认为受到一点点侮辱，就像在集市上被鞭打一样。既不受卑贱者的侮辱，也不受大国之君的侮辱。在他看来，刺杀大国之君和刺杀卑贱者是一样的。他不畏惧诸侯。有人骂他，他一定回击。另一种是孟施舍的养勇方法，面对敌人无所畏惧，始终抱着必胜信心。"孟施舍之所养勇也，曰：'视不胜犹胜也；量敌而后进，虑胜而后会，是畏三军者也。舍岂能为必胜哉？能无惧而已矣。'"又一种是曾子的养勇方法。"昔者曾子谓子襄曰：'子好勇乎？吾尝闻大勇于夫子矣。自反而不缩，虽褐宽博，吾不惴焉；自反而缩，虽千万人，吾往矣。"意思是，从前曾子对子襄说，你喜欢勇敢吗？我曾经从先生那里听过什么是大勇；自我反省而发现正义不在我，那么即使卑贱的人，我也不去恐吓他；自我反省而认为正义在我，即使面对千军万马，我也勇往直前。

在孟子看来，北宫黝之勇不如孟施舍之勇，孟施舍之勇又不如曾子之勇。原因在于北宫黝是匹夫之勇，孟施舍是心理之勇，而曾子是大勇，是精神之勇、道义之勇、理性之勇。不动心之道在于曾子之勇，只有曾子之勇，才能在权位、名利和物欲面前做到不动心。而曾子之勇的灵魂是自反而缩，自反而缩是曾子自省论的另一种表述。自省和自反而缩，是不动心的源泉，也是浩然正气的源泉。

公孙丑提出的第二个重点问题是："敢问夫子之不动心与告子之不动心，可得闻与?"告子之不动心在于"不得于言，勿求于心；不得于心，勿求于气"。意思是，假如言语有过失，便不必到内心去寻找原因；心中有所不安，不必求助于意气。孟子赞同"不得于心，勿求于气"，朱熹注曰："不得于心而勿求诸气者，急于本而缓其末。"（《四书章句集注》）在孟子看来，心是仁义之心，气乃人体由内而显于外的精神状态，仁义之心是本，道德之气是末；仁义之心是道德之气的基础，道德之气是仁义之心的外显，所以孟子认可"不得于心，勿求于气"。至于"不得于言，勿求于心"，孟子则加以批驳，认为言语很重要，如果言语有过失，则必须在内心中反思。

孔子和孟子都强调言语的重要性，在《论语》最后一章，孔子说："不知命，无以为君子也；不知礼，无以立也；不知言，无以知人也。"孟子则指出："人之易其言也，无责耳矣。"（《离娄上》）意思是，那些把什么话都轻易说出口的人，已经没有可取之处，连责备他都没有什么必要了。孟子把知言看成是自己的特长，并以此为骄傲："诐辞知其所蔽，淫辞知其所陷，邪辞知其所离，遁辞知其所穷。生于其心，害于其政；发于其政，害于其事。圣人复起，必从吾言矣。"孟子进而论述了志与气的关系："夫志，气之帅也；气，体之充也。夫志至焉，气次焉；故曰：'持其志，无暴其气。'"朱熹注曰："志固心之所之，而为气之将帅；然气亦人之所以充满于身，而为志之卒徒者也。故志固为至极，而气即次之。"（《四书章句集注》）这说明志与气的关系也是心与气的关系，志乃是心中产生的意向，可以主宰统御充满于身体之气，处于优先地位。志如何统御气呢? 孟子认为，既要"持其志"，从积极方面坚持思想意志的道德判断及其实践性，又要

"无暴其气"，从消极方面去控制感情意气的滥施滥用。在孟子看来，志与气不仅是主次关系，而且是互动关系，即志与气互相影响，互相作用，在强调志的主导作用同时，不能忽视道德之气的作用，在修身过程中要二者兼顾，不可偏废，"志壹则动气，气壹则动志也，今夫蹶者趋者，是气也，而反动其心"。

公孙丑提出的第三个重点问题是："敢问夫子恶乎长？"孟子信心满满地回答："我知言，我善养吾浩然之气。"至此，孟子大声喊出了生命的最强音——浩然之气，响彻中华大地，经久不息，回声不断。浩然之气升华了孔子的血气观念，完成了血气从道德之萌芽生长为参天大树的历史进程，建构起具有儒家特色、充满道德内容的气论。那么，什么是浩然之气呢？迄今为止，无论学界还是民间，还是只可意会，很难言传，孟子自己也说"难言也"。分析孟子对浩然之气的阐述和论证，浩然之气的最大特征是至大至刚，至大则无所不在，无所限制；至刚则无所不胜，不可屈挠。"其为气也，至大至刚，以直养而无害，则塞于天地之间。"浩然之气的主要内容是义与道："其为气也，配义与道；无是，馁矣。是集义所生者，非义袭而取之也。行有不慊于心，则馁矣。"而道就是仁，"仁也者，人也。合而言之，道也"（《尽心下》）。这说明浩然之气是精神之气，而不是自然之气，是主观之气，而不是客观之气。

对于浩然之气，后人进行了不少注释，一般认为，浩然之气既充塞于天地之间，又落实在人体之中。赵岐注曰：浩然之气在天地之间，"言此至大至刚、正直之气也。然而贯洞纤微，治于神明，故言之难也。养之以义，不以邪事干害之，则可使滋蔓，塞满天地之间，布施德教，无穷极也"。浩然之气在人体之中，"此气与道义相配偶俱行。义谓仁义，可以立德之本也。道谓阴阳大道，无形而生有形，舒之弥六合，卷之不盈握，包络天地，禀授群生者也。言能养此道气而行义理，常以充满五脏。若其无此，则腹肠饥虚，若人之馁饿也。……此浩然之气，与义杂生，从内而出。人生受气所自有者"（《孟子注疏》）。孙奭疏曰："孟子答公孙丑，以为浩然之大气，难以言形也，盖其为气至大而无所不在，至刚而无所不胜，养之在以直道，不以邪道干害之，则充塞于天地之间，无有穷极也。……为气也与道义相配偶，常以充满于人之五脏，若无此气与道义配偶，则馁矣，若人之饥饿也。能合道义以养其气，即至大至刚之气也。盖裁制度宜之谓义，故义之用则刚；万物莫不由之谓道，故道之用则大。气至充塞盈满乎天地之间，是其刚足以配义，大足以配道矣。此浩然大气之意也。……孟子又言是气也，是与义杂生所自有者也，从内而出矣，非义之所袭取，而在外入者也。"（《孟子注疏》）朱熹解读"集义所生者，非义袭而取之也"，认为"此是反复说，正如所谓'仁义礼智，非由外铄我也，我固有之也。'是积集众义所生，非是行一事偶然合义，便可掩袭于外而得之。浩然之气，我所固有者也"（《朱子语类》）。

孟子不仅论述了什么是浩然之气，而且指明了怎样修养浩然之气，具体是"直养而无害"；"必有事焉而勿正，心勿忘，勿助长也"。"直养而无害"，即以正道修养浩然之气，而不能用邪道危害浩然之气。孟子是这样说的，也是这样做的。当陈代劝诫孟子为了实现政治抱负，可以枉尺而直寻，委屈去见诸侯。孟子举了春秋末年善于驾车的王良为例，说明一个驾车人都能坚持直道而行，我怎么会为了实现政治志向而走歪门邪道。"御者且羞与射者比，比而得禽兽，虽若丘陵，弗为也。如枉道而从彼，何也？且子过矣！枉己者，未有能直人者也。"（《滕文公下》）意思是，驾车人尚且羞于跟坏射手合作；与其合作而猎获禽兽，即使堆积如山，也不干。假如委屈真理而跟从诸侯，那又算什么？况且你错了！自己不正直的，从来没有能使别人正直的。浩然之气是一种至大至刚的正直之气，更需要以直道来涵养和修炼。冯友兰指出："养气的工夫，要在'勿忘勿助'。"① 勿忘，就是心里要记住浩然之气，行动要坚持不懈地涵养浩然之气，不断有所进步，正如朱熹所言："凡事有义，有不义，便于义行之。今日行一义，明日行一义，积累既久，行之事事合义，然后浩然之气自然而生。"（《朱子语类》）勿助长，孟子用了宋人揠苗助长的故事，说明涵养浩然之气是一个自然而然的过程，要循序渐进，不要急功近利。

笔下不停地写着研读浩然之气的心得体会，口中却不断地吟诵南宋爱国诗人和民族英雄文天祥的《正气歌》。孟子是文天祥的精神导师，文天祥是孟子的隔代知音，孟子指引了文天祥，浩然之气孕育了文天祥。元人入侵，文天祥起兵抗战救宋，公元1278 年兵败被俘，囚于一间低小、狭窄、幽暗、潮湿的房间，1282 年就义。就义这一年，文天祥写出了气贯长虹的《正气歌》，以诗的形式和语言歌颂孟子及其浩然之气。他在题记中写道："予以孱弱俯仰其间，于兹二年矣，幸而无恙，是殆有养致然。然尔亦安知所养何哉！孟子曰：'我善养吾浩然之气。'彼气有七，吾气有一，以一敌七，吾何患焉！况浩然者，乃天地之正气也，作《正气歌》一首。"所谓彼气有七，是指囚室内的水气、土气、日气、火气、米气、人气和秽气。吟诵《正气歌》，深深感佩于文天祥诸多赤诚感人的诗篇，在元营议和逃脱、渡过长江时，文天祥赋诗《扬子江》，最后两句是"臣心一片磁针石，不指南方不肯休"；在元军押解进京、途经珠江口时，文天祥写下了千古名篇《过零丁洋》，最后两句是"人生自古谁无死，留取丹心照汗青"；

---

① 冯友兰：《中国哲学史》，华东师范大学出版社 2011 年版，第 329 页。

在临刑时，文天祥绝笔赋诗，最后两句是"惟有一腔忠烈气，碧空常共暮云愁"。吟诵《正气歌》，深深感佩于榜样的力量。《正气歌》列举了十二个历史人物，有的是忠于历史，尊重事实；有的是忠于祖国，为国赴难；有的是临难不苟，守义不辱；有的是保持节操，忠贞不二；有的是为国以忠，鞠躬尽瘁。他们都是文天祥学习敬仰的榜样，在文天祥看来，培育浩然之气，最好是向先贤和忠臣义士学习，"哲人日已远，典刑在夙昔。风檐展书读，古道照颜色"。吟诵《正气歌》，深深感佩于中华优秀传统文化的伟力。优秀传统文化在塑造完美人格方面具有无可比拟的优势，在规范人的言行方面能够产生不可抗拒的影响力。文天祥在《绝笔自赞》中说："孔曰成仁，孟曰取义。惟其义尽，所以仁至。读圣贤书，所学何事？而今而后，庶几无愧。"作为中国人，一定要发扬光大优秀传统文化，一定要培育恢弘浩然正气。

三、反求诸己

朱熹认为："圣人千言万语，只是教人做人。"（《朱子语类》）如何做人，就是修身要讲的道理。修的本意是洗浴，在金文中由人、水、支三部分构成，意为手持木枝用水给人刷洗后背，《说文解字》释为"饰也"，引申有学习、整治的含义；身为躯干，引申为自身、亲自的含义，也指自我的品德、行为和才能。修身，意指修养身心，努力提高自身的思想道德和知识水平。儒家思想基础是为人之道，倡导内圣外王，更加重视修身，把修身看成是内圣的根本，又是外王的基础，"自天子以至于庶人，壹是皆以修身为本。其本乱，而末治者否矣。其所厚者薄，而其所薄者厚，未之有也"（《大学》）。意思是，上自一国君王，下至平民百姓，人人都要以修养身心为根本，若这个根本被扰乱了，那么要治理好家庭、家族、国家和天下是不可能的；如果不分先后、轻重、缓急，本末倒置，将应该重视的事情忽略了，应该忽略的事情却重视起来，那想要达到齐家、治国、平天下的目的，这也是从来没有过的事情。

儒家的修身论，孔子是奠基者。在孔子看来，一个人首先要做好自己，然后才能影响他人和社会。"季康子问政于孔子。孔子对曰：'政者，正也。子帅以正，孰敢不正？'"（《论语·颜渊》）《大学》继承发展了孔子的思想，系统地阐述了修身的内容和方法，提出了"三纲领"的价值取向和"八条目"的修身方法。孟子进一步强调修身的重要性："人有恒言，皆曰：'天下国家。'天下之本在国，国之本在家，家之本在身。"（《离娄上》）孟子为儒家修身论提供性善的形上依据，从自我反省方面突出了修身的内容和方法，为儒家修身论添了砖加了瓦。

（一）孔子的修身论

修身是孔子理想人格的重要内容。孔子重视修身，原因在于人不仅具有先天因素，而且需要后天努力，后天努力比先天因素更重要，"性相近也，习相远也"（《论语·阳货》）。原因又在于理想人格的培育和塑造，主要依靠修身，而且要坚持一辈子："吾十有五而志于学，三十而立，四十而不惑，五十而知天命，六十而耳顺，七十而从心所欲，不逾矩。"（《论语·为政》）坚持一辈子修身，是因为君子有三种事情应引以为戒：年少的时候，血气还不成熟，应在迷恋女色、玩物丧志方面警诫自己；等到壮年的时候，血气正旺盛，应在争强好胜、与人争斗方面警戒自己；等到老年的时候，应在求名求利、贪得无厌方面警戒自己。原因还在于无论内圣还是外王，修身都是第一位的，是内圣外王的前提和基础。"子路问君子。子曰：'修己以敬。'曰：'如斯而已乎？'曰：'修己以安人。'曰：'如斯而已乎？'曰：'修己以安百姓。'"（《论语·宪问》）

仁义礼智信是孔子修身的主要内容。"子以四教：文、行、忠、信。"（《论语·述而》）这是孔子教育的内容，也是修身的内容，既要学习文化知识，又要培育道德品质。对于教育，孔子重视知识与道德之间的平衡，而对于修身，则重在培育修养道德品质。而培育修养道德品质，就是要学习实践仁义礼智信。仁是孔子的最高道德理想，统帅着其他道德品质。仁是爱人，又和礼密切相关。"樊迟问仁。子曰:'爱人'";"颜渊问仁。子曰:'克己复礼为仁。一日克己复礼,天下归仁焉。为仁由己,而由人乎哉?'"(《论语·颜渊》)礼是仁的表现形式,仁是礼的实质内容。"人而不仁,如礼何?人而不仁,如乐何?"(《论语·八佾》)任何道德素养与品质都需要礼的规范,没有礼的规范,优秀的品质也会变成恶劣的行为。"恭而无礼则劳,慎而无礼则葸,勇而无礼则乱,直而无礼则绞。君子笃于亲,则民兴于仁,故旧不遗,则民不偷。"(《论语·泰伯》)意思是,恭敬而不知礼则会疲劳,谨慎而不知礼则会胆怯,勇敢而不知礼则会闯祸,直率而不知礼则会伤人。在上位的君子对于亲族感情笃厚,老百姓就会走向仁德;不遗弃故交旧友,老百姓就不会人情淡薄。义是实现仁的路径,也是任何优秀的道德品质得以实践的中介环节,"君子之于天下也,无适也,无莫也,义之与比";义还是区别君子与小人的重要标准,"君子喻于义,小人喻于利"。智联系着仁,促进仁的实践,"不仁者,不可以久处约,不可以长处乐。仁者安仁,知者利仁"(《论语·里仁》)。信是为人处世和安身立命之本,一个人没有诚信,就像在车的横木与辕木之间缺少灵活的接榫一样,是没法在社会上做人的。"子曰:'人而无信,不知其可也。大车无輗,小车无軏,其何以行之哉?'"(《论语·为政》)《论语》最后一章指出:"不知命,无以为君子也;不知礼,无以立也;不知言,无以知人也。"(《论语·尧曰》)孔子实际是告诫人们,要加强修身,真诚地实践仁义礼智信的道德要求。

君子是孔子修身的目标。孔子向往圣人,却认为君子才是现实生活可能达到的目标:"圣人,吾不得而见之矣。得见君子者,斯可矣。"在孔子看来,君子是理想人格,也是修身的目的所在,为人生的自我完善提供价值取向、奋斗目标和行为规范。君子人格一方面要有良好的道德品行,另一方面要有真才实学。在道德与学问之间，孔子更重视道德品质的修身，认为一个人学习文化知识容易，培育道德品质艰难。"子曰：'文，莫吾犹人也。躬行君子，则吾未之有得。'"（《论语·述而》）孔子说，在文献知识和学习上，我和别人差不多。但在人生实践中做一个君子，那我还没有做到。君子人格既要有仁的品质，又要有智的品质，还要有勇的品质；一个人具备了仁、智、勇的品质，就是一个君子，就是一个完满的人。"子曰：'君子道者三，我无能焉：仁者不忧，知者不惑，勇者不惧。'"（《论语·宪问》）

在仁、智、勇之间，孔子最看重仁的品质，认为君子一定要与仁相伴，不可须臾离开。一旦离开仁，君子也就不成其为君子了。"富与贵，是人之所欲也；不以其道得之，不处也。贫与贱，是人之所恶也；不以其道得之，不去也。君子去仁，恶乎成名？君子无终食之间违仁，造次必于是，颠沛必于是。"（《论语·里仁》）冯友兰认为，孔子"无疑是一位有影响的教师，而且，更重要的是，他是创立私学的第一人"①。孔子创办私学，当然是为了传授文化知识，孔子不仅把文化知识看成是人应该具备的才能，而且把文化知识看成是人应该具有的品质。"知者乐水，仁者乐山；知者动，仁者静；知者乐，仁者寿。"（《论语·雍也》）孔子特别看重对于知识的诚实态度，说过一句应为座右铭的话："知之为知之，不知为不知，是知也。"（《论语·为政》）勇也是君子的重要品质，却是仁的内在要求："仁者必有勇，勇者不必有仁。"（《论语·宪问》）对于君子而言，勇不是一种孤立存在的品质，必须从属于仁义，否则，勇的品质就可能会发生变异。"子路曰：'君子尚勇乎？'子曰：'君子义以为上，君子有勇而无义为乱，小人有勇而无义为盗。'"（《论语·阳货》）

---

① 冯友兰著：《中国哲学简史》，新世界出版社 2004 年版，第 35 页。

好学是孔子修身的主要方法。研读了孔子修身的内容和目标，自然而来的是修身方法问题。徐复观曾经比较研究方法与工夫的异同，认为于修身而言，最好使用工夫的概念，而不使用方法的概念："对自身以外的客观事物的对象，为了达到某种目的而加以处理、操运的，这是一般所说的方法。以自身为对象，尤其是以自身内在的精神为对象，为了达到某种目的，在人性论，则是为了达到潜伏着的生命根源、道德根源的呈现——而加内在的精神以处理、操运的，这才可谓之工夫。人性论的工夫，可以说是人首先对自己生理作用加以批评、澄汰、摆脱，因而向生命的内层迫近，以发现、把握、扩充自己的生命根源、道德根源的，不用手去作的工作。以孔、孟、老、庄为中心的人性论，是经过这一套工夫而建立起来的。"① 无论方法还是工夫，都是说明修身通过什么途径才能达到目的，孔子把好学看成是修身最重要的途径。孔子很有意思，他不承认自己是圣人或仁者，却为自己在学习和教育方面取得的成绩骄傲："若圣与仁，则吾岂敢？抑为之不厌，诲人不倦，则可谓云尔已矣。"（《论语·述而》）孔子似乎更重视自己的好学品质："十室之邑，必有忠信如丘者焉，不如丘之好学也。"（《论语·公冶长》）孔子还希望弟子宣传他的好学品质："叶公问孔子于子路，子路不对。子曰：'女奚不曰：其为人也，发愤忘食，乐以忘忧，不知老之将至云尔。'"（《论语·述而》）

在孔子看来，好学的榜样是得意弟子颜回。颜回的好学是不迁怒于别人，不犯同样的错误。"哀公问：'弟子孰为好学？'孔子对曰：'有颜回者好学，不迁怒，不贰过。'"朱熹注曰："迁，移也。贰，复也。怒于甲者，不移于乙；过于前者，不复于后。颜子克己之功至于如此，可谓真好学矣。"（《四书章句集注》）

---

① 徐复观：《中国人性论史》，湖北人民出版社 2002 年版，第 410 页。

颜回的好学是安于清贫，把学习当做快乐的事情。"贤哉！回也。一箪食，一瓢饮，在陋巷，人不堪其忧，回也不改其乐。贤哉！回也。"（《论语·雍也》）颜回的好学是有悟性，能够融会贯通、举一反三。"子谓子贡曰：'女与回也孰愈？'对曰：'赐也何敢望回？回也闻一以知十，赐也闻一以知二。'"孔子十分赞赏颜回的好学，甚至认为自己也不如颜回，他对子贡说："弗如也，吾与女弗如也。"（《论语·公冶长》）在孔子看来，好学实际是学做人，把人做好也是好学。"贤贤易色，事父母能竭其力，事君能致其身，与朋友交言而有信。虽曰未学，吾必谓之学矣。"意思是，对于妻子，应当重视她的品行，而不过分看重容貌；侍奉双亲，能够尽心竭力；服侍君王，能够不惜生命；与朋友交往，言语诚实可信。这样的人即使没有学习过，我一定也说他是学习过了。在孔子看来，好学是君子的基本要求，"君子食无求饱，居无求安，敏于事而慎于言，就有道而正焉，可谓好学也已"（《论语·学而》）。君子的好学要与思考紧密结合起来，才是真正的好学，"学而不思则罔，思而不学则殆"（《论语·为政》）。

（二）《大学》的修身论

《大学》出自《礼记》，《礼记》亦称《小戴礼记》，由汉宣帝时人戴圣根据历史上遗留下来的一批佚名儒家的著作合编而成。《大学》有很多版本，概况起来可分为古本与改本；古本为《礼记》注释本，改本最为通行的是朱熹的《大学章句》。一般认为，《大学》思想源于孔子，形成于"曾氏之儒"。朱熹将《大学》分为经和传两个部分，认为首章"经"是"孔子之言，而曾子述之"，"其传十章，则曾子之意，而门人记之"。《大学》是一部论述儒家修身思想的著作，也是一部讨论古代教育理论的著作，其内涵深刻、文辞简约，条理清晰、理论严密。全文不长，系统阐述和论证"大学之道"，即"三纲领"和"八条目"，后人简称为"三纲八目"。纲是灵魂，贯穿于修身全过程，目是路径，指明修身各环节的内容，纲与目的关系是纲举目张。程颐认为："大学，孔氏之遗书，而初学入德之门也。"朱熹则把《大学》列为学习儒家经典之首，"于今可见古人为学次第者，独赖此篇之存，而《论》《孟》次之。学者必由是而学焉，则庶乎其不差矣"（《四书章句集注》）。朱熹还认为，《大学》规模宏大，奠定了修身治人的基本格局，"《大学》是修身治人的规模。如人起屋相似，须先打个地盘。地盘既成，则可举而行之矣"（《朱子语类》）。

《大学》开篇就提出了修身的目标和价值取向："大学之道，在明明德，在亲民，在止于至善。"朱熹认为这是修身的纲领，"言明明德，亲民，皆当至于至善之地而不迁，盖必其有以尽夫天理之极，而无一毫人欲之私也。此三者，大学之纲领也"（《四书章句集注》）。明德、亲民和止善之间是一个互相联系的有机整体，宋代以来读书人多依此为突破口研读儒家经典，理解儒家精神的真谛亦从此入手，这是学习把握儒家思想精髓的门径。

"明明德"是修身的逻辑起点，意指人们要自觉地彰显和回归善良的本性。在"三纲"中，明德的地位最重要，既是个人成长发展的开局，又是政治统治思想的基础。明德思想在上古社会就已出现，《大学》引用了三个典故加以阐明："《康诰》曰：'克明德。'《太甲》曰：'顾諟天之明命。'《帝典》曰：'克明峻德。'皆自明也。"三个典故角度不同，都说明先人们如何发扬光大自己的善良德行，感召他人、带领大家，在天下建立和谐稳定的社会。《康诰》是君王的指示，要求臣下明德。《太甲》是大臣对君王的劝告和规诫，意指商汤嫡长孙太甲继位之初表现不佳，伊尹不得已外放太甲，让其自责悔过，然后还政于太甲。《帝典》

是君王亲身的实践，涉及尧舜的事迹，"克明峻德，以亲九族。九族既睦，平章百姓。百姓昭明，协和万邦。黎民于变时雍"。意思是，帝尧发扬光大高尚的品德，使家族亲密和睦；家族和睦之后，又办好其他家族的政事；众族的政事办好了，又协调好万邦诸侯。天下百姓于是就变得友好和睦起来。

"亲民"是修身的重要内容，意指君子在自己明德的基础上，推己及人，带动其他人实现明德。亲民的含义是双重的，既是明德的自我深化，又是明德的外向拓展。在自我深化方面，《大学》举了商汤的例子："汤之《盘铭》曰：'苟日新，日日新，又日新。'"铭是刻在浴盘上的箴言；汤为殷商开国君王，是一位很有德行很有作为的帝王，他在自己的浴盘上刻下"新"的箴言以警示自己，不仅要清新身体，而且要清新灵魂。在外向拓展方面，《大学》举了两个例子给予论证，一个例子是把明德的要求由个人扩大到群体，促进大家弘扬德性。"《康诰》曰：'作新民。'"意指周成王要求康叔在他的辖地里使殷商的遗老遗少们焕发新的面貌，作新式的民众。另一个例子是周朝取代殷商后的使命，要把明德的要求扩充到整个国家，"《诗》曰：'周虽旧邦，其命惟新。'"冯友兰将其概括为"旧邦新命"，后来引申发展为"刚健日新"的思想，是激励中华民族不断创新和前进的思想源泉①。《大学》认为，无论是自我深化还是外向拓展都要追求最完善的道德境界，"是故君子无所不用其极"。

"止于至善"是修身的崇高境界，意指无论个人修养还是社会治理，都要达到善的最高水平。"止于至善"，首先要有明确的标准。由于人是社会关系的总和，在社会关系这张大网中，每个人都扮演着不同的角色；在不同的社会关系中，每个人同时扮演

---

① 冯友兰：《中国哲学史新编》第一册，人民出版社1982年版，第6页。

着不同角色。《大学》认为，不同的角色有不同的至善标准，具体为君王的标准是仁，人臣是敬，儿子是孝，父亲是慈，朋友是信。"为人君，止于仁；为人臣，止于敬；为人子，止于孝；为人父，止于慈；与国人交，止于信。"有了至善标准，就要明确至善的范围，《大学》强调，只要有人居住的地方，无论是百姓还是官员，都要明明德和止于至善，"邦畿千里，惟民所止"。意思是，天子的都城方圆千里，都是老百姓居住的地方，都要推行至善的要求。明确了至善的标准和范围，还要"知止"。这是更高的要求，知道进退、知道利害、知道舍得、知道有所为有所不为，概言之，知道做人做事的底线。《大学》强调"知止"，还在于"知止而后有定，定而后能静，静而后能安，安而后能虑，虑而后能得。物有本末，事有终始，知所先后，则近道矣"。意思是，知道应达到的境界才能志向坚定，志向坚定才能够沉静，沉静才能够心神安定，心神安定才能够思虑周全，思虑周全才能够有所收获。每样东西都有根本有枝节，每件事情都有开始有终结，知道事物本末始终的程序，也就接近了事物发展的规律。

《大学》的修身思想是一个严密的逻辑体系，"三纲"明确了修身的目标，搭建了儒家"内圣外王"的理论框架。实现修身目标，需要有具体的方法步骤；充实"内圣外王"的理论框架，需要有丰富的内容。《大学》为此提出了"八目"的思想，指明了修身的工夫和方法，这就是格物、致知、诚意、正心、修身、齐家、治国、平天下。从目标而言，八目的次序是："古之欲明明德于天下者，先治其国；欲治其国者，先齐其家；欲齐其家者，先修其身；欲修其身者，先正其心；欲正其心者，先诚其意；欲诚其意者，先致其知。致知在格物。"就起点来看，八目的顺序是："物格而后知至，知至而后意诚，意诚而后心正，心正而后身修，身修而后家齐，家齐而后国治，国治而后天下平。"修身是八目的关键环节，前面承接着格物、致知和诚意、正心，后面联系着齐家、治国、平天下。《大学》明确修身是为了培养文质彬彬的君子："瞻彼淇澳，菉竹猗猗。有斐君子，如切如磋，如琢如磨。瑟兮僩兮，赫兮喧兮。有斐君子，终不可喧兮！"意思是，看那淇水弯弯的岸边，嫩绿的竹子郁郁葱葱。有一位文质彬彬的君子，通过如切如磋，如琢如磨，他是那样严谨，胸怀宽广，是那样的光明煊赫。这样一个文质彬彬的君子，真是令人难以忘怀啊！

修身往前追溯是诚意、正心，再往前是格物、致知。《大学》古本已没有格物致知章，朱熹作了补传，"所谓致知在格物者，言欲致吾之知，在即物而穷其理也"。在朱熹看来，格物、致知是修身的起始阶段，"是以《大学》始教，必始学者即凡天下之物，莫不因其已知之理而益穷之，以求至乎其极"（《四书章句集注》）。意思是，《大学》一开始就教人接触天下万事万物，用自己已有的知识去进一步研究，以彻底认识万事万物的道理。格物、致知之后，就是诚意、正心，这是修身的逻辑必然，变知识和道理为自己的思想和人格。诚意属于意念范畴，基本要求是真实，"所谓诚其意者，毋自欺也。如恶恶臭，如好好色，此之谓自谦"。自谦意指内心感到满足。《大学》指出，诚意是君子必须具备的品质，诚意的人不忧不惧，坦然安宁，"富润屋，德润身，心广体胖。故君子必诚其意"。比较而言，正心更重要，即修身由意念领域深入到心灵境界，须排除各种情绪和爱好的干扰。《大学》认为，正心要排除四种情感的干扰，"所谓修身在正其心者，身有所忿懥，则不得其正；有所恐惧，则不得其正；有所好乐，则不得其正；有所忧患，则不得其正"。正心的标志是清心寡欲，即"心不在焉，视而不见，听而不闻，食而不知其味"。心不在焉，现在作为成语似有贬义，在《大学》那里却是褒义，意指没有私心，没有功名利禄之心。

修身往后拓展就是齐家、治国、平天下。齐家意指管理和安排家庭家族，不能把家管好，就不可能治理好国家，"所谓治国必先齐其家者，其家不可教而能教人者，无之"。齐家的内容是："孝者，所以事君也；弟者，所以事长也；慈者，所以使众也。"《大学》尤其强调君王齐家的重要性，直接关系国家的兴衰成败，"一家仁，一国兴仁；一家让，一国兴让；一人贪戾，一国作乱。其机如此。此谓一言偾事，一人定国"。治国与平天下是紧密相连的，国家治理好了，天下就太平了，"所谓平天下在治其国者"。平天下的标志是无讼，"子曰：'听讼，吾犹人也，必也使无讼乎！'"没有诉讼和官司，既是法治的最高境界，也是天下太平的重要标志。同时，还要民心畏服，"无情者不得尽其辞。大畏民志，此谓知本"。意思是，圣人使隐晦真实情况的人不敢狡辩，使人心畏服，这就是知道了根本。《大学》认为，能否治平天下，关键在于统治者能否以身作则，"上老老而民兴孝，上长长而民兴弟，上恤孤而民不倍"。更重要的是，统治者能否顺应民意，得到民心。《大学》指出，要像父母一样得民心，"民之所好好之，民之所恶恶之，此之谓民之父母"。要通过谨慎得民心，"有国者不可以不慎，辟则为天下僇矣"。意思是，拥有国家大权的人不可不谨慎，邪僻失道就会被天下人诛戮。要借鉴殷商得民心，"《诗》云：'殷之未丧师，克配上帝。仪监于殷，峻命不易。'道得众则得国，失众则失国"。意思是，《诗经》说，殷商没有失民心的时候，还是能够与上帝的要求相符的。请用殷商做个鉴戒吧，守住天命并不是一件容易的事情。这就是得到民心就能得到国家，失去民心就会失去国家。

（三）孟子之修身论

孟子之修身与孔子和《大学》的基本精神是一致的，他们都认为修身的重点在于道德修养，修身的内容是仁义礼智信，修身的目的是培育和塑造君子人格。孟子的贡献在于为儒家的修身论提供人性善的理论基础，为君子人格注入了大丈夫精神和浩然之气，进一步充实完善了内省修身的方法。

孟子言性善，并不认为人生必定向善为善。如果有人不向善为善，那不能归之为人的本性不善，"若夫为不善，非才之罪也"（《告子上》），而是后天环境综合作用的结果。孟子举了楚人孩子学齐语的故事，说明环境的重要性，即要学习齐语，最好的办法不是请齐人来教齐语，而是到齐国街道里巷居住学齐语，"一齐人傅之，众楚人咻之，虽日挞而求其齐也，不可得矣；引而置之庄岳之间数年，虽日挞而求之其楚，亦不可得矣"。后天环境有好有坏，好的环境有利于人的善性萌芽生长和发扬光大，坏的环境则不利于人的善性发挥。孟子对宋国大臣戴不胜说，如果想要宋国君王学好的话，就要有一个好的环境，否则就难以学好，"子谓薛居州，善士也，使之居于王所。在于王所者，长幼卑尊皆薛居州也，王谁与为不善？在王所者，长幼卑尊皆非薛居州也，王谁与为善？——薛居州独如宋王何？"（《滕文公下》）在孟子看来，坏的环境包括物质条件不能满足吃饱穿暖，也难以向善为善。在孟子看来，无论好的环境还是坏的环境，都需要人的主观因素和自身努力，尤其是坏的环境，更需要加强人的主观努力，才能培育弘扬人的善性，"人见其禽兽也，而以为未尝有才焉者，是岂人之情也哉？故苟得其养，无物不长；苟失其养，无物不消"（《告子上》）。在孟子看来，强调人的主观努力，就是强调修身。人生来都是性善的，而性善像一颗种子，能否发芽、生长，开花、结果，都需要后天的培育浇灌、除草施肥。对于个体而言，就是要加强修身，经常反求诸己，把自身固有的善性变成向善为善的生动实践。

孟子之修身起点和归宿是性善论。在孟子看来，人性善是一个由四心、四端、四德构成的整体系统。四心、四端、四德相互联系、相互作用，呈现出从低级向高级发展的状态。四心是人性善的情绪体验和心理情感，属于初级层次，"恻隐之心，人皆有之；羞恶之心，人皆有之；恭敬之心，人皆有之；是非之心，人皆有之"（《告子上》）。四端是人性善的萌芽和端绪，作为中介和桥梁连接着四心与四德，"恻隐之心，仁之端也；羞恶之心，义之端也；辞让之心，礼之端也；是非之心，智之端也。人之有是四端也，犹其有四体也"。对于修身而言，四端具有重要意义。没有四端，就谈不上修身，四端是修身的前提，修身是四端的培育和发展，"有是四端而自谓不能者，自贼者也；谓其君不能者，贼其君者也。凡有四端于我者，知皆扩而充之矣，若火之始然，泉之始达"（《公孙丑上》）。四德则是人性善呈现于人际关系的规范和准则，属于高级层次，展示了个体高度自觉的主体精神，按照仁义礼智要求立身处世，协调处理人自身以及人与人、人与社会、人与自然的关系，"壮者以暇日修其孝弟忠信，入以事其父兄，出以事其长上"（《梁惠王上》）。

人性为善或为恶，是个永远也无法统一认识的问题，而人性善则比人性恶具有正面作用和积极意义，这就像人们爱表扬而不爱批评一样，人性善是对人的表扬，人性恶却是批评人，表扬人总比批评人好。况且，人生如果感到是善的力量而不是恶的力量在推动着自己，是善的目标而不是恶的目标在召唤着自己，那么，心情就会充满阳光，行为更会向善为善。任何一门学问都需要有自己的逻辑预设，即如德国学者布斯曼所言，是"关于表达或话语的含义的一种不言自明的设定"①。孟子之性善与其说是对人的本质规定，倒不如说是理论的逻辑预设，为其全部思想提供了一个推理前提，进而构筑思想大厦，以解释人生和社会政治领域纷繁复杂的各种现象。孟子之所以强调修身，是因为只有通过修身才能将人性之善显现出来发扬光大，否则就会扼杀和湮没性善。"仁义礼智，非由外铄我也，我固有之也，弗思耳矣。故曰：'求则得之，舍则失之。'"人之善恶差别也在于修身的差别，"或相倍蓰而无算者，不能尽其才者也"（《告子上》）。只有通过修身才能成为圣贤，"曹交问曰：'人皆可以为尧舜，有诸？'孟子曰：'然。'"（《告子下》）孟子与孔子不同，孔子把圣人看得高不可攀，而孟子认为圣人与我们是同类的。"故凡同类者，举相似也，何独至于人而疑之？圣人与我同类者。"（《告子上》）只要向圣人学习，加强修身，我们也可以成为圣人。"尧舜之道，孝弟而已矣。子服尧之服，诵尧之言，行尧之行，是尧而已矣。"（《告子下》）孟子之修身的起点是要发扬光大人性之善，而其归宿则是修成善果，成为君子和圣贤。

孟子之修身内容是培养大丈夫精神。孟子的理想人格仍然是君子，君子人格是各种特质的统一体，就精神特质而言，是阳刚激越与温文尔雅的有机统一。孔子论述君子人格时，侧重于君子的温文尔雅，孔子一生都在践行温文尔雅的品性。"子禽问于子贡曰：'夫子至于是邦也，必闻其政。求之与？抑与之与？'子贡曰：'夫子温良恭俭让以得之。夫子之求之也，其诸异乎人之求之与？'"（《论语·学而》）孟子则发展了君子阳刚激越的精神特质，为君子人格充实了大丈夫精神和浩然之气，这是孟子对儒家

---

① 〔德〕布斯曼著：《语言与语言学词典》，外语教学与研究出版社 2000 年版，第 379 页。

理想人格作出的重要贡献。孟子一生都是在践行阳刚激越的品性，尤其表现在与杨朱、墨家思想的辩论。"圣人不作，诸侯放恣，处士横议，杨朱、墨翟之言盈天下。天下之言不归杨，则归墨。杨氏为我，是无君也；墨氏兼爱，是无父也。无父无君，是禽兽也。"（《滕文公下》）孟子视修身为大丈夫精神的养成之道，培养大丈夫精神必须从修身做起。"事，孰为大？事亲为大。守，孰为大？守身为大。不失其身而能事其亲者，吾闻之矣，失其身而能事其亲者，吾未之闻也。孰不为事？事亲，事之本也。孰不为守？守身，守之本也。"（《离娄上》）赵岐注释守身即为修身，守身为本也就是修身为本（《孟子注疏》）。

对于大丈夫精神而言，修身要培育卓然独立的人格。孟子认为，要藐视权威和大人，保持人格的独立和平等，不要惧怕那些居庙堂之上的大人，不要被他们身后的权势和富贵所诱惑。"说大人，则藐之，勿视其巍巍然。"（《尽心下》）即使对待君王，也要保持人格的独立。君臣关系在位势上不可能完全平等，却不是一种无条件的人身依附关系。修身要培育舍生取义的价值。孟子认为，义是大丈夫的精神支撑和行事准则，"大人者，言不必信，行不必果，惟义所在"（《离娄下》）。大丈夫要用义来衡量利益和物欲。当道义与生命不能相兼时，大丈夫应当追求比生命更有价值的东西，这就是舍生取义。修身要培育崇高远大的志向。孟子认为，大丈夫要树立和坚守仁义的远大志向，志向树立后，无论顺境还是逆境，都要坚守志向，与仁义不离不弃，"尊德乐义，则可以嚣嚣矣。故士穷不失义，达不离道。穷不失义，故士得己焉；达不离道，故民不失望焉"（《尽心上》）。

孟子之修身方法是反求诸己。修身方法既有外部因素，也有个体自身因素，孟子不否认外部因素，却更重视自身因素。在自身因素方面，既有个体向外学习的修身，又有个体内省的修身。

孟子不否认向外学习，却要重视自我反省，"万物皆备于我矣。反身而诚，乐莫大焉。强恕而行，求仁莫近焉。"(《尽心上》)。从修身方法而言，外部因素的影响是重要的，尤其是艰苦环境的磨炼，孟子说过一句名言，至今仍在激励着人们在艰苦环境中奋力前行："天将降大任于是人也，必先苦其心志，劳其筋骨，饿其体肤，空乏其身，行拂乱其所为，所以动心忍性，曾益其所不能。"(《告子下》)向外学习也是修身的必要途径，尤其是向圣贤学习，"圣人，百世之师也，伯夷，柳下惠是也。故闻伯夷之风者，顽夫廉，懦夫有立志；闻柳下惠之风者，薄夫敦，鄙夫宽。奋乎百世之上，百世之下，闻者莫不兴起也"(《尽心下》)。

当然，孟子更重视从内省的角度修身，更强调修身的主体性和内心的自觉性。内省首先是存心养性。在孟子看来，人之所以区别于禽兽，在于人有仁义和良知良能。存心养性是要保存住良知良能，保养好良知良能，"君子所以异于人者，以其存心也。君子以仁存心，以礼存心"(《离娄下》)。存心养性还要找回良知良能。良知良能是潜在的人性，受到主客观因素的影响，特别是外部功名利禄的诱惑，有时不仅不会显现出来，还会丢失。一旦丢失，就要马上找回来。"学问之道无他，求其放心而已矣。"(《告子上》)存心养性的目的是要知天、事天，知天是认识和把握人固有的善性，事天是顺应天道，修养身心以安身立命。同时，内省要节欲寡欲。在孟子看来，减少欲望是修身最好的办法，只要寡欲，就能存心养性，保住人的良知良能。尤其在得志的时候，更要坚持节欲寡欲，不要被欲望所迷惑和控制，"堂高数仞，榱题数尺，我得志，弗为也。食前方丈，侍妾数百人，我得志，弗为也。般乐饮酒，驱骋田猎，后车千乘，我得志，弗为也"(《尽心下》)。内省更要反求诸己。内省与自省、反求诸己，实际是一个意思，都要重视内心的修身。在孟子看来，如果自己的行为不被他人理解，甚至误解，就要先从自身找原因，而不是责怪别人。知耻是反求诸己的必然要求，反求诸己之后，如果发现自己有错，则要敢于承认错误，真正感到可耻。孟子认为："人不可以无耻，无耻之耻，无耻矣。"（《尽心上》）改过是反求诸己的重要环节。一定意义上说，反求诸己就是为了改正错误。一个人犯了错误，会被别人讨厌，而改正了错误，就会受到人们尊重。即使是恶人，只要改恶从善、弃旧图新，上帝也会既往不咎。"西子蒙不洁，则人皆掩鼻而过之。虽有恶人，斋戒沐浴，则可以祀上帝。"（《离娄下》）从善是反求诸己的组成部分，也是性善论的全部目的。孟子主张要学习子路的闻过则喜、大禹的闻善而拜和舜的与人为善。"子路，人告之以有过，则喜。禹闻善言，则拜。大舜有大焉，善与人同，会己从人，乐取于人以为善。自耕稼、陶、渔以至为帝，无非取于人者。取诸人以为善，是与人为善者也。故君子莫大乎与人为善。"（《公孙丑上》）

　　研读孟子之修身，经常想到的是晚清名臣曾国藩。曾国藩是传统文化孕育的楷模，也是儒家修身的典范。曾国藩在其日记中说自己"愿终身私淑孟子，岁造次颠沛，皆有孟夫子在前，须臾不离"。后人评价曾国藩："立德立功立言三不朽，为师为将为相一完人。"究其原因，修身是最重要的成功要素，为曾国藩做人做事奠定了坚实基础。曾国藩一生都重视修身，从没有放弃内省和自责，努力追求个人道德的完善和圆满。曾国藩修身的目标定得很高，这就是"不为圣贤，即为禽兽"。为了做圣贤，曾国藩制定了严格的"修身十二款"，其中第一款是："主敬：整齐严肃，无时不惧。无事时心在腔子里，应事时专一不杂。清明在躬，如日之升。"第三款是："早起：黎明即起，醒后勿沾恋。"第四款是："读书不二：一书未完，不看他书。东翻西阅，徒徇外为人。"第六款是："谨言：刻刻留心，第一工夫。"第十二款是："夜不出门：旷功疲神，切戒切戒。"更重要的是，曾国藩是这样说的，也是这样做的。每日自省时，只要有一丝一毫的言行不符合规范，他就会在当天的日记里痛加自责，甚至不惜咒骂自己："昨夜梦人得利，甚觉艳羡，醒后痛自惩责，谓好利之心至形诸梦寐，何以卑鄙若此！"正是源于艰苦的修身，使得曾国藩达到了至善的境界，被公认为19世纪中国最受人敬仰、最伟大的学者型官员。想到曾国藩，不能不对孔孟的修身论肃然起敬，这是多么伟大的精神力量，这是何等深远的灵魂呼唤。孔子与孟子塑造的君子人格，光照千秋；孔子与孟子锤炼的修身方法，泽被华夏。

四、育天下英才

　　孟子不仅是伟大的思想家，而且是伟大的教育家，形成了完整系统的教育思想。更可贵的是，孟子把教育视为人生的快乐之一，"得天下英才而教育之，三乐也"（《尽心上》）。孟子的教育思想源自于孔子。孔子是"中国创立私学的第一人"；孔子的教育实践及其思想是中国教育的源头，自诩为孔子传人的孟子自然是第一潭清泉，扩大充盈了孔子的教育源泉。孟子的教育思想源自于亲身实践，孟子与孔子一样开坛设教，即使在游说君王过程中，也不忘广招弟子，课徒授学，顺便到各诸侯国吃吃喝喝，以致弟子都感到不好意思。"后车数十乘，从者数百人，以传食于诸侯，不以泰乎？"意思是，跟随其后的车有几十辆，跟从其后的人有几百人，在诸侯之间转来转去找饭吃，这不是太过分了吗？孟子则不以为然，理直气壮地说："非其道，则一箪食不可受于人；如其道，则舜受尧之天下，不以为泰。"（《滕文公下》）孟子的教育实践比孔子丰富。孔子的教育实践规范于师生之间，教育对象主要是学生，而孟子的教育对象拓展到了君王，在《孟子》一书中，大量的记载是孟子对君王的教育。在学生那里，无论孔子还是孟子，教与学、师与生都是统一融洽，可以互相交流的；在君王那里，教与学、师与生则产生了裂痕，尽管教者以"王者师"的面目出现，而受教者却可以有听与不听的选择。事实上，鲁穆公、齐宣王、梁惠王、滕文公对于孟子的教诲都是言者谆谆，听者藐藐。毫无疑问，孟子教育君王的实践不能算是成功的，却丰富了教学经验和体会。

孟子的教育思想还源自于孟母之教。孟母是一位伟大的母亲，她对孟子的教育和关爱充分展示了母爱的真正内容。孟母的教育保证了孟子的健康成长，也对孟子教育思想产生了重要而深刻的影响。或许可以说，孟子乐于教育的实践及其思想正是对母爱的深情回报。

（一）孔子的教育思想

作为中国教育第一人，孔子的筚路蓝缕之功，后人难以望其项背，无人能与其并肩而立。远古时期，由于生产力水平低下，不可能有更多的剩余产品来支持教育文化科技事业。教育为贵族所垄断和霸占，具体表现在图书典籍藏于宫廷之中，平民没有条件阅读；学校设在宫廷和官府，平民子弟不可能进入学习；以吏为师、学宦不分，为贵族子弟专享教育权利提供了制度保证。到了春秋战国时期，礼崩乐坏，以致"天子失官、学在四夷"，典籍扩散、文化下移，私人办学有了生长发展的空间和可能。孔子顺应历史潮流，响亮地提出了"有教无类"的口号，即不分贫贱富贵、不分南北东西、不分年龄大小，都有进入学校读书的权利，这就从思想观念上打破了学在官府的樊篱，为平民子弟争取了受教育的权利，成为中华文明发展史上划时代的创举。

孔子一生都很谦逊，不承认自己是圣人或仁者，也感到自己没有达到君子的标准。然而，孔子对于好学和诲人却信心满满，多次自我赞赏："默而识之，学而不厌，诲人不倦，何有于我哉？"这从一个侧面说明孔子对教育事业的喜爱和崇敬。孔子还亲身参与和践行教育，"自行束脩以上，吾未尝无诲焉"（《论语·述而》）。对于束脩，后来有两种解释，一为十条干肉；二为十五岁以上的孩童。无论哪一种解释，都表明孔子愿意当他们的老师，对他们进行教诲。孔子创办了当时规模最大、成效最显著的私学，"弟子三千，贤人七十二"，培养了颜回、曾参、子思等硕学名儒，形成了丰富的教育思想。

孔子强调教育的社会功能。孔子不是单纯地就教育论教育，而是从社会政治经济的视野中看待教育。"子适卫，冉有仆。子曰：'庶矣哉！'冉有曰：'既庶矣，又何加焉？'曰：'富之。'曰：'既富矣，又何加焉？'曰：'教之。'"（《论语·子路》）孔子与冉有的对话，一方面展示了孔子的治国理想，人口众多、生活富裕、发展教育，是治理国家的主要内容，也是国家富强的必备条件。另一方面正确指明了教育的地位，教育是治理国家的重要组成部分。而且，庶、富、教是依次递进的关系，先富后教说清楚了教育与经济的关系。教育为立国之本，经费为教育命脉，教育受到经济制约，只有发展好经济，才能开展好教育。在孔子看来，治理国家不能只靠行政手段和严刑峻法，而要强化道德教育和礼治天下，使人民有羞耻感，心悦诚服，"道之以政，齐之以刑，民免而无耻；道之以德，齐之以礼，有耻且格"。意思是，用政纪来教导民众，用刑罚来规范民众，民众往往会为了侥幸得到逃脱而不顾忌耻辱；用道德来教化民众，用礼义来规范民众，民众就会有是非之心而真心地归服。在孔子看来，从事教育，向民众灌输孝道思想，讲授道德准则，普及行为规范，也会对社会政治产生积极作用，这实际上是在参与治理国家。"或谓孔子曰：'子奚不为政？'子曰：'《书》云：孝乎惟孝，友于兄弟，施于有政。'是亦为政，奚其为为政。"（《论语·为政》）

孔子追求培育君子的目的。君子是孔子的理想人格，内圣外王、修齐治平是君子的全部内容。"子路问君子。子曰：'修己以敬。'曰：'如斯而已乎？'曰：'修己以安人。'曰：'如斯而已乎？'曰：'修己以安百姓。'"（《论语·宪问》）教育的目的就是把读书人培养成为君子。

孔子强调读书人要有远大志向，忠诚于大道，"士志于道，而耻恶衣恶食者，未足与议也"。孔子自己一生都在追求大道，"朝闻道，夕死可矣"（《论语·里仁》）。子夏说："百工居肆以成其事，君子学以致其道。"（《论语·子张》）意思是，各种工匠在自己的领域辛苦劳动以完成任务，君子要专心致志地学习以达到大道。在儒家看来，仁义是大道的主体，是做人做事的最高境界，值得读书人为之奋斗终身。"士不可以不弘毅，任重而道远。仁以为己任，不亦重乎？死而后已，不亦远乎？"（《论语·泰伯》）读书人不仅要学习知识，更要学习做人："子以四教：文、行、忠、信。"（《论语·述而》）四教全面反映了孔子的教育内容，其中文是指知识、学问以及文章的文采、字句和条理，行、忠、信则是对学生道德品质的培育。四教中德行教育占了很大比例，说明孔子的教育是培养品行重于传授知识，"弟子入则孝，出则悌，谨而信，泛爱众，而亲仁。行有余力，则以学文"（《论语·学而》）。邢昺认为此章是论述品德与学习的关系，"明人以德为本，学为末"（《论语注疏》）。读书人要修德讲学，见善则迁，有过则改。孔子始终以一种忧患的心情看待教育尤其是道德教育，惟恐道德教育不能落到实处，以妨碍君子的培养。"德之不修，学之不讲，闻义不能徙，不善不能改，是吾忧也。"（《论语·述而》）意思是，不修道德，不讲学问，知道应该做的却不能迁而从之，不好的毛病却不能改掉，这是我的忧虑啊。

孔子重视因材施教的方法。因材施教是朱熹总结孔子教学实践概括提出的教学方法，"孔子教人，各因其材"（《四书章句集注》）。孔子没有明确提出因材施教的理念和原则，却在教育实践中予以全面贯彻，首先是多方面地观察学生，深入了解学生的擅长，"德行：颜渊、闵子骞、冉伯牛、仲弓。言语：宰我、子贡。政事：冉有、季路。文学：子游、子夏。"这是孔子对弟子的评价，品德行为最好的学生有颜渊、闵子骞、冉伯牛、仲弓；长于辞令的学生有宰我、子贡；擅长办理政务的学生有冉有、季路；熟悉了解古代文献的学生有子游、子夏。孔子还从不同个性方面评价学生："柴也愚，参也鲁，师也辟，由也喭。"（《论语·先进》）意思是，弟子高柴愚直，曾参迟钝，子张偏激，仲由鲁莽。即使对自己熟悉和喜欢的学生颜回，也要反复地观察才能真正了解，开始以为颜回愚钝，后来发现颜回并不愚钝。"吾与回言终日，不违，如愚。退而省其私，亦足以发，回也不愚。"（《论语·为政》）

孔子仔细观察学生，不仅是为了了解学生，更是为了有针对性地教育学生，取得良好的教育效果。《论语·先进》有着详细记载，孔子对子路和冉有采取不同的教育方法。面对同样的问题，孔子要求子路谨慎地行动，要求冉有大胆地行动。"子路问：'闻斯行诸？'子曰：'有父兄在，如之何其闻斯行之？'冉有问：'闻斯行诸？'子曰：'闻斯行之！'"公西华感到不理解，"由也问闻斯行诸，子曰：'有父兄在'；求也问闻斯行诸，子曰：'闻斯行之'，赤也惑，敢问。"孔子解释道："求也退，故进之；由也兼人，故退之。"意思是，冉求平日做事总是退缩，所以给他以鼓励；子路喜欢冒进，所以要约束他。最可贵的是，孔子对于任何学生都能做到认真教育，不知疲倦："若圣与仁，则吾岂敢！抑为之不厌，诲人不倦，则可谓云尔已矣。"（《论语·述而》）正是这种"学而不厌，诲人不倦"的精神，孔子赢得了学生的尊敬和崇拜。"颜渊喟然叹曰：'仰之弥高，钻之弥坚，瞻之在前，忽焉在后！夫子循循然善诱人，博我以文，约我以

礼，欲罢不能。既竭吾才，如有所立卓尔。虽欲从之，末由也已！'"（《论语·子罕》）

（二）教育的关系

古今中外，教育都不是孤立存在的。在整个社会系统中，教育是一个子系统，既从属于政治、经济、文化各个系统，又相对独立地与政治、经济、文化系统发生着物质、信息和能量的交换。教育与政治是从属关系，要服务服从于政治教化的需要；教育与经济是基础与上层建筑的关系，经济基础的变迁，必然引起教育的调整；教育与文化是大系统与小系统的关系，教育属于文化的一部分，与文化内部的各个系统共同作用，推动着国家文教事业的发展。

在孟子那里，教育同他的家国构想有着密切关系。"人有恒言，皆曰：'天下国家。'天下之本在国，国之本在家，家之本在身。"孟子之家国构想是"身—家—国—天下"系统，教育与身的联系是修身养性，以守护人的孝心，发扬人的善性。"事，孰为大？事亲为大。守，孰为大？守身为大。不失其身而能事其亲者，吾闻之矣。失其身而能事其亲者，吾未之闻也。孰不为事？事亲，事之本也。孰不为守？守身，守之本也。"（《离娄上》）意思是，侍奉谁最要紧？侍奉双亲最要紧。守护谁最要紧？守护自己最要紧。不遗失自己的节操而能侍奉好双亲的，我听说过。遗失了自己的节操而能侍奉好双亲的，我没听说过。侍奉双亲，是侍奉中的根本。守护自己，是守护中的根本。教育与家的联系是家庭教育，重点在明人伦："父子有亲，君臣有义，夫妇有别，长幼有叙，朋友有信。"（《滕文公上》）教育与国和天下的联系是政治经济。"王如施仁政于民，省刑罚，薄税敛，深耕易耨，壮者以暇日修其孝弟忠

信，入以事其父兄，出以事其长上。"（《梁惠王上》）

教育与身的关系，实际是教育与人性的关系。孟子主张人性本善，性善论是孟子教育思想的理论基础，教育的本质就是保护、培育、发展、扩充人的善性。孟子的性善论由四心、四端和四德组成，四心、四端和四德是一个人性善由可能向现实演进的过程。在这个过程中，教育居功至伟。四心是指"恻隐之心"，"羞恶之心"，"恭敬之心"，"是非之心"。在孟子看来，教育要保护好四心，不能让其丢失；一旦丢失，要尽快找回来，"学问之道无他，求其放心而已矣"（《告子上》）四端是指："恻隐之心，仁之端也；羞恶之心，义之端也；辞让之心，礼之端也；是非之心，智之端也。人之有是四端也，犹其有四体也。"（《公孙丑上》）在孟子看来，人之善性最初只是一种道德萌芽，仅仅提供了向善为善的可能和倾向。一个人善与不善，并非由道德萌芽决定的，而是由教育培养促成的。捷克教育家夸美纽斯也有类似的说法："我们已经知道知识、德行与虔诚的种子是天生在我们身上的；但是实际的知识、德行与虔诚都没有给我们。这是应该从祈祷、从教育、从行动去获得的。"① 孟子以牛山为例加以证明，牛山之草木本来是丰茂美丽的，如果不给予养护，而是任斧子砍伐，牛羊放牧，那草木就不可能生长繁殖，牛山也会变得光秃秃了。人之善性也是如此，"故苟得其养，无物不长；苟失其养，无物不消。"四德是指仁义礼智，"恻隐之心，仁也；羞恶之心，义也；恭敬之心，礼也；是非之心，智也。"（《告子上》）在孟子看来，只有通过教育教化，才能使人性之四端升华为四德，人性本善由可能性变为现实性。"谨庠序之教，申之以孝弟之义，颁白者不负戴于道路矣。"（《梁惠王上》）

---

① ［捷］夸美纽斯著，傅任敢译：《大教学论》，人民出版社1958年版，第35-36页。

教育与家庭的关系。孟子重视家庭教育，孟子本人是良好家庭教育结出的硕果。在孟子看来，家庭教育是人生幼年阶段最重要的教育。人的一生包括幼年、成年和老年三个阶段，幼年期又有赤子、孩提之童和幼学之区分。赤子，意指婴儿，孔颖达疏云："子生赤色，故言赤子。"（《五经正义》）孟子钟情于赤子，认为赤子是人生最美好的阶段，即使成年之后，也不要忘了赤子之心，"大人者，不失其赤子之心者也"（《离娄下》）。孩提之童，赵岐注释："孩提，二三岁之间，在襁褓知孩笑，可提抱者也。"（《孟子注疏》）孟子认为："孩提之童无不知爱其亲者。"（《尽心上》）幼学为十岁，开始上学，《礼记·曲礼上》说："人生十年曰幼，学。"孟子在与齐宣王谈话时指出："夫人幼而学之，壮而欲行之。"（《梁惠王下》）古时候，一个人从出生到幼学时，都是在家庭度过的，老师自然是父母，"人少，则慕父母"。《说文解字》释"教"为："上所施，下所效也。从攴，从孝。"上施下效，意指子顺从父和弟顺从兄，说明教学本身就有孝的含义。在孟子看来，家庭教育重点在孝悌，"尧舜之道，孝弟而已矣"（《告子下》）。舜是孝悌的典范，对父母的感情是好色富贵等人之所欲不能替代的，"人悦之、好色、富贵，无足以解忧者，惟顺于父母可以解忧"（《万章上》）。家庭成员的言语行动离不开孝悌观念的制约，而孝悌观念的形成离不开家庭的教育。在孟子看来，家庭教育的关键是父母，尤其是一家之长要以身作则，"身不行道，不行于妻子；使人不以道，不能行于妻子"（《尽心下》）。家庭教育有自己的特点，不能以伤害父子感情来开展教育，孟子甚至提出了易子而教的观点，"古者易子而教之，父子之间不责善。责善则离，离则不祥莫大焉"（《离娄上》）。

教育与政治的关系。任何统治者都重视教育，教育与政治有着千丝万缕的联系。在孟子看来，教育关乎国家兴衰存亡，是治理国家最重要的事情，甚至超过经济和军事的作用。"故曰：城郭不完，兵甲不多，非国之灾也；田野不辟，货财不聚，非国之害也。上无礼，下无学，贼民兴，丧无日矣。"（《离娄上》）意思是，所以说，城墙不坚固，兵器甲胄不够多，不是国家的灾难；田野尚未开辟，钱财不够集中，不是国家的祸害。在上的不讲礼仪，在下的没有教育教化，刁民纷纷兴起，国家的灭亡也就快了。在孟子看来，统治者要想获得百姓的真诚拥护，良好政治不如良好教育；在赢得人心方面，教育的功能要远远大于政治统治和行政手段的作用。"仁言不如仁声之入人深也，善政不如善教之得民也。善政，民畏之；善教，民爱之。善政得民财，善教得民心。"（《尽心上》）良好的教育把伦理道德思想和规范输入人心，形成醇厚的风俗习惯，才能使民众心悦诚服，而政治统治和行政手段是以国家强制力作后盾的，是以力服人，而不是以德服人。在孟子看来，统治者要重视教育，国家要举办学校。他在帮助滕文公制定国策时，明确提出国家办学制度和办学宗旨，办学制度是设立学校；办学宗旨是明人伦："设为庠序学校以教之。庠者，养也；校者，教也；序者，射也。夏曰校，殷曰序，周曰庠；学则三代共之，皆所以明人伦也。人伦明于上，小民亲于下。"（《滕文公上》）在中国教育史上，如此具体地设计国家教育制度和强调办学宗旨，孟子要算第一人。

教育与经济的关系。教育属于上层建筑，离不开经济的支撑和生产力的发展。孟子能够提出教育问题，是因为他所处的战国时期，经济有了很大发展，能够提供更多的剩余产品来发展教育。在孟子看来，经济与教育、经济基础与上层建筑、物质生活与精神生活有着密切联系。"民非水火不生活，昏暮叩人之门户求水火，无弗与者，至足矣。圣人治天下，使有菽粟如水火。菽粟如水火，而民焉有不仁者乎？"（《尽心上》）意思是，百姓没有水和火便无法生存，黄昏夜晚敲开别人家的门要水和火，没有不给的，因为水、火极其充足。圣人治理天下应使粮食如同水、火那样多。粮食如果像水、火那样充足，百姓哪里会不讲仁爱呢。在孟子看来，老百姓讲究实际利益，没有解决温饱之前，是不会考虑教育等精神生活的需要，而且会惹是生非，不利于社会稳定，统治者因此而使用刑罚，治百姓之罪，也是错误的。在孟子看来，明智的统治者先要制民之产，然后要办好学校，开展教育，强化孝悌之义，"驱而之善，故民之从之也轻"（《梁惠王上》）。

（三）孟子之教育思想

在中国教育史上，孟子最早提出了教育概念。仅凭教育概念的提出，孟子对中国教育就有着极大贡献。孟子之教育既包括学校教育，又包括社会教育。学校教育属于有目的、有组织以及有内容和方法的自觉活动，对个体而言，是直接完整意义上的教育，也是影响终身的教育。社会教育潜移默化，润物无声，对个体的影响和作用，绝对不能低估。无论学校教育，还是社会教育，都有一个教师与学生的关系。孟子约四十岁时在邹地开设杏坛，聚徒讲学，此后终身与教育结缘，其所论教育重点应是学校教育。

孟子周游列国，以王者师自居，对齐宣王、梁惠王们进行教育，"有王者起，必来取法，是为王者师也"（《滕文公上》）。孟子不仅有一般意义的学生，而且有特殊意义的王者学生。对于王者学生，无论教还是学都有着不同的要求，这是孟子异于孔子的地方，也是孟子在提高读书人地位。孔子教育的主要对象是学生，教与学、师与生互相交流，教学相长，融为一体，老师谆谆教诲，学生虚心接受。作为教师，孟子与学生的关系，同孔子是一样的；作为王者师，孟子与学生的关系就不一样了。一方面，孟子必须时刻注意保持自己的独立和平等地位，一旦感到威胁，马上就会作出反应。孟子感到齐宣王凭着地位而轻视自己，称病不相见，所以也称病不去朝廷。另一方面，王者学生与一般学生不同，可接受孟子的教导，也可不接受孟子的教导。从孟子周游宋国、滕国、魏国以及两次游齐的经历分析，他的王者学生基本没有接受他的仁政学说和王道理想。王者学生没有接受孟子的政治主张，却丰富了孟子的教育思想。孟子的教育思想系统而完备，既有对教育者的要求，又有对被教育者的要求，还有共同的要求。

共同的要求是存心养性。无论教育者还是被教育者，无论一般学生还是王者学生，都要存心养性，首先把人做好。这是人之为人的本质规定，也是从事任何职业、做好任何工作的前提和条件。教育者存心养性，有利于为人师表；被教育者存心养性，有利于塑造良好人格；王者学生存心养性，有利于施行仁政和王道。仁义是孟子的最高道德原则。"仁，人之安宅也；义，人之正路也。旷安宅而弗居，舍正路而不由，哀哉！"（《离娄上》）在孟子看来，存心养性的内容是存仁义之心，养仁义之性。

存心养性要清心寡欲。人的欲望越多，仁义之心的存留就越少，存心养性最好的办法是尽可能减少自己的欲望。"养心莫善于寡欲。其为人也寡欲，虽有不存焉者，寡也；其为人也多欲，虽有存焉者，寡矣。"（《尽心下》）存心养性要自省，自省是儒家重要的修养方法。孟子用反求诸己的观点表达自省要求，当遭遇挫折时，不要责怪他人，而要反过来从自己身上找到问题的症结和缺点加以改正；当自己的行为不被他人理解时，不要怨天尤人，而要反躬自问，考察自己的行为是否符合仁义礼智的规范。"爱人不亲，反其仁；治人不治，反其智；礼人不答，反其敬。行有不得者皆反求诸己，其身正而天下归之。"（《离娄上》）孟子很看重反求诸己的修养方法："仁者如射，射者正己而后发；发而不中，不怨胜己者，反求诸己而已矣。"（《公孙丑上》）存心养性要知耻改过。人吃五谷杂粮，哪有不得病的？人有七情六欲，哪有不犯错的？问题不在于犯错，而在于能否知错就改。孟子认为，不能知错就改的，就是不知羞耻，一个人如果没有羞耻之心，那就不可救药了。对于那些知错不改的行为，孟子毫不留情地加以批判。当齐国大夫陈贾为讨伐燕国的错误辩护时，孟子批评说："古之君子，过则改之；今之君子，过则顺之。古之君子，其过也，如日月之食，民皆见之，及其更也，民皆仰之；今之君子，岂徒顺之，又从为之辞。"（《公孙丑下》）存心养性要艰难困苦，玉汝于成。孟子重视艰苦环境对修身和存心养性的作用："人之有德慧术知者，恒存乎疢疾。独孤臣孽子，其操心也危，其虑患也深，故达。"（《尽心上》）意思是，人之所以能够拥有德行、智慧、技艺、知识，常常是由于灾患的缘故。只有那些孤立无援的大臣、地位卑微的庶子，他们操心劳神总是不得安宁，忧虑灾患更深，所以通达事理。

对于教师而言，孟子认为，最根本的要求是正己。正己既是教师的行为准则，也是重要的教学方法。教师只有正己，言传身教，才能正人、教好学生，"有大人者，正己而物正者也"（《尽心上》）。正己是按照仁义道德立身处世，"为人臣者怀仁义以事其君，为人子者怀仁义以事其父，为人弟者怀仁义以事其兄"（《告子下》）。孟子认为，教师要懂得知识和道理。教书育人是教师的基本职能，如果说正己的目的是为了育人，那么，知识和道理则是为了教书。教师只有懂得知识和道理，才能培育出有知识有智慧的学生，这就要求教师"以其昭昭，使人昭昭"，不能"以其昏昏，使人昭昭"（《尽心下》）。从而使学生"博学而详说之，将以反说约也"（《离娄下》），即在广博学习、详细解说的基础上，使学生融会贯通，抓住中心，由博返约。孟子认为，教师要"言近指远，守约施博"。所谓言近指远，是指用浅显的语言阐明意义深远的道理；守约施博，是指操作方法简单而效果明显。

孟子认为，教师要结合学生实际，因材施教。对于有的人不屑于教诲，也是一种教诲，"教亦多术矣，予不屑之教诲也者，是亦教诲之而已矣"（《告子下》）。具体而言，孟子提出了五种因材施教的情况和办法："君子之所以教者五：有如时雨化之者，有成德者，有达财者，有答问者，有私淑艾者。此五者，君子之所以教也。"（《尽心上》）意思是，有的学生修养很好，只要稍加点化即能通达，犹如及时雨化生万物一样；有的学生品德不错，略加熏陶便能成为有德行的人；有的学生富于才华，善加指导，便能成为通达多能的人；有的学生只有一般水平，只能就他们所提问题进行释疑解惑；有的学生因受时间空间的限制不能及门受业，可以用间接的方法加以教育。

对于学生而言，孟子认为，最好的途径是请教名师和大匠。只有名师，才能教育出优秀学生，只有大匠，才能培养出好的徒弟。"孔子登东山而小鲁，登泰山而小天下，故观于海者难为水，游于圣人之门者难为言。"学生之所以要请教名师和大匠，不仅是因为名师和大匠的格局大、标准高，而且还在于名师和大匠不会降低教育标准："大匠不为拙工改废绳墨，羿不为拙射变其彀率。君子引而不发，跃如也，中道而立，能者从之。"（《尽心上》）意思是，高明的木匠不会为手艺拙劣的木工改变或废弃规矩，羿不会为技艺拙劣的射手而改变他拉弓的标准。君子教导别人正如射手拉满弓，却不把箭射出去，做出跃跃欲试的样子。他站在正确的道路上，有才能的人就会追随他。

孟子认为，学生学习要自求自得。自求是指学习的自觉性和主动性。有个叫曹交的人想住下来跟孟子学习，孟子告诉他，只要你有学习的主动性和自觉性，随时随地都可以找到老师请教，"夫道若大路然，岂难知哉？人病不求耳。子归而求之，有余师"（《告子下》）。自得是指透彻地理解和深刻地把握所学到的知识。孟子很看重自得的知识，只有自得的知识，才能牢固掌握而不动摇，才能左右逢源而取之不尽、用之不竭。"君子深造之以道，欲其自得之也。自得之，则居之安；居之安，则资之深；资之深，则取之左右逢其原，故君子欲其自得之也。"（《离娄下》）孟子认为，学生学习要专心致志，不要三心二意。孟子分别举了两个例子给予说明，一个是植物生长的例子，即使容易生长的植物，不专心致志培育，也难以生长成才，"虽有天下易生之物也，一日暴之，十日寒之，未有能生者也。"意思是，天下即使有容易生长的植物，晒它一天后，又冻它十天，没有能长得了的。另一个是下棋的例子，即使像下棋这样的小技艺，不专心致志也不能学好，"今夫弈之为数，小数也；不专心致志，则不得也。"（《告子上》）孟子认为，学生学习要坚持不懈，不要半途而废。学习好比流水，只有昼夜不舍地流淌，才能流到大海，"源泉混混，不舍昼夜，盈科而后进，放乎四海"（《离娄下》）。这段话还表达了学习要循序渐进的思想，像水那样，先要把坑坑洼洼都灌满了，才能继续前进，否则就不能向前流入大海。学习也像挖井，一定要挖到泉水才停止，"有为者辟若掘井，掘井九轫而不及泉，犹为弃井也"（《尽心上》）。意思是，做事情好比挖井，挖得九仞之深还见不到泉水，仍然是一口废井。

对于帝王师与君王学生，孟子有着许多独到的见解，这是孟子教育思想的重要标志和宝贵财富，至今仍然有着现实意义。作为帝王师，孟子认为，关键是要保持教师的独立人格和平等地位，甚至认为教师的地位应高于君王学生，"说大人，则藐之，勿视其巍巍然"（《尽心下》）。教师可以藐视大人，是因为教师占据了仁义道德的制高点，而大人们有官位和财富，却不一定具备仁义道德，孟子引用曾子的观点进行论证："曾子曰：'晋楚之富，不可及也。彼以其富，我以吾仁；彼以其爵，我以吾义。吾何慊乎哉？'"孟子还以商汤和齐桓公为例，认为他们尽管是君王，却愿意虚心地向伊尹和管仲请教，然后才成就了王道和霸业。"故汤之于伊尹，学焉而后臣之，故不劳而王；桓公之于管仲，学焉而后臣之，故不劳而霸。"（《公孙丑下》）孟子对于那些不谦虚的君王学生，就不予教育和教导。当滕国国君的弟弟滕更依仗地位高贵来向孟子学习，孟子就不予理睬。弟子公都子问其故时，孟子还洋洋洒洒说了一番道理：'挟贵而问，挟贤而问，挟长而问，挟有勋劳而问，挟故而问，皆所不答也。滕更有二焉。"（《尽心上》）对于君王学生，孟子是居高临下，要求他们学习仁义之道。当梁惠王问孟子，不远千里而来，必有利于我的国家。孟子回答："王！何必曰利？亦有仁义而已矣。"（《梁惠王上》）要求他们施行仁政，"苟行王政，四海之内皆举首而望之，欲以为君"（《滕文公下》）要求他们以德服人，不要以力服人，"以力假仁者霸，霸必有大国；以德行仁者王，王不待大。汤以七十里，文王以百里。以力服人者，非心服也，力不赡也；以德服人者，中心悦而诚服也，如七十子之服孔子也。"（《公孙丑上》）

管仲曰："一年之计，莫如树谷；十年之计，莫如树木；终身之计，莫如树人。一树一获者，谷也；一树十获者，木也；一树百获者，人也。"（《管子·权修》）百年树人，道尽了教育的无穷意义和悠悠情韵。教育不仅关乎过去、现实，更是关乎未来的大事；不仅关乎个体成长，更是关乎社会进步和国家安宁的大事。任何时候任何情况下都不能不重视教育，任何时候任何情况下都不能不关心孩子。现代社会已经基本解决教育问题，这是令人欣喜的巨大历史进步。然而，教育仍有隐忧，特别是如何平衡教书与育人的关系，保持教书与育人之间的必要张力。教书与育人是相伴教育始终的千古矛盾，教育固然不能忽视教书，传授知识和学问，却应更加重视育人，培育具有人文精神的人才。知识和学问与人文精神原本不可分割，而是互相联系，互相激荡。知识和学问关注自然界和客观对象，是对客观事物及其规律的认识和反映，也是人文精神的现实支撑。没有知识和学问，人文精神就难以发扬光大和熠熠生辉。人文精神关心的是人，康德认为："人是生活在目的的王国中。人是自身目的，不是工具。人是自己立法自己遵守的自由人。人也是自然的立法者。"① 人是目的，不是手段；人是社会政治经济科技文化的终极关怀，不是权宜之计。任何知识和学问的最终目标都是为了维护人的尊严，提升人的价值，凸显人的存在意义。人文精神是知识和学问的灵魂，没有人文精神，知识和学问就可能走偏方向，不仅不会造福于人类和社会，反而可能会伤害人类和社会。知识和学问是冷冰冰的，人文精神是热乎乎的。从这个意义上分析，育人重于教书，人文精神高于知识和学问。教育务必把育人放在首要位置，着力培育人文精神，塑造有道德的学生，为社会造就有灵魂的合格人才。

---

① ［德］康德著，韩水法译：《实践理性批判》，商务印书馆 2003 年版，第 95页。

五、伟大的母爱

孟子能够成为后世仰慕向往的儒家亚圣，孟母的教育功不可没。刘向赞扬道："孟子之母，教化列分。处子择艺，使从大伦。子学不进，断机示焉，子遂成德，为当世冠。"（《列女传·母仪传》）没有孟母的教育，就不可能有伟大的孟子。孟子先祖是鲁国贵族"三桓"之一的孟孙氏，曾煊赫一时，其子孙则在春秋时期衰落，孔子说："夫三桓之子孙微矣。"（《论语·季氏》）到孟子这一代，家境更加贫困。孟子的父亲是个怀才不遇的读书人，在孟子三岁时即已去世，孟子是在母亲的抚养教育下长大成人的。孟母仉氏，相传是一位有见识、会教育的母亲，克勤克俭，含辛茹苦，注意从慎始、励志、敦品、勉学、道义等方面教育孟子。概言之，就是从做人角度教育孟子，数十年如一日。

孟母的教育不仅成就了孟子，而且成就了自己，在历史上被誉为贤良母亲，并位居"贤良三母"之首。黎民百姓传颂孟母的故事，文人学士为其立传作赞，社会贤达为其树碑修祠。更可贵的是，孟母留下了一套完整的教子方案，《列女传》《韩诗外传》以故事形式作了比较详细的记载（其中可能有虚构成分）。总之，孟母教子是后世教育子女的典范。

（一）育子于胎教

《韩诗外传》记载：孟母曰："吾怀妊是子，席不正不坐，割不正不食，胎教之也。"这说明孟母在怀孕的时候就重视胎教，不坐没有摆正的席子，不吃没有割正的肉食。

所谓胎教，现代科学有广义与狭义的解释，广义是指孕妇在妊娠期间，除了重视自身的健康和营养外，还要重视周围环境的影响，努力培养积极的心理状况和情绪体验，以便胎儿在胎内环境中受到良好的感应，促使胎儿身心得到健康的生长发育，使他们出生后健康而聪明；狭义是指根据胎儿各感觉器官发育成长的实际情况，有针对性地给予适当的信息刺激，使胎儿建立起条件反射，促进胎儿大脑机能、感觉机能、躯体运动机能以及神经系统机能的成长成熟。现代科学研究表明，胎教对人的智力发展和智商提高，具有积极意义。美国心理学家通过对千余名儿童进行多年研究，结论是人的智力有 50% 在 4 岁以前获得；30% 在 4～8 岁之间获得；20% 在 8 岁之后获得。4 岁之前包括胎儿期间，胎儿形成的大脑旧皮质，是出生后大脑新皮质的基础，旧皮质基础越好，新皮质才能更好地发育，达到较高的智商水平。研究还表明，胎儿不仅具有视觉、听觉、活动和记忆能力，而且能够感受到外部环境的影响和母亲情绪的变化。胎教是一个科学的概念，有着坚实的生理和心理基础。

人们一般认为，胎教是现代社会的产物。实际上，胎教在中国古代社会早已有之，有的学者甚至认为胎教思想起源于中国。据史料记载，周朝就有了胎教。在《史记》中被司马迁尊为"贤妇人"的太任，是周文王的母亲，也是胎教的先驱。"太任者，文王之母，挚任氏中女也。王季娶为妃。太任之性，端一诚庄，惟德之行。及其有娠，目不视恶色，耳不听淫声，口不出敖言，能以胎教。溲于豕牢，而生文王。文王生而明圣，太任教之，以一而识百。君子谓太任为能胎教。"（《列女传·母仪传》）意思是，太任是周文王的母亲，贵族挚任氏的二女儿。王季娶为妻。太任的性格，正直真诚端庄，行为都符合道德准则。当她怀有文王时，眼睛不看不好的颜色，耳朵不听不好的声音，嘴里不说不好的言语，很擅长于胎教。太任在上厕所时生下了文王。文王出生后就很聪明，具有特殊的才能和智商，太任亲自进行教育，最后他成为周朝的奠基者和创始人。人们都认为太任是胎教专家。周朝似乎自始自终都重视胎教，贾谊在《新书·胎教》中说："周妃后妊成王于身，立而不跛，坐而不差，笑而不喧，独处不倨，虽怒不骂，胎教之谓也。"由此可知，孟母重视并实践胎教，是可能的，也是自然的，不会是穿凿附会之说。

在中国古代，胎教做法有着深刻的思想渊源，这就是阴阳学说中的"万物负阴而抱阳，冲气以为和"（《老子·第四十二章》）。古人把阴阳看成是万事万物的本源及其形成的原因，人也不例外，即如《周易》所言："天地纲缊，万物化醇；男女构精，万物化生。"《列女传·母仪传》总结了古代胎教的做法，就是要求孕妇自身要言行端正，所视所听所言所感都必须是善良和美好的事物，以便进行胎儿教育，"古者妇人妊子，寝不侧，坐不边，立不跸，不食邪味，割不正不食，席不正不坐，目不视于邪色，耳不听于淫声。夜则令瞽诵诗，道正事。如此，则生子形容端正，才德必过人矣。故妊子之时，必慎所感。感于善则善，感于恶则恶。"古代胎教与现代胎教的原理非常相近，就是要通过母亲良好的言行以及和谐的环境，对腹中的胎儿实施良性刺激，经过神经系统传递到大脑，促进大脑皮质良好发育，进而开发潜在的能力，培育聪明、漂亮、活泼的宝宝。

（二）三迁护子

《列女传·母仪传》记载："邹孟轲之母也，号孟母，其舍近墓。孟子之少也，嬉游为墓间之事，踊跃筑埋。孟母曰：'此非吾所以居处子。'乃去，舍市傍。其嬉戏为贾人炫卖之事。孟母又曰：'此非吾所以居处子也。'复徙舍学宫之傍。其嬉游乃设俎豆，揖让进退。孟母曰：'真可以居吾子矣！'遂居。及孟子长，学六艺，卒成大儒之名。君子谓孟母善以渐化。"

这是孟母最为人知的故事，强调环境对孩童教育的重要性。故事的大意是，孟子幼年家居坟墓附近，常模仿成人做丧祭的游戏，孟母担心这种环境对孟子产生不利的影响，便将家迁往集市附近。后来，孟子耳濡目染，又模仿商人叫卖，孟母担心这种环境不利于孟子学习进步，又将家迁往学宫附近，从此便定居下来。学宫中聚集很多懂礼仪、有学问的读书人，孟子在良好环境的熏陶下，注意学习礼仪，最终学成六艺，成为大儒。有意思的是，《史记》说"孔子为儿嬉戏，常陈俎豆，设礼容"。看来，亚圣从小就开始向圣人学习了。

所谓环境，是指个体生活于其中，能够影响人的发展的一切外部条件。对于孩童教育而言，环境具有多重性，要而言之，包括家庭环境、学校环境和社会环境。家庭是孩童受教育最初的环境，父母是孩童第一任教育者，要求父母以身作则，家庭和睦。学校是孩童受教育的主要场所，教师是孩童最信赖的教育者，要求教师做到学为人师，行为世范。社会则随时随地都在影响着孩童教育。孟母三迁的故事，就是讲社会环境对孩童教育的影响。社会环境既有自然因素又有人文因素，春华秋实、夏雨冬雪，四季美景能够陶冶孩童的情操；宁静、清幽的环境有利于孩童远离噪声，发展较高的智力和优秀的智商。

孟母三迁的故事，主要是讲社会环境中人文因素对孩童教育的影响，一方面表现在对孩子职业取向的引导。孟子家居集市附近时，就容易学习商人的言行，可能影响孟子今后职业的选择，中国历史上或许会多了一个淹没于茫茫人海之中的商人，却少了一位儒家代表人物。另一方面表现为对孩童健康人格的塑造。如果孩童在一个温暖、开放和宽松的环境中长大，性格就会开朗而坦荡；如果在一个压抑和封闭的环境长大，性格就容易偏执乃至扭曲。孟母三迁的故事，着力在讲社会环境对孩童人格的影响。社会环境有好有坏，而好与坏总是交织在一起的，这也是人性复杂的原因之一。古今中外无数事实证明，好的社会环境，可以帮助孩童养成善良而健全的人格，指引孩童正确的人生方向，否则，就不利于孩童良好人格的形成，甚至会毁了孩童及其一生。

近朱者赤，近墨者黑。现代心理学研究认为，孩童心理的发展，既不是单纯的内部成熟，也不是环境和教育的直接产物，而是孩童与环境交互作用的结果。孩童具有内在的学习驱动力，以及对于周围环境强烈的学习与吸引能力，导致孩童对新鲜事物的感受比成人更为好奇，从出生起便开始对环境保持着不断的模仿和探索。在探索过程中所获取的经验，将会被吸收组成为日后进行更高智能学习活动的基础。而在探索中获得喜悦和成就感，则会帮助孩童形成自信、积极、独立、主动的性格特质，正向循环地支持孩童及其长大成人后的探索。因而在孩童阶段，环境对一个人的成长发展比任何阶段都更大，年纪越小，受环境的影响就越深刻。环境是孩童活动不可分割的一部分，它在孩童的生活和教育中起着重要影响；环境是实际的、立体化的指导教材，它潜移默化对孩童发挥着铭刻在心、终身难忘的作用。意大利教育学家蒙台梭利认为："教育的基本任务是让孩子在适宜的环境中得到自然的发展。教师的职责在于为孩子提供适宜的环境。"① 为孩子提供适宜的环境，不仅是教师的职责，也是家长的职责。早在二千多年前，孟母就意识到环境对子女教育尤其是人格教育的意义，并主动承担起相应的责任，我们不能不感佩孟母的爱心和远见卓识。

（三）买肉啖子

《韩诗外传》记载："东家杀豚，孟子问其母曰：'东家杀豚何以为？'母曰：'欲啖汝。'其母自悔言曰：'吾怀妊是子，席不正不坐，割不正不食，胎教之也。今适有知而欺之，是教之不信也。'乃买东家豚肉以食之，明不欺也。"

这一记载实际讲了两个故事，一个为胎教的故事，前文已述，在此不赘；另一个为诚信不欺的故事，大意是，孟子年少时，有一次东边的邻居杀猪，孟子问母亲说：邻居为什么杀猪？孟母回答：要给你吃肉。说后孟母就后悔了：我怀这个孩子时，席子摆得不正我不坐，肉割得不正我不吃，这都是在对孟子进行胎教。现在他刚刚懂事，我却欺骗他，这是在教他不诚信啊。于是买了邻居的猪肉给孟子，以表明没有欺骗孟子。读着这则故事，可以清晰地感受到孟母心路的历程，先是不加思索的随口而出——"啖汝"；继之是深刻的反省，想到了怀孕时候的一举一动；后是言行一致，兑现承诺。这则故事的关键词是信。

信是儒家思想的重要范畴，孔子首先倡导："子以四教：文、行、忠、信。"（《论语·述而》）孟子则把信看作是天道和为人之道，"诚者，天之道也。思诚者，人之道也"（《离娄上》）。北宋程颐认为信与诚相通，含义相同，"诚则信也，信

---

① 转引自公海英：《浅谈如何创设适合孩子的环境》，《教育艺术》2017 年 9 月。

则诚也"(《二程遗书》)。儒家着重从做人的角度阐述了诚信的品格，诚信是立身处世之本。孔子认为一个人没有诚信，就没法在这个世界上生存。"人而无信，不知其可也。大车无輗，小车无軏，其何以行之哉?"(《论语·为政》)同时，诚信是朋友之间交往的准则。当弟子问孔子的志向，孔子回答："老者安之，朋友信之，少者怀之。"(《论语·学而》)儒家倡导人伦，要求正确处理父子、君臣、夫妇、长幼和朋友关系，"父子有亲，君臣有义，夫妇有别，长幼有叙，朋友有信"(《滕文公上》)。这些人伦关系是有差别的，最大的差别不在于不同的伦理规范，而在于双方平等与不平等的关系。在传统社会，父子、君臣、夫妇、长幼双方是不平等的，唯有朋友双方是平等的主体。诚信是平等主体之间处理相互关系的道德原则，这是与现代社会最相契合的伦理道德理念。买肉啖子的故事从做人的角度具体诠释了诚信的重要性。

作为一个伦理道德范畴，诚信既指为人真诚，尊重事实，又指言出必行，信守承诺。从做人的角度，买肉啖子的故事有着多重启示。一是戒欺，即"明不欺也"，不自欺也不欺人。所谓不自欺就是内诚于己，说老实话，办老实事，做老实人。《大学》指出："所谓诚其意者，毋自欺也。如恶恶臭，如好好色，此之谓自谦。故君子必慎其独也。"意思是，诚意就是不要自己欺骗自己。要像厌恶腐臭的气味一样，要像喜欢美色一样，一切都发自内心。所以，品德高尚的人即使在一个人独处的时候，也一定会谨慎。不欺人就是外信于人，无论从事什么职业，在任何时候任何情况下都要做到诚实无欺，不撒谎、不作伪、不造假、不告密，进而对人以诚信，人不欺我；对事以诚信，事无不成。二是知错就改。人总会犯错误的，即使圣人也难以避免。犯错没关系，重要的是知错能改，这不仅需要理性，更需要勇气。孟母做出了榜样，当她意识到有欺骗孟子嫌疑的时候，就感到后悔，"今适有知而欺之，是教之不信也"，并以行动纠正过错。三是言行一致。孟母既然答复邻居杀猪是为了让孟子有肉吃，就"买东家豚肉以食之"，践行诚信不欺的做人要求，这对年幼的孟子无疑有着深远的影响。诚信虽然不是天平，却可以让人或轻于鸿毛，或重于泰山；不是金银，却可以让人或低贱卑微，或高贵无价；不是协议，却可以让人或不屑一顾，或赴汤蹈火。

（四）断杼教子

《列女传·母仪传》记载："孟子之少也，既学而归，孟母方绩，问曰：'学所至矣？'孟子曰：'自若也。'孟母以刀断其织。孟子惧而问其故。孟母曰：'子之废学，若吾断斯织也。夫君子学以立名，问以广知，是以居则安宁，动则远害。今而废之，是不免于厮役，而无以离于祸患也。何以异于织绩而食，中道废而不为，宁能衣其夫子，而长不乏粮食哉！女则废其所食，男则坠于修德，不为窃盗，则为虏役矣。'孟子惧，旦夕勤学不息，师事子思，遂成天下之名儒。君子谓孟母知为人母之道矣。"

这是断杼教子的故事，也是劝人向学的故事。孟子幼年读书时，贪玩而不用功，更不用心。孟母为了教育孟子，将织布机上的布从中剪断，以布断无法接续为例进行教育。在孟母看来，学习就像织布一样，布被剪断了，就再也接不起来，补不上去；荒废了学业，就永远学不到真本领。在孟母看来，有德行就是要好好学习，通过学习修身养性，通过学习获得知识道理。一个人既有德性又有知识，日常生活中就能平安无事，干起事业来就能远离祸害。在孟母看来，荒废学业，不好好读书，将来就只能干些没有出息的勤杂苦活，甚至会像女人失去生活技能、男人没有道德修养那样，不是去偷窃做盗贼，就是被俘虏做奴隶。断杼教子的故事最后告诉人们，孟母教子很成功，孟子受到很大触动，牢牢记住母亲的教诲，起早贪黑，刻苦学习，用功读书，成为天下有名的大儒。断杼教子的故事提到孟子"师事子思"，可能有误。子思姓孔名伋，是孔子的嫡孙，孔子思想传人之一，约生活在公元前 483~402 年，而孟子约生活在公元前 372~289 年，不可能受教于子思，司马迁认为：孟子是"受业子思之门人"（《史记·孟子荀卿列传》），孟子自己也说："予未得为孔子徒也，予私淑诸人也。"（《离娄下》）

儒家十分重视学习，《论语》开篇第一句话就是："学而时习之，不亦说乎？"孔子认为，学习是人最重要的品质。孔子没有承认自己是君子、圣人和仁者，却承认自己好学。孔子认为，学习是人的各种优秀品德的基础，人的各种优秀品德只有通过好学才能充分展示出来。"子曰：'由也，女闻六言六蔽矣乎？'对曰：'未也。''居！吾语女。好仁不好学，其蔽也愚；好知不好学，其蔽也荡。好信不好学，其蔽也贼；好直不好学，其蔽也绞；好勇不好学，其蔽也乱；好刚不好学，其蔽也狂。'"（《论语·阳货》）意思是，孔子对子路说：仲由啊，你听说过六种品德可能带来的六种流弊吗？子路回答：没有。孔子说：坐下，我来告诉你。喜欢仁德而不喜欢学习，它的流弊是受人愚弄；喜欢智慧而不喜欢学习，它的流弊是浮荡无根；喜欢诚信而不喜欢学习，它的流弊是自我伤害；喜欢正直而不喜欢学习，它的流弊是刻薄而不近情理；喜欢勇敢而不喜欢学习，它的流弊是犯上作乱；喜欢刚强而不喜欢学习，它的流弊是狂妄自大。孔子认为，学习是相伴终身的事业，只有学习，人生才能不断进步，过好不同的年龄阶段，获得相应的知识和智慧，"子曰：'吾十有五而志于学，三十而立，四十而不惑，五十而知天命，六十而耳顺，七十而从心所欲，不逾矩。'"（《论语·为政》）孟母是否读过孔子的书籍，已不得而知，然而，孟母认识到学习对于人生的重要意义，却是和孔子的思想相通的。

现代教育理论一般认为，学习是指通过阅读、听讲、思考、研究、实践等途径，获得知识或技能的过程；也是一种使个体可以在知识与技能、方法与过程、情感与价值等方面得到改善升华和持续变化的行为方式。断杼教子的故事，强调的是学校教育和书本学习，这对学龄阶段的孟子而言，是完全正确的。对于人生而言，学习有着更广泛而丰富的内容。从学习对象分析，人生要向书本学习，还要向实践学习，向他人学习。向书本主要是学习知识，向实践和他人主要是学习经验。而且，书本的知识只有在向实践和他人学习过程中才能得到验证和落实。从学习范围分析，人生不仅要在学校里学习，而且要在社会中学习。在学校，主要是向老师和书本学习，老师是传道授业解惑，学生是阅读书籍，接受知识；在社会，不仅要学知识，而且要学经验和技能。社会是个大课堂，鱼龙混杂，正面与负面的东西并存，学习就有个选择问题，要区分负面的东西，学习正面的东西。从学习的内容分析，既要学知识，更要学品行，两者必须均衡，不可偏废。从学习过程分析，学习不能局限于学龄阶段，不能局限于学校学习，而是要终身学习，持之以恒，坚持不懈。无论你是否意识到，也无论你是否在读书学习，实际上，每个人每天都在学习，终身都在学习，学习未知和新鲜的东西，那么，人生就要以主动的精神、自觉的态度去进行学习，以求事半功倍的效果。

（五）依礼戒子

《韩诗外传》记载："孟子妻独居，踞。孟子入户视之，白其

母曰:'妇无礼,请去之。'母曰:'何也?'曰:'踞。'其母曰:
'何知之?'孟子曰:'我亲见之。'母曰:'乃汝无礼也,非妇无
礼。《礼》不云乎:将入门,问孰存;将上堂,声必扬;将入户,
视必下。不掩人不备也。今汝往燕私之处,入户不有声,令人踞
而视之,是汝之无礼也,非妇无礼也。'于是孟子自责,不敢
去妇。"

这是一则有关知礼守礼的故事,孟母以此教育孟子"万事
礼为先"的做人道理。故事的大意是,孟子的妻子独自居住,
箕踞而坐,不拘礼节,正巧被孟子撞见。孟子很生气并告知孟
母,认为妻子傲慢不敬,要求休妻。孟母知道详情后,认为是
孟子无礼,而不是儿媳无礼。按照当时礼仪规定,进门之前应
先敲门,问屋里是否有人;进入厅堂前,要高声询问;进入房
间时,眼睛要向下看,以便屋里的人有所准备。孟子没有遵守
这些礼仪规定,孟母就批评孟子先失礼,指出不是妻子的过错。
听了母亲的话,孟子很惭愧,感到自己做了错事,放弃了休妻
的念头,与妻子和好如初。从这则故事可知,孟母教育的方法
是讲道理、有根据,这个道理和根据就是礼。

礼是儒家思想的重要范畴。孔子在回答鲁哀公问礼时指出:
"非礼,无以节事天地之神也;非礼,无以辨君臣上下长幼之位
也;非礼,无以别男女父子兄弟之亲、昏姻疏数之交也。"(《礼
记·哀公问》)礼的主要精神是别异,即区分人在社会关系中
不同的角色、身份和地位。在传统社会中,尊卑贵贱长幼亲疏
是最重要、最广泛的社会关系,礼就是分别确认和维护这些社
会关系。"礼者,贵贱有等,长幼有差,贫富轻重皆有称者也"
(《荀子·富国》)。别异不仅要区分社会角色的差别,而且要
规范不同社会角色的礼仪、礼容和礼节,形成和谐的人伦秩序。
周朝的礼仪规定可谓详尽备至,"礼仪三百,威仪三千"。按孔

颖达注疏，礼仪三百是指《周礼》，威仪三千是指《仪礼》（《五经正义》）。《周礼》《仪礼》均属儒家典籍，《周礼》将官职分为六类，即天官、地官、春官、夏官、秋官、冬官，是一部通过官制来表达治国方案的著作，内容极为丰富，涉及社会生活的各个方面；《仪礼》以记载士大夫的礼仪为主，包括冠、婚、丧、祭、乡、射、朝、聘等各种礼仪。孟母所言的礼，应属《仪礼》的范围。礼的社会功能是和谐，"礼之用，和为贵。先王之道，斯为美，小大由之。有所不行，知和而和，不以礼节之，亦不可行也"（《论语·学而》）。意思是，礼的作用，以和谐为目的。先王的治国之道，就是和谐，无论大事小事，都以和谐为原则。假如有行不通的地方，只是片面地追求调和，而不以礼去节制，那也是行不通的。礼的重要保障是实践。在儒家看来，和谐的关键是人人都要学习礼仪，遵守礼制，践行礼节。只有大家各安其位、各守其礼，整个社会才能和谐稳定。孔子反复强调学礼知礼守礼的重要性，《论语》最后一章还说："不知命，无以为君子也；不知礼，无以立也；不知言，无以知人也。"

依礼戒子的故事当然是表达儒家之礼的思想，也是儒家之礼的具体实践。除此之外，我们感知了孟母合情合理的教育方法，一方面表现在反复询问孟子见妻子的场景，以便了解真实的情况，进行有针对性的教育；另一方面表现在批评孟子有根有据，既具体指出孟子行为的错误之处，又明白告知批评的依据来自礼仪规范，最后得出正确结论："是汝之无礼也，非妇无礼也"。同时，看到了鲜活的孟子知错就改的形象。当孟母批评时，孟子没有没有辩解，更没有反驳，而是深感自己过于鲁莽，也惭愧于自己没有把所学的礼仪规定自觉地运用于日常生活之中，造成了误解和错误决定，于是"不敢去妇"。

教育者与被教育者总是一对矛盾关系，教育者要有平等意识，以互相尊重为前提；被教育者要谦虚谨慎，尊重教育者，这样才能形成良性互动关系。尤其是批评缺点错误时，被教育者会本能地有抵触情绪，矛盾的对立性就会凸显出来。这时教育者不仅批评内容要正确，而且方法也要适宜，才能让被教育者容易接受批评，改正错误。依礼戒子的故事，让我们体会到了孟母与孟子、教育者与被教育者的良性互动关系，这是意外的收获，很值得回味。

（六）劝子之远行

《列女传·母仪传》记载："孟子处齐，而有忧色。孟母见之曰：'子若有忧色，何也？'孟子曰：'不敏。'异日闲居，拥楹而叹。孟母见之曰：'乡见子有忧色，曰不敏也；今拥楹而叹，何也？'孟子对曰：'轲闻之：君子称身而就位，不为苟得而受赏，不贪荣禄。诸侯不听，则不达其上。听而不用，则不践其朝。今道不用于齐，愿行而母老，是以忧也。'孟母曰：'夫妇人之礼，精五饭，幂酒浆，养舅姑，缝衣裳而已矣。故有闺内之修，而无境外之志。《易》曰："在中馈，无攸遂。"《诗》曰："无非无仪，惟酒食是议。"以言妇人无擅制之义，而有三从之道也。故年少则从乎父母，出嫁则从乎夫，夫死则从乎子，礼也。今子成人也，而我老矣。子行乎子义，吾行乎吾礼。'君子谓孟母知妇道。"

这则故事说明孟母深明大义，顾全大局，不因自己年老而羁绊孟子建功立业的志向。故事的大意是，孟子在齐国，多次向齐宣王推介其政治主张，齐宣王很客气地接待，却不采纳推行孟子的政治主张，"今道不用于齐"。孟子想离开齐国到宋国去推介其政治主张，又担忧孟母年事已高无人照料，"愿行而母老，是以忧也"。孟子为此很郁闷，还抱着柱子叹息。孟母知道后，讲了一番妇道之礼，强调"今子成人也，子行乎子义，吾行乎吾礼"，从而打消了孟子的顾虑和担忧，促使孟子周游列国，游说于齐、宋、滕、魏、鲁等诸侯国，宣传推介其政治主张。

孟子的游说被诸侯们认为是"迂远而阔于事情"，以不被采用而告终，但孟子毕竟周游了列国，作出了人生努力。从"三立"角度分析，孟子是得大于失，成功多于失败。在立德方面，通过周游列国，孟子的道德形象更加伟岸，真正实践了"富贵不能淫，贫贱不能移，威武不能屈"的大丈夫精神。在立功方面，孟子似乎是失败了，却不是一无所获。在与诸侯们对答和论辩过程中，其政治主张得到了完善充实。对于现实政治即使没有产生直接作用，也会有间接影响，这就是陷齐宣王"顾左右而言他"的窘境；对梁惠王"率兽而食人"的批评；看梁襄王"不似人君"的判断。在立言方面，如果没有周游列国，就不可能有《孟子》一书的问世，那将是儒家思想和传统文化的重大损失。周游列国使孟子更加深刻地了解了社会政治现实，丰富深化了自己的政治思想，为中国乃至人类社会留下了民本、仁政、王道的宝贵精神财富。而促成孟子周游列国的关键是孟母。大哉，孟母！

劝子之远行的故事涉及了妇道的话题。所谓妇道，是指古时妇女必须遵守的规矩，也是传统社会礼治和道德规范的组成部分。妇道的主要内容是"三从四德"，"三从"是"未嫁从父，既嫁从夫，夫死从子"（《礼记·丧服》），也是孟母提到的妇人之礼。学界认为，三从之从既指跟从，又指从事，不能一概否定，应当否定跟从的意义，保留从事的含义。"四德"出自《周礼·天官》，指"妇德、妇言、妇容、妇功"，妇德指品德，是立身之本；妇言指言语，与人交谈能理解别人的意思，知道自己该言不该言的界限；妇容指仪表，出入要端庄稳重持礼；妇功则是治家之道，包括相夫教子、尊老爱幼、勤俭节约以及闺内之修。在孟子看来，妇道的实质是顺从，"以顺为正者，妾妇之道也"（《滕文公下》）。妇道形成于上古社会，有着一定的合理性；在秦汉以后的封建社会，进一步发展为家长制、夫权统治、男尊女卑、从一而终，则成了奴役和压迫妇女的工具，必然遭到批判和唾弃。现代社会妇女的地位发生了巨大变化，走出家门、人格独立、经济自主、男女平等，已是普遍现象。这是对传统妇道的扬弃，却不是简单的否定，而是弃其糟粕，存其精华。传统的贤妻良母理念，仍然可以成为现代妇女的人格理想；男刚女柔观点，仍然可以成为现代女性角色定位的重要依据；男主外女主内的论断，仍然可以成为现代女性家庭分工的一种选择。

劝子之远行的故事还蕴含着人生的话题。所谓人生，是指一个人从出生到死亡的过程。世事无常，人生若梦，不可能一帆风顺，必将经历坎坷曲折。人生的坎坷曲折是多维度的，身体的维度是生病体衰，感情的维度是失恋友叛，事业的维度是壮志难酬。在众多维度中，人们最关注的是事业维度。人只有在事业中，才能实现自我，追求永恒。孟子在齐国的遭遇正是事业维度的坎坷曲折，这是人生最痛苦的坎坷曲折，使得孟子不是"有忧色"，就是"抱楹而叹"。经验表明，应对人生事业的坎坷曲折，自身的努力当然是主要因素，而他人的帮助也不可或缺，有时甚至成为决定性因素。宋人邵伯温《闻见前录》记载：贾黯考中状元，回邓州，曾拜见范仲淹请教为官之道。范告知"惟不欺二字可终身行之"，贾黯后来成为敢于直谏的名臣良吏。邵氏叹曰："呜呼！得文正公二字者，足以为一代之名臣矣。"

唐人孟郊诗云："慈母手中线，游子身上衣。临行密密缝，意恐迟迟归。谁言寸草心，报得三春晖。"这是对普天下母亲的颂歌，感人肺腑，动人心魄。研读孟子之母教，不由得想起了母爱。母爱才是母亲对子女全部关怀的高度抽象和情感升华，母教只是母爱的有机组成部分。母爱的丰富内涵，不仅有密密缝的身上衣，而且有难以报答的三春晖。孟母对孟子的爱，是从胎教到长大成人，丝毫没有松懈；孟母对孟子的爱，是从生活到学习、从家庭到事业，无微不至，用心良苦；孟母对孟子的爱，是言传更是身教，春风化雨，润物无声；孟母对孟子的爱，重点在人品教育和人格塑造，这是母爱的最高境界。在孟母身上，凝聚着最伟大的母爱和最厚重的母教。我们悟到，母爱母教是润泽儿女心灵的一眼清泉，伴随着儿女的一饮一啜，丝丝缕缕，绵延不绝；我们读到，母爱母教是一首田园诗，幽远纯清，和雅平淡；我们看到，母爱母教是一幅山水画，洗去铅华雕饰，留下清新自然；我们听到，母爱母教是一首深情的歌，婉转悠扬，浅吟清唱；我们感到，母爱母教是一阵和煦的风，吹去朔雪纷飞，带来春光明媚。无怪乎，南怀瑾感慨而言："可以说，每一个宗教都以'母爱'为人类仁慈博爱的具体表现，非常尊重女性道德典型"①；"所以讲到中国的教育，齐家之道，母教最重要，有个好的女性很重要。"②

---

① 南怀瑾：《观音菩萨与观音法门》，远方出版社 1998 年版，第 19 页。
② 南怀瑾：《廿一世纪初的前言后语》，东方出版社 2013 年版，第 51 页。

主要参考文献

1. ［汉］司马迁撰:《史记》,中华书局 1999 年版。

2. ［魏］王弼注,楼宇烈校释:《老子道德经注》,中华书局 2011 年版。

3. ［宋］朱熹撰:《四书章句集注》,中华书局 2011 年版。

4. ［清］戴震著:《孟子字义疏证》,中华书局 1982 年版。

5. ［清］焦循撰,沈文倬点校:《孟子正义》,中华书局 2017 年版。

6. ［清］王先慎撰:《韩非子集解》,中华书局 2013 年版。

7. 陈鼓应注译:《老子今注今译》,商务印书馆 2003 年版。

8. 万丽华、兰旭译注:《孟子》,中华书局 2006 年版。

9. 杨伯峻译注:《孟子译注》,中华书局 2008 年版。

10. 杨朝明主编:《论语诠解》,山东友谊出版社 2013 年版。

11. 李小龙译注:《墨子》,中华书局 2016 年版。

12. 王国轩译注:《大学》《中庸》,中华书局 2016 年版。

13. 靖林著:《〈庄子〉释义》,新华出版社 2016 年版。

14. 任继愈主编:《中国哲学史》,人民出版社 1979 年版。

15. 张岱年著:《中国哲学大纲》,中国社会科学出版社 1982 年版。

16. 王兴业编:《孟子研究论文集》,山东大学出版社 1984 年版。

17. 胡适著：《中国哲学史大纲》，东方出版社 1996 年版。

18. 王其俊著：《亚圣智慧》，山东人民出版社 1996 年版。

19. 钱穆著：《国学概论》，商务印书馆 1997 年版。

20. 董洪利著：《孟子研究》，江苏古籍出版社 1997 年版。

21. 《中国转型期问题的政治学思考——李景鹏文集》，中国法制出版社 2002 年版。

22. 袁行霈、严文明、张传玺、楼宇烈主编：《中华文明史》，北京大学出版社 2006 年版。

23. 丁一凡编：《权力二十讲》，天津人民出版社 2008 年版。

24. 刘军宁编：《民主二十讲》，中国青年出版社 2008 年版。

25. 徐远和、李甦平、周贵华、孙晶主编：《东方哲学史（上古卷）》，人民出版社 2010 年版。

26. 杨泽波著：《孟子性善论研究》，中国人民大学出版社 2010 年版。

27. 冯友兰著：《中国哲学史》，商务印书馆 2011 版年版。

28. 王博著：《中国儒学史》（先秦卷），北京大学出版社 2011 年版。

29. 何俊著：《南宋儒学建构》，上海人民出版社 2013 年版。

30. 周殿富编译：《曾刻孟子要略译注》，安徽人民出版社 2013 年版。

31. 章太炎讲演，曹聚仁整理：《国学概论》，中华书局 2016 年版。

32. 冯达文著：《早期中国哲学略论》，巴蜀书社 2016 年版。

33. ［古希腊］亚里士多德著，吴寿彭译：《形而上学》，商务印书馆 1959 年版。

34. ［德］黑格尔著，贺麟、王大庆译：《哲学史讲演录（第一卷）》，商务印书馆 1959 年版。

35. ［德］卡尔·雅斯贝尔斯著，魏楚雄、俞新天译：《历史的起源与目标》，华夏出版社 1989 年版。

36. ［德］夏瑞春编，陈爱政等译：《德国思想家论中国》，江苏人民出版社 1995 年版。

37. ［德］马丁·海德格尔著，陈嘉映、王庆节合译：《存在与时间》，生活·读书·新知三联书店 2006 年版。

38. ［德］卡尔·雅斯贝尔斯著，李雪涛等译：《大哲学家》，社会科学文献出版社 2010 年版。

后　记

　　《孟子与政治》搁笔之际，正值夜深之时，天空明月高悬，窗外树影婆娑，室内安宁虚静。此时此刻思绪万千，最想表达的是感激感谢之情，以为后记。

　　首先要感谢杭州师范大学和陈春雷书记、何俊教授（时任杭师大副校长）。2018 年上半年，杭师大确定聘我为"钱江学者"特聘教授，其中的科研任务明确要求"研究孟子思想，写作《孟子与政治》专著"。这促使我尽快把研读写作《孟子》提上议事日程，以便兑现承诺，完成科研任务。俗话说：万事开头难。杭师大的聘请，给了我研读写作的良好开局；没有杭师大的聘请，研读写作就可能会延期。在研读写作过程中，杭师大提供了教学和科研诸多方便条件；陈春雷书记和何俊教授给予了不少帮助和指导。在此，表示深深的感谢。

　　感谢复旦大学哲学学院。2018 年 10 月份，他们邀请我作了"孟子与政治"的讲座，这是我研究孟子成果的第一次亮相，既推动我加快整理汇集研究成果，又进一步激发了我研究的热情和写作的动力。

　　感谢中华书局。中华书局享誉海内外，能在中华书局出书，是一种荣誉，也是一种褒奖。中华书局不仅出版了我的《国学要义》，而且同意出版《孟子与政治》，这是对作者更大的鼓励和鞭策。在出版过程中，徐俊总经理给予了关心指导；李静女士协调各方，从封面设计到版式确定、书页装帧，都做出了努力；责编林玉萍女士倾注了大量心血，谨致以衷心的谢意。

说到出版与责编，还要感谢中国税务出版社王静波先生和党建读物出版社郝荣明先生，他们在书稿出版过程中，做了最初的编辑工作。感谢张漪先生，他帮助打印了书稿，做了不少校对工作。

感谢我的夫人和家人。我的夫人是大学教授，具有良好的学术素养，对我的写作指点多多，见解独到，帮助甚大。更重要的是，她不仅为我的写作营造了良好的家庭环境，而且为我步入耳顺之年后顺利转换人生角色，提供了心理、感情和理性的慰藉。家就如温馨的港湾，有阳光有雨露，有亲情有温暖，是灵魂和情感的最佳栖居地。我们都要珍惜家庭，呵护家庭。

清代文学家张潮在《幽梦影》中说："少年读书，如隙中窥月；中年读书，如庭中望月；老年读书，如台上玩月，皆以阅历之浅深，为所得之浅深耳。"我已过耳顺之年，应当对研读国学经典有更高的站位和更深的理解。无论站位还是理解，都是为了更好地学习和研究国学，更好地传承和弘扬中华文明，更好地坚守和护卫中华民族的精神家园。

2019 年 2 月中旬定稿于北京